17세기 런던과 교외들.

1665년 런던 시의 주요 구(ward)와 교구(parish)들.

페스트,
1665년
런던을 휩쓸다

페스트,
1665년 런던을 휩쓸다

초판 1쇄 발행   2020년 4월 20일

원제   A Journal of the Plague Year
지은이   다니엘 디포
옮긴이   정명진
펴낸이   정명진
디자인   정다희
펴낸곳   도서출판 부글북스
등록번호   제300-2005-150호
등록일자   2005년 9월 2일

주소   서울시 노원구 공릉로 63길 14(하계동 청구빌라 101동 203호)
             (01830)
전화   02-948-7289
전자우편   00123korea@hanmail.net
ISBN   979-11-5920-124-0 03920

페스트,
1665년 *A Journal of the Plague Year*
런던을 휩쓸다

다니엘 디포 지음 정명진 옮김

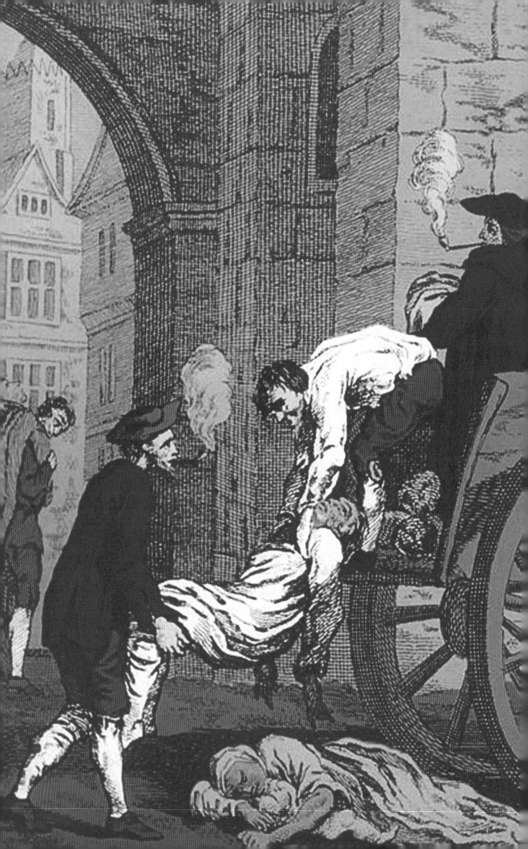

차 례

1. 첫 발병   ● 12

2. 수상한 통계   ● 19

3. 피난   ● 23

4. 황량한 거리   ● 37

5. 시대 분위기   ● 45

6. 첫 고비   ● 65

7. 주택 봉쇄   ● 70

8. 강제 격리의 한계   ● 94

9. 감염 경로   ● 123

10. 구호 활동   ● 150

11. 템스 강   ● 168

12. 위험천만한 환상   ● 179

13. 세 남자 이야기   ● 194

14. 가난한 사람들   ● 233

15. 무증상 감염   ● 245

16. 절정   ● 262

17. 메멘토 모리   ● 270

18. 당국의 조치   ● 282

19. 투명성 결여   ● 311

20. 교역   ● 324

21. 인간의 경솔   ● 341

『페스트, 1665년 런던을 휩쓸다』는 영국 소설가 다니엘 디포의 'A Journal of the Plague Year'을 옮긴 것이다. 그러나 1722년에 처음 발표될 당시에 '1665년 전염병 대유행 때 런던에서 벌어진, 가장 두드러진 사적 및 공적 사건들에 관한 관찰 또는 기록'(Being Observations or Memorials, Of the most Remarkable Occurrences, As well Publick as Private, Which Happened in London During the last Great Visitation In 1665)이라는 긴 부제가 달려 있었던 이 책의 지은이는 '런던에서 모든 것을 겪은 한 시민'으로 되어 있었다. 책 맨 마지막에는 'H. F.'라는 이니셜이 있었다. '최초 공개'라는 문구도 빠지지 않았다.

그래서 이 책은 당연히 표지의 내용 그대로 1665년에 페스트가 런던을 휩쓸 당시에 현장을 지켜본 사람이 남긴 기록으로 받아들여졌다. 그러다가 영국 지지학(地誌學)의 아버지라 불리는 리처드 고프

(Richard Gough)가 1780년에 『영국 지지학』(British Topography)에서 "'A Journal…'은 런던의 화이트채플에 살던 마구(馬具) 상인이 적은 것으로 되어 있지만, 진짜 저자는 다니엘 디포이다."라고 주장했다. 이때부터 이 작품은 소설로 여겨지면서 동시에 장르를 둘러싼 논쟁을 불러일으켰다.

영국 지지학자 에드워드 웨들레이크 브레일리(Edward Wedlake Brayley: 1773-1854)는 1835년에 이 책에 대해 "결코 픽션이 아니다."고 주장했다. 그는 디포의 설명과 당시 상황을 기록한 것으로 널리 인정받는 책들, 즉 너새니얼 하지스(Nathaniel Hodges)의 '로이몰로기아'(Loimologia)와 새뮤얼 핍스(Samuel Pepys)의 일기, 토머스 빈센트(Thomas Vincent)의 '도시에 페스트와 화재로 들렸던 신의 무서운 목소리'(God's Terrible Voice in the City by Plague and Fire) 등을 비교한 결과 그런 결론을 내렸다. 또 학자 왓슨 니콜슨(Watson Nicholson)도 1919년에 "디포의 'A Journal…'에 나오는 런던 전염병 대유행과 관련한 내용 중에서 사실에 근거하지 않은 것은 단 한 줄도 없다."고 밝히면서 '진정한 역사서'로 보아야 한다고 주장했다. 혹여 창작이 있다 하더라도, 그런 것은 사소하고 비본질적이며, 픽션보다는 역사에 훨씬 더 가깝다는 것이다.

현재 지구촌을 강타하고 있는 코로나19의 위력을 보면, 이 책의 내용 중 상상 속에만 존재할 수 있는 것은 하나도 없다. 페스트 희생자를 수백 구씩 한 구덩이에 무더기로 묻는 것도 350년도 더 지난 지금 미국에서 그대로 벌어지고 있으니, 지금의 현실이 오히려 더 픽션 같다.

대재앙 당시 디포의 나이는 다섯 살에 불과했다. 그래서 전문가들은 'H. F.'라는 이니셜을 근거로, 이 책 속의 일인칭 화자(話者)의 직업과 같은 마구(馬具)상으로 화이트채플에 살았던 디포의 삼촌 헨리 포(Henry Foe)의 일기를 바탕으로 했을 것으로 짐작하고 있다.

디포의 의도는 역사적 사실들을 충실하게 기록해 후대의 사람들이 비슷한 상황에 처할 경우에 거울로 삼도록 하겠다는 것이었다. 디포가 이 책을 쓴 것은 1771년으로, 마르세유에서 잉글랜드로 전염병이 넘어온다는 소문이 돌던 때였다. 그렇다면 이 책은 전염병에 대비한 실용적인 핸드북인 셈이다. 이 책이 제시하는 최고의 예방책은 무조건 전염병으로부터 달아나는 것이다.

당시 런던 시 당국이 전염병에 대처한 방식은 지금과 다를 바가 별로 없다. 기술적인 세부사항만 달라졌을 뿐, 놀랍게도 그때도 격리, 역학 조사, 무증상 감염, 잠복기, 사회적 거리두기, 면역 등의 개념이 널리 받아들여지고 있었던 것으로 확인된다.

다니엘 디포의 책엔 장 구분이 없지만 번역서에서 가독성을 조금이라도 더 높이기 위해 장으로 나누었음을 밝힌다.

옮긴이

1.
첫 발병

이웃사람들과 이런저런 살아가는 이야기를 나누다가 그 전염병[1]이 홀란트[2]에 다시 돌아왔다는 소리를 들은 것은 1664년 9월 초쯤이었다. 여기서 다시 돌아왔다고 표현하는 이유는 바로 그 전염병이 1663년에 홀란트, 그 중에서도 특히 암스테르담과 로테르담에서 맹위를 떨친 바가 있기 때문이다. 그 전염병을 놓고 어떤 사람은 이탈리아에서 들어왔다고 말하고, 어떤 사람은 레반트(Levant)[3]로부터 터키 선단이 싣고 온 물건에 묻어서 들어왔다고 했다. 또 다른 사람은 그것이 칸디아(Candia)[4]에서 왔다고 했고, 또 다른 사람은 키프로스(Cyprus) 섬에서

....
1 이 책에서 말하는 전염병은 페스트다. 전염병을 뜻하는 영어 단어 'plague'는 페스트를 뜻하기도 한다.
2 네덜란드 서쪽 해안 지역을 일컫는다. 간혹 네덜란드라는 나라 전체를 뜻하기도 한다.
3 역사적으로 근동의 팔레스타인과 시리아, 요르단, 레바논 등이 위치한 지역을 가리킨다.
4 옛날에 크레타 섬 북부에 있었던 도시 이름.

왔다고 했다. 그 병이 어디서 왔는가 하는 문제는 별로 중요하지 않았으며, 모두가 그 전염병이 홀란트에 다시 나타났다는 데 동의했다.

그 시절에는 세상에서 벌어지고 있는 사건들에 대한 소문이나 보고를 전하고, 또 내가 그 이후로 살면서 목격했듯이 그런 것을 바탕으로 상상력을 발휘할 신문 같은 것은 아직 없었다. 그러나 전염병과 같은 사건은 상인들의 편지를 비롯해 외국에서 오는 다양한 것들을 통해 국내로 전해졌으며, 그런 다음에는 오직 구두로만 전파되었다. 그래서 그런 일들에 관한 소식은 지금과 달리 즉각적으로 전국으로 퍼지지 않았다.

그러나 잉글랜드 정부는 그 전염병의 심각성을 진정으로 파악하고 있었던 것 같았다. 전염병이 이 나라로 건너오는 것을 막을 방도를 찾기 위해 회의가 몇 차례 소집되었지만, 모든 것은 매우 은밀히 진행되었다. 따라서 소문은 다시 잦아들었으며, 사람들은 신경을 쓰지 않아도 되는 일로 치부하며 전염병에 대해선 잊기 시작했다. 그러면서 사람들은 그것이 사실이 아니기를 바랐다.

그러다가 1964년 11월 말 또는 12월 초에 롱 에이커(Long Acre)[5]에서, 보다 구체적으로 말하면 드루리 레인(Drury Lane)의 위쪽 끝 부분에서 프랑스인으로 알려진 두 사람이 페스트로 죽는 일이 발생했다. 죽은 사람들의 가족은 가능한 한 그 사실을 숨기려 들었다. 그러나 그 일이 이웃사람들의 수군거림 속에 밖으로 새 나감에 따라, 장관들도 그 같은 사실을 알게 되었다. 장관들은 그 죽음의 진상을 파악하기 위

....
5 오늘날 런던 중심부 시티 오브 웨스트민스터에 있는 거리 이름. 서쪽 끝은 세인트 마틴스 레인이고 동쪽 끝은 드루리 레인이다.

해 내과 의사 2명과 외과 의사 1명에게 그 집을 찾아가 조사할 것을 지시했다. 의사들은 장관들의 지시를 따랐다. 그들은 시신에서 죽음에 이르게 한 병의 증거를 발견한 뒤 그들이 페스트로 죽었다는 의견을 공식적으로 발표했다. 즉시 의사들의 의견은 교구 관리에게 제출되었으며, 이어 교구 관리는 그것을 다시 시청으로 보냈다. 그 내용은 주간 사망 보고서에 평소처럼 이렇게 인쇄되었다.

페스트 사망   2건.
전염된 교구   1곳

도시 전역에 걸쳐서 사람들은 이 숫자에 지대한 관심을 보이면서 겁을 먹기 시작했다. 사람들의 두려움은 더욱 커져갔다. 1664년 12월 마지막 주에 또 한 사람이 같은 집에서 같은 증상으로 죽었기 때문이다. 그런 다음에 사람들은 다시 6주일 동안 편안한 마음으로 지낼 수 있었다. 페스트 증상으로 죽은 사람이 아무도 없었기 때문이다. 그러자 페스트가 사라졌다는 말이 돌았다. 그러나 그런 말이 돌기가 무섭게 내 짐작으로는 2월 12일 경이었던 같은데 같은 교구에 속하는 다른 집의 사람이 같은 증상으로 죽었다.

이 일이 사람들로 하여금 도시의 끝자락 지역으로 눈길을 돌리도록 만들었으며, 주간 사망 보고서가 세인트 자일스(St. Giles) 교구의 매장 건수가 엄청나게 증가했다는 사실을 보여줌에 따라, 도시의 변두리 지역에 사는 사람들 사이에 페스트가 돌고 있고 또 많은 사람이 그 병으로 죽은 것이 아닌가 하는 의심이 생겨나기 시작했다. 그곳 사람들이 가능한 한 다른 사람들이 그 죽음에 대해 알지 못하도록 최대한 노력했음에도 불구하고, 그런 의심이 점점 더 멀리 퍼져나가기 시작했다. 이 문제가 사람들의 머리를 완전히 지배하고 말았으며, 드루리 레인이나 페스트가 도는 것으로 의심 받는 거리로 가려는 사람이 극히 드물었다. 꼭 가야만 하는 특별한 용무가 없는 한, 사람들은 그곳으로 가지 않았다.

주간 사망 보고서(Bill of Morality)[6]에 나타난 증가는 이렇다. 세인트 자일스 교구와 세인트 앤드류 홀번(St. Andrew Holborn) 교구에서 평소에 1주일 동안 일어나는 매장 건수는 보통 각각 12건에서 17건 내지 19건이었다. 그러나 페스트가 세인트 자일스 교구에서 처음 시작된 이후로, 매장 건수가 수적으로 꽤 많이 증가한 것이 관찰되었다. 예를 들면 이렇다.

> 12월27일-1월3일: 세인트 자일스 교구 16건
>   세인트 앤드류 교구 17건
> 1월3일-1월10일: 세인트 자일스 교구 12건
>   세인트 앤드류 교구 25건
> 1월10일-1월17일: 세인트 자일스 교구 18건
>   세인트 앤드류 교구 28건
> 1월17일-1월24일: 세인트 자일스 교구 23건
>   세인트 앤드류 교구 16건
> 1월24일-1월31일: 세인트 자일스 교구 24건

....
6 런던에서 일어나는 매장을 감시하기 위해 만든 주간 보고서로 1592년부터 시작되었다.

<pre>
                        세인트 앤드류 교구 15건
1월31일-2월7일: 세인트 자일스 교구 21건
                        세인트 앤드류 교구 23건
2월7일-2월14일: 세인트 자일스 교구 24건
</pre>

　주간 사망 보고서를 통해서, 홀번 교구의 한쪽 면과 접하고 있는 세인트 브라이드(St. Bride) 교구와 홀번 교구의 다른 쪽 면과 접하고 있는 세인트 제임스 클라큰웰(St. James Clarkenwell) 교구에서도 이와 비슷한 증가가 확인되었다. 두 교구 모두 평소에는 매장 건수가 4건에서 6건 내지 8건 정도였는데, 그 시기에 다음과 같이 증가했다.

<pre>
12월20일-12월27일: 세인트 브라이드 교구 0건
                        세인트 제임스 교구   8건
12월27일-1월3일: 세인트 브라이드 교구 6건
                        세인트 제임스 교구   9건
1월3일-1월10일: 세인트 브라이드 교구 11건
                        세인트 제임스 교구   7건
1월10일-1월17일: 세인트 브라이드 교구 12건
                        세인트 제임스 교구   9건
1월17일-1월24일: 세인트 브라이드 교구 9건
                        세인트 제임스 교구   15건
1월24일-1월31일: 세인트 브라이드 교구 8건
                        세인트 제임스 교구   12건
</pre>

1월 31일-2월 7일:	세인트 브라이드 교구	13건
	세인트 제임스 교구	5건
2월 7일-2월 14일:	세인트 브라이드 교구	12건
	세인트 제임스 교구	6건

이 외에도, 주간 사망 보고서에 나타난 매장 건수가 이 기간에 전반적으로 크게 증가했다는 사실을 사람들은 매우 불편한 심정으로 확인하고 있었다. 대체로 보면, 그때가 시기적으로 1년 중에서 사망자 숫자가 아주 작아야 하는 시기임에도 불구하고, 사망자가 많은 것으로 드러나고 있었으니까. 주간 사망 보고서에 나타나는 매장 건수는 1주일에 보통 240건에서 300건 정도였다. 300건 정도면 사망이 꽤 많은 것으로 여겨졌지만, 이 기간 뒤에도 매장 건수가 다음과 같이 연속적으로 증가하고 있는 것이 확인되었다.

	매장 건수	증가
12월 20일-12월 27일	291건	…
12월 27일-1월 3일	349건	58건
1월 3일-1월 10일	384건	45건
1월 10일-1월 17일	415건	21건
1월 17일-1월 24일	474건	59건

이 마지막 사망 보고서는 정말 무시무시했다. 그것이 1656년에 그와 비슷한 재앙이 닥쳤던 이후로 그 어떤 주보다 매장 건수가 많은 수

치였기 때문이다.

그러나 그 모든 우려도 다시 불식되었다. 날씨가 추워졌고, 12월에 시작된 서리가 2월 말이 가까워지고 있는 때인데도 계속 매우 차갑게 내렸으며, 거기에 부드러우면서도 차가운 바람이 가세하고 있었기 때문에, 주간 사망 보고서의 숫자가 다시 감소하고, 도시는 점점 더 건강해졌으며, 모두가 그 위험을 거의 끝난 것으로 여기기 시작했다. 다만 세인트 자일스 교구의 매장만 여전히 높은 수치를 기록하고 있었다. 특히 4월 초부터 세인트 자일스 교구의 매장 건수는 4월 18일부터 25일까지 이어지는 그 주까지 매주 25건을 유지했다. 이 중에서 페스트로 죽은 사람이 2명, 페스트와 동일한 것으로 여겨지던 반점열(斑點熱)로 죽은 사람이 8명이었다. 그러다 4월 18일부터 25일까지 1주일 동안에 세인트 자일스 교구에서 매장된 건수가 30건에 이르렀다. 마찬가지로 반점열로 죽은 사람들의 숫자도 대체로 증가했으며, 전 주에는 8건이었고, 4월 18일부터 25일까지 1주일 동안에는 12건이었다.

2.
수상한 통계

이 같은 사실이 다시 우리를 겁먹게 만들었으며, 사람들 사이에 끔찍한 생각이 일어나기 시작했다. 특히 날씨가 바뀌어 점점 더 따뜻해지고, 여름이 가까이 다가오고 있었기 때문에 불길한 생각이 사람들의 뇌리를 떠나지 않았다. 그러나 그 다음 주에 다시 희망이 보이는 것 같았다. 매장 건수가 줄어들었고, 죽은 사람들의 숫자가 총 388명에 지나지 않았다. 페스트로 죽은 사람은 하나도 없었고 반점열로 죽은 사람만 4명 있었다.

그러나 그 다음 주에 그것이 다시 돌아왔으며, 페스트는 두세 개의 다른 교구로, 즉 세인트 앤드류 홀번 교구와 세인트 클레멘트 데인스(St. Clement Danes) 교구로 번졌으며, 성벽 안의 세인트 메리 울처치(St. Mary Woolchurch) 교구에서, 즉 주식 시장과 가까운 베어바인더 레인(Bearbinder Lane)에서 한 사람이 죽으면서 런던 시에 고민을 안겨주었다. 모두 합쳐 페스트로 인한 사망자가 9명이고 반점열로 죽은 사망자가 15명이었다. 그러나 조사 결과 베어바인더 레인에서 죽은 프랑스인은 롱 에이커에서 감염된 주택 가까운 곳에서 살다가 자신이 이미 감염되었다는 사실을 모르고 전염병이 무서워 이사한 사람인 것으로 확인되었다.

이때가 5월 초였지만, 날씨는 온화하고 변덕스럽고 충분히 차가웠다. 그래서 사람들은 여전히 희망을 품고 있었다. 사람들을 고무한 것은 도시가 건강하다는 점이었다. 총 97개에 달하는 교구 전체가 묻은 페스트 사망자가 54명에 지나지 않았으며, 우리는 희생자들이 대부분 도시의 가장자리에 사는 사람들이기 때문에 페스트가 더 이상 확산되지 않을 수 있다는 희망을 품기 시작했다. 이유는 그 다음 주, 그러니까 5월 9일부터 5월 16일까지 페스트 사망자가 3명에 지나지 않았으며 도시 중심 지역에서는 사망자가 한 사람도 나오지 않았기 때문이다. 세인트 앤드류 교구의 매장 건수도 매우 낮은 수준인 15건에 지나지 않았다. 세인트 자일스 교구의 매장 건수가 20건 내지 30건인 것은 사실이지만, 페스트로 죽은 사람의 숫자는 1명에 지나지 않았기 때문에 사람들은 편안한 마음을 갖기 시작했다. 전체 매장 건수도 매우 낮았다. 그 전 주의 건수는 347명이었고, 5월 9일부터 5월 16일까지의 건수도 343건에 지나지 않았다.

사람들은 며칠 동안 이런 희망을 품고 있었지만, 그야말로 그 희망은 며칠에 지나지 않았다. 사람들이 더 이상 그런 식으로 속지 않았던 것이다. 사람들은 주택들을 수색하고 나섰으며, 그 결과 전염병이 길마다 다 퍼져 있었을 뿐만 아니라 많은 사람들이 매일 그 병으로 죽어가고 있다는 사실이 확인되었다. 따라서 사람들이 희망을 품었던 근거들은 모두 물거품처럼 사라지게 되었으며, 그 병도 더 이상 감출 수 없게 되었다. 오히려 전염병이 우리의 희망과 정반대로 널리 퍼져 있었다는 사실이 금방 드러났다.

페스트가 세인트 자일스 교구 안의 몇몇 거리로 퍼졌고, 여러 가족이 동시에 병에 걸려 누워 있었으며, 따라서 그 다음 주 주간 사망 보고서에 그 실상이 드러나기 시작했다. 페스트 탓으로 돌려진 사망자는 14명에 지나지 않았지만, 이 수치는 비행(非行)과 결탁이 있었던 결과 크게 축소된 것이었다. 왜냐하면 세인트 자일스 교구에서 일어난 매장 건수는 모두 40건이었고 이 중 대부분이 페스트로 죽은 것이 확실한데도 다른 병으로 죽은 것으로 기록되어 있었기 때문이다. 그리고 세인트 자일스 교구의 전체 매장 건수가 32건 이상으로 높아지지 않았고 전체 사망자수가 385명에 지나지 않았음에도 불구하고, 페스트로 죽은 사람이 14명 있었을 뿐만 아니라 반점열로 죽은 사람도 14명이 있었다. 대체로 그 주에 페스트로 죽은 사람이 50명 정도 있었던 것으로 여겨졌다.

다음번 주간 사망 보고서는 5월 23일부터 5월 30일에 해당하는 사망자 수를 전했다. 페스트로 인한 사망자는 17명이었다. 그러나 세인트 자일스 교구의 매장은 53건이었다. 정말 놀라운 수치였다. 그 중에서 페스트로 죽은 사람은 9명에 지나지 않는 것으로 되어 있었다. 그러나 런던 시장의 요구로 치안 판사들이 면밀히 조사하고 나서자, 세인트 자일스 교구에서 페스트로 죽은 사람이 20명이나 더 있는 것이 확인되었다. 이들은 반점열이나 다른 병으로 죽은 것으로 기록되었거나 사망 원인이 감춰졌다.

그러나 이 수치는 그 직후의 상황에 비하면 아무것도 아니었다. 이제 날씨가 더워졌고, 6월 첫 주부터 전염병이 무서운 기세로 퍼져나가고 사망자 숫자도 높아졌으며 고열과 반점열로 죽은 사람들의 숫자도 늘어나기 시작했다. 병을 숨길 수 있었던 사람은 모두 이웃들이 자기를 거부하거나 자기와 대화하길 기피하는 사태를 막기 위해서, 또 당국이 집을 봉쇄하는 것을 막기 위해 최대한 그렇게 했다. 당시에 전염병에 걸린 사람들의 집을 봉쇄하는 조치는 거론만 되었을 뿐 아직 실행되지 않고 있었음에도 불구하고, 사람들은 그런 조치에 대해 생각하는 것만으로도 극도의 공포를 느꼈다.

6월 둘째 주에 전염의 압박이 여전히 강하게 짓누르고 있던 세인스자일스 교구는 120명을 묻었으며, 주간 사망 보고서는 이 중에서 68명이 페스트로 인한 사망자라고 밝혔지만 모두가 그 교구에서 일어난 장례식 숫자를 근거로 페스트로 사망한 사람이 적어도 100명은 된다고 입을 모았다.

그 주까지, 그러니까 6월 둘째 주까지 런던 시는 깨끗한 상태였다. 거기선 97개 교구 전체에서 내가 앞에서 언급한 그 프랑스인을 제외하곤 아직 희생자가 나오지 않았다. 그러나 지금은 런던 시 안에서 4명이 죽었다. 우드 스트리트(Wood Street)에서 한 사람, 펜처치 스트리트(Fenchurch Street)에서 한 사람, 크루킷 레인(Crooked Lane)에서 두 사람이 전염병에 희생되었다. 서더크(Southwark)는 전염병으로부터 완전히 자유로운 상태였다. 템스 강의 그쪽에선 아직 사망자가 나오지 않았다.

3.
피
난

나는 올드게이트(Aldgate) 바깥쪽에, 올드게이트 처치(Aldgate Church)와 화이트채플 바스(Whitechappel Bars)의 중간쯤에, 그러니까 올드게이트 스트리트의 왼쪽, 즉 북쪽에 살고 있었다. 전염병의 마수가 도시의 그쪽에는 아직 닿지 않았기 때문에, 우리의 이웃은 아주 편안하게 살고 있었다. 그러나 도시의 다른 쪽 끝에는 주민들의 공포가 매우 컸다. 부유한 사람들, 특히 도시의 서쪽 지역의 귀족과 신사 계급은 가족과 하인들과 함께 매우 기이한 모습으로 도시를 빠져나가는 무리에 끼었다.

이 장면은 화이트채플에서, 말하자면 내가 살던 브로드 스트리트(Broad Street)에서 보면 아주 특별해 보였다. 정말로, 물건과 여자들과 하인들, 어린이들을 가득 태운 짐마차와 수레, 신분이 높은 사람들을 태운 마차와 마차를 끄는 마부들 외에는 아무것도 보이지 않았다.

모두가 서둘러 도시를 떠나고 있었다. 이어서 빈 짐마차와 수레가 나타나고, 하인들이 탄 말이 나타났다. 이 하인들은 틀림없이 시골에서 사람들을 태우러 돌아오고 있거나 보내진 사람들이었다. 그 외에 무수히 많은 남자들이 혼자서 아니면 하인과 함께 말을 타고 나타났다. 차림새로 미뤄 짐작할 수 있듯이, 모두가 짐을 싣고 있고 먼 여행을 떠나는 복장을 하고 있었다.

이 장면은 보는 것만으로도 무섭고 서글픈 감정을 불러일으켰다. 내가 아침부터 밤까지 보는 것이라고는 이런 광경뿐이었기 때문에(그 외엔 내가 굳이 봐야 할 만큼 중요한 일이 전혀 없었다), 나의 머릿속은 도시로 닥쳐오고 있던 불행과 그 불행을 뻔히 보고도 도시에 남지 않을 수 없는 사람들의 불행한 처지에 대한 생각으로 복잡하게 돌아가고 있었다.

이처럼 사람들이 도시를 서둘러 빠져나가는 현상이 몇 주일 동안 이어졌기 때문에, 시장 사무실로 들어가는 것 자체가 여간 어려운 일이 아니었다. 시장 사무실은 통행증과 위생 증명서를 받으려는 사람들로 발 디딜 틈이 없을 만큼 붐볐다. 통행증이나 위생 증명서가 없는 경우에 피난길에 마을들을 통과하는 것이 허용되지 않거나 여관에 숙박하는 것이 허용되지 않았기 때문이다. 그 동안에 도시 안에서 죽은 사람이 아직은 아무도 없었기 때문에, 시장은 97개 교구 안에 살던 모든 사람들에게, 그리고 한동안은 리버티(liberty)[7]에 살던 사람들에게도 아무런 이의를 달지 않고 위생 증명서를 발급해 주었다.

....
7 전통적으로 땅의 소유자가 영주(領主)라서 국왕이 토지에 대해 권리를 행사할 권리가 배제되는 지역을 뜻했다. 중세 때 생겼다.

이 피난 행렬은 몇 주 동안, 즉 5월과 6월 내내 이어졌으며, 갈수록 더 늘어났다. 정부가 사람들의 이동을 차단하기 위해 도로에 장애물을 설치하라는 명령을 내릴 것이라는 소문이 돌았기 때문이다. 또 그 길에 있는 마을들이 런던 사람들이 전염병을 옮기는 것을 두려워해서 현지를 통과하는 것을 허용하지 않을 것이라는 소문까지 돌았기 때문이다. 이런 소문들은 특히 처음에는 아무런 근거가 없는 상상의 산물일 뿐이었다.

이제 나는 나 자신의 문제에 대해, 나 자신을 어떻게 처리할 것인가 하는 문제를 놓고 진지하게 고민하기 시작했다. 말하자면, 런던에 머물 것인지, 아니면 많은 이웃 사람들처럼 나도 집을 걸어잠그고 달아날 것인지 깊이 고민하기 시작했다는 뜻이다. 나는 이 특별한 문제를 아주 충실하게 기록했다. 잘은 몰라도, 이런 기록이 미래의 사람들에게 중요할 것 같다는 생각이 들었기 때문이다. 만약에 미래의 사람들이 지금과 비슷한 절망적인 상황에서 선택을 해야 할 처지에 놓인다면, 이 기록이 도움이 될지도 모르지 않는가. 그래서 나는 나 자신이 어떻게 되었는지에 관한 묘사는 미래의 사람들에게 한푼 어치의 가치도 지니지 않을 것이라고 판단하면서, 이 기록이 나 자신의 행동을 기록한 역사로 받아들여지기보다는 후손들에게 행동 방향을 제시하는 안내서로 읽혔으면 하는 바람을 품고 있다.

내 앞에 두 가지 중요한 사항이 놓여 있다. 하나는 나의 모든 자산이 투입되었고 또 꽤 상당한 규모인 사업과 가게를 계속 꾸려나가는 것이다. 다른 하나는 곧 도시 전체를 덮칠 무시무시한 재앙 속에서 나 자신의 생명을 보전하는 일이었다. 이 재앙이 아무리 심각하다 하더라도, 다른 사람들의 두려움뿐만 아니라 나 자신의 두려움도 아마 실제 재앙에 비하면 터무니없을 만큼 과장되어 있을 것임에 틀림없다.

첫 번째 고려 사항은 나에게 대단히 중요했다. 나는 마구(馬具) 파는 일에 종사하고 있었으며, 고객이 상점이나 뜨내기 장사꾼이 아니라 주로 아메리카 대륙의 영국 식민지들과 거래하는 무역상들이기 때문에, 나의 자산이 그런 무역상들의 수중에 많이 들어가 있었다. 나는 독신이었고 또 그것이 사실이지만, 나의 사업을 위해 하인들을 가족으로 거느리고 있었을 뿐만 아니라, 집과 가게, 그리고 물건이 가득 든 창고가 있었다. 한마디로 말해, 그런 재앙 앞에서 모든 것을 두고 떠나는 것은(말하자면, 감시할 사람이나 책임질 사람을 두지 않은 채 그냥 두고 떠난다는 뜻이다) 나의 사업 자체를 잃을 위험뿐만 아니라 재화까지 잃을 위험을, 정말로 이 세상에서 내가 갖고 있던 모든 것을 고스란히 다 잃을 각오를 한다는 뜻이었다.

당시에 몇 해 전 포르투갈에서 돌아온 형이 런던에 살고 있었다. 형에게 조언을 청하자, 대답은 딱 세 단어였다. 이와 꽤 다른 상황에서 들었던 것과 똑같은 말이었다. "너부터 살고 봐!" 한마디로, 형은 자기도 가족과 함께 시골로 내려가기로 작정했듯이 나도 시골로 들어가야 한다는 주장이었다. 형이 자신이 취한 조치에 대해 나에게 설명해주었다. 형의 말을 종합하면, 전염병에 대비한 최선의 조치는 전염병으로부터 최대한 멀리 달아나는 것이었다.

사업과 재산 또는 부채를 잃을 수 있다는 나의 주장에 대해, 그는 나의 판단이 잘못되었다는 점을 부각시켰다. 형은 내가 런던에 그대로 남는 쪽을 옹호하면서 제시한 이유, 즉 신에게 나의 안전과 건강을 믿고 맡기겠다는 말이야말로 바로 사업과 재화를 잃을 수 있다는 나의 주장을 포기해야 하는 근거라고 말했다. 형의 설득은 이런 식이었다. 이처럼 절박한 위험 앞에서는 내가 사업을 잃을 위험 또는 가능성을 신에게 맡기고 시골로 피난하는 것이 내가 런던에 머물면서 신에게 나의 생명을 맡기는 것만큼이나 합리적이라는 것이었다.

그런 형 앞에서 나는 딱히 갈 만한 곳도 없다는 식으로 주장할 수도 없었다. 우리 가족이 떠나온 노샘프턴셔(Northamptonshire)에 몇몇 친구와 친척이 있었고, 특히 링컨셔(Lincolnshire)에 나를 흔쾌히 받아 주겠다는 유일한 여형제가 있었기 때문이다.

이미 베드퍼드셔(Bedfordshire)로 보내 놓은 아내와 두 아들의 뒤를 따라가려고 마음을 먹은 형은 나에게도 시골로 갈 것을 매우 진지하게 권했다. 그래서 나는 다시 형의 바람을 따르기로 결정했지만, 그땐 말을 구할 수 없는 상황이었다. 모든 시민이 다 런던을 빠져나가지 않은 것은 사실이지만, 그럼에도 나는 어떤 의미에서 보면 말은 모두 런던을 떠났다고 감히 말할 수 있다. 왜냐하면 사거나 몇 주일 동안 빌릴 수 있는 말이 도시 안에 한 마리도 남아 있지 않았기 때문이다.

그래서 일단 나는 하인 한 사람과 함께 도보로 여행하면서 당시의 많은 사람들이 그랬듯이 여관에서 자지 않고 들판에 군용 텐트를 치고 자기로 작정했다. 날씨가 아주 따뜻하고, 감기에 걸릴 위험이 없었으니 야외에서 자는 것도 별 문제가 되지 않았다. 일부 사람들, 특히 여러 해 전에 벌어진 전쟁[8] 중에 군대 생활을 했던 사람들이 이미 그렇

....
8   올리버 크롬웰(Oliver Cromwell)의 해군 확장 정책이 전개되면서 당시 해상 무역의 강자였던 네덜란드와 영국 사이에 전쟁(1652-1654)이 벌어졌다.

게 했기 때문이다. 또 이 말도 할 필요가 있다. 두 번째 이유를 말하자면, 런던을 떠난 사람들 대부분이 그런 방식을 택했다면, 전염병이 그렇게 많은 시골 마을과 주택으로 퍼지지 않았을 것이며, 따라서 그렇게 많은 사람들이 희생되지 않았을 수도 있었다는 점이다.

그러나 그때 내가 시골로 데려 가려고 생각하고 있던 하인이 나를 속이는 일이 일어났다. 하인은 전염병에 따른 희생자가 늘어나고 있는 사실에 크게 놀란 상황에서 내가 언제 떠날지 몰랐던 탓에 다른 수단을 택해서 나를 도시에 남겨둔 채 떠나버렸다. 그래서 나는 출발을 다시 연기했다. 나는 피난하려는 마음이 언제나 이런 사건 또는 저런 사건으 방해를 받고 있다는 사실을 깨달았다. 그래서 나는 다시 출발을 연기하면서 형을 실망시켰다. 이 연기가 아무런 의미가 없을 수도 있는 어떤 생각을, 말하자면 이런저런 이유로 연기하게 되는 것이 하늘의 뜻이 아닐까 하는 생각을 품게 만들었다.

내가 이 이야기를 털어놓는 것도 그것이 그런 상황에 처할지 모르는 사람에게 조언을 전할 수 있는 최선의 방법이기 때문이다. 이 이야기는 특히 양심의 명령에 따라 행동하면서 자신이 처한 상황에서 해야 할 일을 신으로부터 듣는 그런 사람들에게 더 솔깃하게 들릴 것 같다. 자기 앞에 놓여 있는 문제를 보면서, 당시에 벌어지고 있는 특별한 섭리들을 유심히 포괄적으로 관찰하려고 노력하는 사람을 두고 하는 말이다. 그런 사람은 세상의 일들을 하늘이 그 상황에서 해야 할 것이 무엇인지를 암시하는 것으로 마음 편하게 받아들일 수 있다. 전염성 강한 질병이 닥쳤을 때, 그런 사람은 자신이 살고 있는 곳을 버리고 떠나야 하는지 아니면 그 장소에 그대로 머물러야 하는지를 알려주는 암시를 세상의 일들에서 읽어내려고 노력할 것이다.

어느 날 아침에 이 특별한 문제를 놓고 깊이 생각에 빠져 있을 때, 그 어떤 것도 '신성한 권력'의 안내나 허락을 받지 않고 우리에게 닥치지 않듯이 이 실망들 또한 그 안에 특별한 무엇인가를 내포하고 있음에 틀림없다는 깨달음이 머릿속에서 아주 부드럽게 일어났다. 그것이 내가 런던을 떠나지 않는 것이 하늘의 뜻이라는 점을 분명하게 나에게 강조하거나 암시하는 것이 아닌지 생각해 봐야 한다.

그 즉시 생각이 꼬리에 꼬리를 물고 일어났다. 내가 그 자리에 그대로 머물러야 한다는 암시가 정말로 신에게서 온다면, 신은 나를 포위하게 될 그 모든 죽음과 위험 앞에서도 나를 효과적으로 보존할 수 있을 것이다. 그러나 나 자신이 나의 거처로부터 달아남으로써 나 자신을 보호하기를 원하면서 내가 신에게서 오고 있다고 믿는 암시와 정반대로 행동한다면, 그것은 내가 신으로부터 달아나는 것이나 마찬가지이며, 그러면 신은 심판을 통해서 적절하다고 판단되는 때와 장소에서 나를 덮쳐 버릴 것이다.

이런 생각들이 다시 나의 결심을 뒤집어놓았다. 그래서 나는 형과 의논하는 자리에서 런던에 그대로 머물며 신이 나를 놓아둔 자리에서 나의 운명을 지킬 뜻을 털어놓으면서, 방금 말한 그런 생각들 때문에 런던에 남는 것이 의무처럼 느껴진다는 솔직한 심정을 전했다.

형은 매우 독실한 사람임에도 불구하고 내가 런던에 머물라는 하늘의 암시 같다며 말한 모든 것을 비웃으면서 나처럼 무모한 인간들의 이야기를 여럿 들려주었다. 내가 어쨌든 전염병이나 질병에 걸려 장애를 갖게 된다면, 그것을 하늘의 일로 받아들여야 한다. 그렇게 되면 내가 어디도 갈 수 없는 상황에 처할 것이기 때문에 나의 창조자이고 나의 운명에 대한 지배권을 가진 그분이 제시하는 방향을 받아들여야 한다. 그런 상황에서는 어떤 것이 그분의 부름이고 그분의 부름이 아닌지를 결정하는 데 전혀 아무런 어려움이 없다. 그러나 내가 기껏 타고 갈 말을 빌리지 못하거나 나를 돌볼 하인이 달아났다는 이유로 런던을 떠나지 않는 것을 하늘의 암시로 받아들이는 것은 터무니없는 짓이라는 설명이었다. 이유는 그때 내가 건강하고 사지가 멀쩡했으며, 다른 하인들도 있었고, 하루나 이틀은 충분히 걸어서 여행할 수 있었으며, 완벽한 건강을 확인하는 위생 증명서도 갖고 있었기에 길을 가다가 적당한 때에 말을 빌리거나 거처를 잡을 수 있었기 때문이었다.

이어 형은 나에게 자신이 들렀던 아시아와 다른 지역(형은 무역상이었기 때문에 내가 앞에서 말한 대로 몇 해 전에 외국에서 돌아왔다, 마지막 들렀던 곳이 리스본이었다)에서 오스만 제국 사람들과 이슬람교도들이 운명은 미리 정해져 있다는 확신을 품은 결과 일어났던 불행에 대해 말해주었다. 오스만 제국 사람들과 이슬람교도들은 모든 인간의 운명은 미리 다 정해져 있어서 바꾸는 것이 불가능하다고 믿으면서 전혀 아무런 조치를 취하지 않은 채 전염된 지역으로 들어가서 감염된 사람들과 대화를 하곤 했다. 그것은 곧 그들이 한 주에 1만 명 내지 15,000명씩 죽어나갔다는 뜻이었다. 반면에 유럽인 또는 기독교 무역상들은 스스로 사람들을 멀리하고 접촉을 삼가면서 대체로 전염을 피할 수 있었다는 이야기였다.

이 같은 논거를 바탕으로 형은 다시 나의 결심을 바꿔놓았으며, 나는 런던을 빠져나가는 쪽으로 생각을 굳히면서 모든 것을 준비해 두었다. 이유는 한마디로 말해 전염이 내 주위에서 크게 증가했고, 주간 사망 보고서에 나타난 사망자가 1주일에 거의 700명에 육박했으며, 나의 형이 자기는 더는 런던에 머물지 못하겠다고 말했기 때문이다. 나는 형에게 다음날까지 최종 결정을 내리겠다고 약속했다. 나는 이미 사업과 관련 있는 모든 것을 최대한 잘 준비해 두었으며 나의 일을 맡아서 대신 처리해 줄 사람까지 정해두었기 때문에, 마음을 최종적으로 정하는 것 외에 달리 할 것은 없었다.

나는 그날 밤 아직 어찌할 것인지에 대해 최종 결정을 내리지 않은 상태에서 아주 무거운 맘으로 집으로 돌아갔다. 나는 그 문제를 놓고 진지하게 고민하기 위해 그날 밤을 비워두었으며 밤새 나 홀로 지냈다. 왜냐하면 이미 사람들이 암묵적 동의 같은 것을 통해 해가 지면 문밖으로 나가지 않는 것을 원칙으로 세우고 있었기 때문이다. 그 이유에 대해선 앞으로 이야기할 기회가 있을 것이다.

그날 밤에 집으로 돌아온 뒤에, 나는 몇 가지 문제에 대해 최종적 결론을 내리려 노력했다. 첫째, 어떻게 하는 것이 나의 의무인가 하는 문제였다. 나는 형이 시골로 피난 가라고 압박하면서 제시한 논거를 떠올렸다. 그런 다음에 나의 마음에 런던에 남으라는 암시를 강하게 준 인상들과 형의 주장을 서로 대비시켰다. 나 자신이 생업이라는 특별한 상황으로부터 받는 확실한 부름이 있었고, 나의 전 재산이랄 수 있는 나의 동산(動産)을 보호하기 위해 마땅히 쏟아야 할 보살핌이 있었고, 또 나아갈 방향을 제시하는, 하늘로부터의 암시가 있었다. 그리고 내가 런던에 남으라는 지시로 볼 수 있는 것들을 받아들이면서 그 지시를 따를 경우에 내가 안전하게 보존될 것이라는 믿음이 있었다.

이 믿음이 나를 강하게 붙잡고 있었으며, 나의 마음은 그 전 어느 때보다 더 강하게 도시에 남는 쪽으로 기울고 있었다. 거기엔 나 자신은 안전하게 지켜질 것이라는 은밀한 확신도 작용하고 있었다.

이 외에 이런 일도 보태야 한다. 나는 그 문제에 대해 평소 이상으로 진지하게 파고들다가 내 앞에 놓인 성경을 펼치면서 "주님이시여, 어떻게 해야 할지 모르겠습니다. 저의 길을 이끌어 주시옵소서!"라고 외쳤다. 바로 그 순간에 정말 우연하게도 나는 성경의 '시편' 91편을 넘기다 말고 멈추면서 2절에 눈길을 주며 7절까지 쭉 읽고 다시 10절까지 읽었다. 이런 내용이었다.

'나는 여호와를 향해 말하기를, 그는 나의 피난처요, 나의 요새요, 내가 믿고 맡기는 하느님이라고 할 것이니. 틀림없이 그는 너를 새 사냥꾼의 덫으로부터 구하고 해로운 전염병으로부터 구할 것이다. 그는 너를 자신의 깃털로 덮을 것이고, 너는 그의 날개 아래로 너를 맡길 것이다. 그의 진리가 너의 방패가 되고 방호물이 될 것이다. 너는 밤에 찾아드는 공포도 두려워하지 않을 것이고, 낮에 날아오는 화살도 두려워하지 않을 것이고, 밤에 퍼지는 전염병도 두려워하지 않고 한낮에 황폐화시키는 파괴도 두려워하지 않을 것이다. 천 명이 너의 왼쪽에서 쓰러지고 천 명이 너의 오른쪽에서 쓰러질 것이지만, 그 재앙은 너 가까이 오지 못할 것이다. 오직 너의 눈으로 너는 사악한 인간의 응보를 볼 것이다. 너는 여호와를 너의 피난처로 삼고 지극히 높은 분을 너의 거처로 삼았으니, 악이 너에게까지 떨어지지 못할 것이고, 어떠한 전염병도 너의 거처에 오지 못할 것이다.'

그 순간부터 내가 나 자신을 전지전능하신 신의 사랑과 보호에 맡기면서 도시에 남기로 작정했으며, 그 외의 다른 피난처는 찾지 않았다는 말을 굳이 할 필요는 없을 것이다. 그리고 나의 삶 자체가 신의 손 안에 있기 때문에, 신은 전염병이 돌 때에도 건강할 때와 마찬가지로 나를 지켜줄 것이며, 만약에 신이 나를 구하는 것이 적절하지 않다고 생각한다면 그때도 마찬가지로 내가 신의 손 안에 있기 때문에 신이 자신의 뜻대로 나를 처리하는 것이 적절하다는 생각이 나에겐 있었다.

이렇게 결심한 뒤, 나는 잠자리에 들었다. 이튿날 나는 나의 집을 포함해 나의 모든 것을 맡기려고 생각하고 있던 여자가 아픈 바람에 그 결심을 더욱 굳힐 수 있었다. 그러나 도시에 그대로 남는 쪽으로 마음을 정해야 할 일이 나 자신에게도 일어났다. 그 다음날 나의 몸 상태가 상당히 안 좋았으며, 내가 피난 가기로 작정했더라도 갈 수 없는 상황에 처했기 때문이다. 나는 사나흘 아팠으며, 이것이 최종적으로 내가 살던 곳에 그대로 머무는 쪽으로 결론을 내리도록 만들었다. 그리하여 나는 형과 작별을 고했으며, 형은 서리(Surrey) 카운티의 도킹(Dorking)으로 갔다가 다시 더 멀리 버킹엄셔(Buckinghamshire) 또는 베드퍼드셔로 가서, 가족을 위해 미리 정해둔 피난처에 합류했다.

아파서 드러눕기에는 매우 나쁜 시기였다. 그런 상황에서는 누구라도 아프다는 소리를 하면 즉시 전염병에 걸렸다는 소문이 돌게 마련이었다. 전염병의 증후는 조금도 나타나지 않았음에도 머리와 배가 분명히 아팠기 때문에, 정말 전염병에 걸린 것이 아닌가 하는 걱정이 없지는 않았지만, 사흘쯤 지나자 상태가 호전되었다. 사흘째 되는 날 밤에는 꽤 편하게 쉬웠고 땀을 약간 흘리고 나니 몸이 한결 가벼워졌다. 전염병에 걸렸을지 모른다는 불안은 아픔과 함께 사라졌고, 나는 다시 평소처럼 사업 활동을 벌였다.

그러나 이런 일들이 시골로 들어간다는 생각 자체를 지워 버렸고 형도 이미 시골로 떠났기 때문에, 내가 그 문제를 놓고 형과 의논하거나 혼자 고민하는 일은 더 이상 없었다.

이제 7월 중순이었으며, 주로 도시의 저쪽 끝에서, 앞에서 말한 바와 같이 세인트 자일스와 세인트 앤드류 홀번 교구, 웨스트민스터 (Westminster) 부근에서 기승을 부리던 전염병은 이제 동쪽으로 내가 살고 있는 지역을 향해 오기 시작했다. 전염병은 곧장 우리 쪽으로 오지 않는 것이 관찰되었다. 도시, 그러니까 성벽 안은 이상할 정도로 그때까지도 건강했으니까. 전염병은 또 템스 강 건너 서더크로도 그리 멀리 나아가지 않았다. 그 주에 온갖 병으로 죽은 사람이 모두 1,268명이고, 그 중에서 600명 이상이 페스트로 죽은 것으로 짐작되었지만, 성벽 안쪽의 시 전체에서 죽은 사람은 28명에 지나지 않았으며 램베스(Lambeth) 교구를 포함해 서더크에서 죽은 사람은 19명에 지나지 않았기 때문이다. 반면에 세인트 자일스 교구와 세인트 마틴 인 더 필즈(St. Martin in the Fields) 교구에서 죽은 사람은 421명이나 되었다.

그러나 우리는 전염이 주로 인구가 밀집되어 있고 가난한 사람들이 많이 사는 외곽 교구들에서 일어나고 있다는 것을 알았다. 나중에 관찰하게 되겠지만, 페스트는 도시 안에서보다 외곽에서 희생자들을 더 많이 내고 있었다. 우리는 전염병이 클라큰웰과 크리플게이트(Cripplegate), 쇼어디치(Shoreditch), 비숍스게이트(Bishopsgate) 교구를 거쳐 우리가 사는 길 쪽으로 다가오고 있는 것을 알 수 있었다. 이중에서 쇼어디치와 비숍스게이트 교구는 올드게이트와 화이트채플, 스테프니(Stepney) 교구와 접하고 있는데, 그 지역에서도 전염이 마침내 기승을 부리며 퍼지게 되었다. 한편, 전염병이 처음 시작한 서쪽 교구들에서 그 기세가 누그러지는 것이 확인되었다.

이 주에, 그러니까 세인트 마틴과 세인트 자일스 인 더 필즈 두 교구에서만 페스트로 거의 400명이 죽은 7월 4일부터 7월 11일 사이에, 올드게이트 교구의 희생자는 4명, 화이트채플 교구의 희생자는 3명, 스테프니 교구의 희생자는 1명에 지나지 않는다는 것은 매우 이상한 일이었다. 그 다음 주인 7월 11일부터 7월 18일 사이에도 마찬가지로 사망 건수가 1,761건에 달했음에도 강 건너 서더크 지역 전체에서는 전염병으로 죽은 사람이 16명에 지나지 않았다. 그러나 곧 사태의 양상이 바뀌었다. 특히 크리플게이트 교구와 클라큰웰 교구에서 사망자가 많이 나오기 시작했다. 그래서 8월 둘째 주에는 크리플게이트 교구에서만 886명을 매장하고 클라큰웰 교구에서도 155명을 매장했다. 크리플게이트의 매장 건수 886건 중에서 페스트로 죽은 사람이 850명으로 추산되었고, 클라큰웰 교구의 매장 건수 155건 중에서 145건이 페스트에 따른 것으로 추산되었다.

7월 한 달 동안, 그리고 나의 관찰을 근거로 도시 중에서 내가 살던 지역이 서쪽 지역과 비교해 비교적 전염이 덜한 것으로 판단되던 시기에, 나는 사업상 필요한 경우에 거리를 평상시처럼 다녔으며 특별히 하루에 한 번 또는 이틀에 한 번꼴로 시 안으로 들어가서 형의 집을 찾았다. 형이 도시를 떠나 있는 동안에 집을 봐달라고 부탁했기 때문에, 나는 형의 집에 별다른 일이 없는지 확인하기 위해 도시로 들어갔다. 나는 열쇠를 갖고 있었기 때문에 형의 집 안으로 들어가서 방들을 두루 둘러보았다. 그런 무시무시한 재앙의 와중에도 강탈을 하거나 물건을 훔치려 들 만큼 강한 심장을 가진 사람이 있을까 싶지만, 도시 안에서 온갖 종류의 비열한 짓과 경솔한 짓, 난봉이 전에 없이 노골적으로 저질러지고 있었다. 그래도 나는 사람들의 숫자가 크게 감소했기 때문에 그런 비행이 꽤 잦았다는 식으로 말하지는 않을 것이다.

4.
황량한 거리

그러나 이제 시 자체가 페스트의 공격을 받기 시작했다. 성벽 안쪽 지역 말이다. 그러나 아주 많은 사람들이 시골로 빠져나갔기 때문에 그곳에 거주하는 사람들의 숫자는 크게 줄어든 상태였다. 숫자는 예전만큼 많지 않았지만, 7월 한 달 동안에도 도시 주민들이 계속 빠져나갔다. 8월에도 정말로 사람들이 많이 빠져나갔기 때문에, 이러다가 런던에 치안 판사들과 하인들만 남는 것이 아닌가 하는 생각이 들기도 했다.

시민들이 도시를 다 빠져나갔듯이, 왕실도 일찍이, 그러니까 6월에 옥스퍼드로 옮겨가 거기서 신에게 자신들을 지켜달라고 간청하고 있었으며, 내가 들은 바로는 전염병은 그들을 건드리지 않았다. 이에 대해 왕실 사람들이 감사하는 마음을 표시했거나 개혁을 이룰 뜻을 품었는지에 대해 나는 말하지 못한다. 왕실 사람들의 악행이 지나쳐 전 국민에게 그런 끔찍한 심판이 내려졌다는 식으로 말하는 사람들이 있었을지라도.

런던의 겉모습은 지금 정말 이상하게 쇠약해져 있었다. 건물들과 런던 시, 리버티, 교외, 웨스트민스터, 서더크 등을 두루 두고 하는 말이다. 이유는 도시 또는 성내(城內)라 불리는 특별한 지역은 아직 그다지 전염되지 않았지만, 전반적으로 볼 때 그곳의 겉모습이 상당히 바뀌어 있었기 때문이다. 모든 것들의 겉모습에 슬픔과 비애가 깃들어 있었다. 일부 지역은 아직 페스트에 압도당하지 않았음에도 불구하고, 모두가 깊은 수심에 잠긴 듯했다. 페스트가 다가오고 있는 것을 분명히 볼 수 있었기 때문에, 모두가 자신과 가족이 최악의 위험에 처한 것으로 여겼다.

그 시대의 모습을 눈으로 직접 보지 않은 사람들에게 정확히 묘사할 수만 있다면, 그리고 독자들에게 어디서나 나타나고 있던 공포를 고스란히 전할 수만 있다면, 그 장면은 독자들에게 강한 인상을 남기며 그들이 경악하도록 만들 것임에 틀림없다. 런던은 온통 눈물에 젖어 있었다고 해도 과언이 아니다. 그래도 장례식에 참석하는 사람들이 거리를 다니지는 않았다. 아무도 가까운 친구들을 위해서 상복을 입지 않았기 때문이다. 그러나 장례를 치르는 사람들의 울음소리는 거리에 들렸다. 사랑하는 친척이 죽어가고 있거나 죽은 집마다 창과 문으로 여자들과 아이들의 날카로운 울음소리가 새어 나왔다. 그곳의 거리를 지날 때면 그런 울음소리가 너무나 자주 들렸기 때문에, 그 소리 앞에서는 아무리 목석같은 사람이라도 가슴이 미어지는 아픔을 느끼지 않을 수 없었다.

거의 모든 집에서 눈물과 비탄이 보였다. 전염병이 처음 닥친 지역이 특히 더 심했다. 그 지역의 끝자락에 다가설 때면 사람들의 가슴은 무감각해졌으며 죽음이 언제나 그들의 눈앞에 있었다. 사정이 이러하다 보니 사람들은 곧 자신이 하느님의 부름을 받을 수도 있겠다고 예상하면서 친구들의 상실에는 그다지 신경을 쓰지 않게 되었다.

사업상 나는 가끔 도시의 반대편 끝 지역으로 갔다. 심지어 병이 주로 거기서 번지고 있을 때에도 예외가 아니었다. 다른 사람들뿐만 아니라 나에게도 마찬가지로 그 사태가 새로웠기 때문에, 평소에 아주 많은 사람들로 붐비던 거리가 황량하게 변해버린 모습이 너무나 놀랍게 다가왔다. 길을 다니는 사람들의 숫자가 너무나 적었기 때문에, 내가 길을 찾아 헤매는 이방인이었다면 전체 거리(물론 골목길을 말한다)를 다 걸어도 봉쇄된 집의 문을 지키는 감시원을 제외하곤 길을 가르쳐줄 사람을 한 사람도 만나지 못했을 것이다. 문을 굳게 잠근 이런 집에 대해선 곧 이야기하게 될 것이다.

특별한 일이 있어서 도시의 그 지역으로 갔던 어느 날, 나는 호기심이 발동하면서 평소에 보던 그 이상으로 사태를 상세히 관찰하기로 마음을 먹었다. 정말로 나는 아무 볼일 없이 큰 길을 걸었다. 나는 홀번 지역을 걸어올라갔으며, 그곳의 거리는 사람들로 붐볐다. 그러나 사람들은 대로 한가운데를 따라 걷고 있었다. 길 양옆으로 걷는 사람은 아무도 없었다. 도로 양옆의 집에서 나오는 사람들과 섞이지 않기 위해서거나 감염되었을지 모르는 집에서 나는 냄새를 맡지 않길 원했기 때문이다.

법학 협회들(Inns of Court)[9]은 모두 문을 닫았다. 템플과 링컨 협회,

....
9 법정 변호사 협회를 일컫는다. 런던에는 그레이 협회와 링컨 협회, 이너 템플, 미들 템플이 있다. 영국의 법관이나 법정 변호사는 반드시 이 중 어느 하나의 회원이다.

그레이 협회 등의 변호사들 중 대다수가 보이지 않았다. 모두가 일이 없어 쉬고 있었다. 변호사들을 필요로 하는 소송이 없었던 것이다. 게다가, 법학 협회들마저 활동을 하지 않았기 때문에, 변호사들은 대부분 시골로 내려갔다. 어떤 곳에서는 쭉 늘어선 집들이 모두 잠겨 있었으며, 거주자는 모두 시골로 대피하고 감시원만 한두 명 남아 있었다.

쭉 늘어선 집들이 닫혀 있었다는 말은 그 집들이 치안 판사에 의해 강제로 봉쇄되었다는 뜻이 아니라 많은 사람들이 왕실에 고용되어 있거나 왕실과의 다른 의존 관계 때문에 왕실을 따라 현 거주지를 떠났다는 뜻이다. 그리고 일부 다른 사람들은 그야말로 전염병에 놀라서 시골로 대피했기 때문에, 그것은 단지 거리의 일부에 인기척이 없었다는 뜻이다.

그러나 놀람은 도시 안에서는 그냥 추상적으로 그렇게 불렸을 뿐 실제로 보면 그다지 크지 않았다. 구체적인 이유는 사람들이 처음에는 말로 표현할 수 없을 만큼 경악했음에도 불구하고 내가 관찰한 바와 같이 전염병이 처음에는 종종 일시적으로 중단되기도 했던 탓에, 말하자면 사람들이 겁에 질렸다가 풀려나기를 반복하는 과정에 전염병에 익숙해졌기 때문이다. 심지어 전염병이 극성을 부릴 때에도 그것이 시안으로, 또는 도시의 동쪽과 남쪽 부분으로 퍼지지 않는 것을 보면서 사람들이 용기를 갖기 시작하면서, 내가 말한 바와 같이 약간 둔감해졌다. 내가 관찰한 대로, 아주 많은 사람이 달아난 것은 사실이지만, 그들은 대부분 도시의 서쪽 끝 지역 사람들이었다. 그 지역에서부터 우리는 도시의 심장부라고 부른다. 말하자면, 아주 부유한 사람들과 장사나 무역에 얽매일 필요가 없는 사람들이 도시를 빠져나갔다는 뜻이다. 나머지는 그대로 남아서 최악의 사태를 견디고 있는 것처럼 보였다. 그래서 우리가 리버티라고 부르는 지역들과 교외, 서더크, 그리고 와핑(Wapping), 랫클리프(Ratcliff), 스테프니, 로서히스(Rotherhithe) 같은 동쪽 지역에서는 이곳저곳의 몇몇 부유한 가족들, 앞에 말한 대로 사업에 의존하지 않아도 되는 사람들을 제외하곤 대부분의 사람들이 그대로 남아 집을 지켰다.

이 대목에서, 전염병이 퍼질 당시에 도시와 교외에 사람들이 유난히 많이 살았다는 사실을 잊지 말아야 한다. 전염병이 시작될 당시에 말이다. 내가 살면서 권력을 가진 사람들이 그 전 어느 때보다 많이 런던에 정착함에 따라 도시 인구가 더욱 많이 증가하는 것을 보았지만, 사람들의 머리엔 언제나 이런 생각이 자리 잡고 있었다. 말하자면, 전쟁이 끝나고, 군대가 해산되고, 왕족과 군주제도가 복원되면서, 사업을 벌이거나 왕실에 의존하거나 대가나 승진을 노리고 왕실의 시중을 들려고 런던에 거주하는 사람들 때문에 런던의 인구가 평소보다 10만 명은 더 많았을 것이라고 짐작했던 것이다. 아니, 일부 사람들은 런던의 인구가 평소의 배는 되었을 것으로 보았다. 이유는 왕당파[10]의 망한 가족들이 모두 런던으로 몰려들었기 때문이다. 옛날의 군인들은 거기서 사업을 시작했으며, 아주 많은 가족들이 거기에 정착했다. 다시 왕실은 자부심을 크게 높이고 새로운 패션을 주도했다. 사람들도 모두 쾌활해지고 사치를 부렸으며, 왕정복고[11]의 기쁨이 엄청나게 많은 가족

....

10 잉글랜드에선 1642년부터 1651년 사이에 의회파와 왕당파 간에 내전이 세 차례 벌어졌다. 그 결과, 찰스 1세는 처형되고 찰스 2세는 추방되었으며, 의회파는 잉글랜드 연방 (1649-1653)을 구성하고 1653년에 올리버 크롬웰을 호국경으로 선출했다.

11 청교도 혁명으로 공화제가 막을 내리고 1660년 잉글랜드의 찰스 2세가 의회의 지지를 받으며 왕위에 오르면서 군주제를 부활시킨 것을 말한다.

을 런던으로 끌어들였다.

나는 종종 이런 생각을 했다. 유대인들이 유월절(逾越節)[12]을 기념하기 위해 함께 모였을 때 예루살렘이 고대 로마인들에게 포위되었고, 그리하여 그렇게 모이지 않았더라면 다른 나라에 있었을 많은 사람들이 기습 공격을 당했듯이, 앞에서 설명한 그런 특별한 상황 때문에 인구가 믿기 어려울 만큼 많이 증가했을 때 전염병이 런던으로 들어온 것이 아닐까 하고 말이다. 젊고 쾌활한 왕실이 있는 곳으로 많은 사람들이 유입되면서 런던에, 특별히 패션과 아름다운 장식에 속하는 온갖 것을 취급하는 시장이 크게 형성되도록 했기 때문에, 도시는 결과적으로 아주 많은 수의 장인들과 제조업자들을 끌어들였다. 대부분이 자신의 노동에 의존하던 가난한 사람들이었다. 그리고 나는 런던 시장에게 올라간, 가난한 사람들의 처지에 관한 보고서에서 도시 안이나 주변에 리본을 짜는 사람들이 10만 명은 족히 된다는 내용을 본 것을 특별히 기억하고 있다. 이들 중 가장 많은 수가 당시에 쇼어디치와 화이트채플, 비숍스게이트 교구, 즉 스피틀필즈(Spittlefields) 근처에 살았다.

이로써 도시 전체의 주민들의 숫자를 대충 짐작할 수 있을 것이다. 정말로, 나는 엄청나게 많은 사람들이 도시를 빠져나갔음에도 아직 거기에 아주 많은 사람이 남아 있다는 사실에 종종 놀라곤 했다.

그러나 나는 이 놀라운 시기의 시작으로 다시 돌아가야 한다. 사람들의 공포가 이제 막 시작되던 때에, 이상하게도 몇 가지 기이한 사건이 공포를 증폭시켰다. 이 사건들을 종합하면, 그곳에 살던 사람들이 모두 한 사람처럼 일제히 일어나서 자신들의 주거지를 하늘이 아겔다

....
12 유대인들이 이집트의 노예 생활로부터 탈출한 사건을 기념하는 날.

마(Akeldama)[13] 같은 곳으로 계획한, 그러니까 그 위의 모든 것과 함께 땅의 표면에서 사라질 운명을 타고난 그런 땅으로 여기면서 그곳을 포기하지 않은 것이 정말 이상하다는 느낌이 들었다. 나는 그 기이한 사건들 중 몇 가지만 언급할 것이지만, 기이한 사건들은 분명히 아주 많았고 또 너무나 많은 마법사들과 교활한 사람들이 그 사건들을 퍼뜨리고 있었기 때문에 나는 종종 뒤에 살아남을 사람(특히 여자들)이 있기나 할까 하고 궁금해 했다.

먼저, 불타는 별, 즉 혜성이 전염병이 돌기 전에 몇 개월 동안 나타났다. 2년 뒤 대화재가 일어나기 직전에 혜성이 나타났듯이. 늙은 여자들과, 남자들 중에서도 무기력하고 우울해서 거의 늙은 여자라고 불러도 좋을 그런 사람들은 두 개의 혜성이 도시 위를 지나갔다고 주장했다. 또 혜성들이 집들과 아주 가까운 거리를 지나가면서 도시에 특이한 무엇인가를 들여왔으며, 전염병이 일어나기 전에 나타난 혜성은 흐릿하고 활기가 없는 색깔이었고 움직임이 매우 무겁고 경건하고 느렸지만 대화재가 일어나기 전에 나타난 혜성은 밝고 불꽃을 튀겼거나 일부 사람들이 말한 대로 불에 타고 있었으며 움직임이 신속하고 격렬했다는 것이었다. 따라서 앞에 말한 혜성은 전염병처럼 중대한 심판 같고 느리면서도 가혹하고 끔찍하고 무서웠지만, 뒤에 말한 혜성은 대화재처럼 급작스럽고 민첩하고 뜨거운 발작 같은 것으로 해석되었다. 일부 사람들에게는 화재가 일어나기 전에 나타난 혜성이 아주 특별하게 느껴졌다. 그들은 혜성이 신속하고 맹렬하게

....
13 아겔다마는 예수의 12제자 중 하나인 유다와 관계있는 이스라엘의 장소의 이름이다. 유다가 예수를 판 돈으로 산 밭으로 알려져 있다. 이름은 '피밭'이라는 뜻이다.

지나가는 것을 보았을 뿐만 아니라 그 움직임을 눈으로 보고 심지어 소리까지 들었다고 했다. 혜성이 멀리서 지나갔기 때문에 그냥 눈으로만 볼 수 있었을 뿐인데도 쌩 하며 지나가는 무서운 소리가 굉장히 크게 들렸다는 것이었다.

나는 두 개의 별을 다 보았다. 솔직히 고백하자면, 나의 머릿속에 그런 것들에 관한 일반적인 상식이 너무나 많이 들어 있기 때문에 나는 그런 것들을 신의 심판을 예고하는 전조나 경고로 보는 경향이 강했다. 특히 혜성이 나타난 뒤에 전염병이 발발했던 터라 그런 종류의 혜성을 다시 보게 되었을 때, 나는 신이 이 도시에 대한 처벌을 아직 끝내지 않았다고 말하는 수밖에 없었다.

그러나 나는 동시에 이런 것들을 다른 사람들처럼 그렇게 열심히 믿지 않을 수 있었다. 이유는 천문학자들이 그런 일이 일어나는 자연적인 원인들을 제시하고 있고, 자연 속의 물체들의 움직임과 심지어 회전까지 계산할 수 있다는 것을 내가 알고 있었기 때문이다. 따라서 그런 현상은 완벽한 전조나 예언으로 불릴 수 없었으며, 전염병이나 전쟁, 화재 같은 사건의 전조는 더더욱 될 수 없었다.

그러나 나의 생각이나 철학자들의 생각과는 상관없이, 이 사건들은 평범한 사람들의 정신에 보통 이상의 영향을 끼쳤으며, 그래서 사람들은 거의 예외 없이 무서운 어떤 재앙이나 심판이 도시에 닥치지 않을까 하는 우울한 불안을 느꼈다. 이 불안은 주로 혜성의 출현에서 비롯되었으며, 앞에서 말한 바와 같이 세인트 자일스에서 일어난 두 사람의 죽음이 약간의 공포 분위기를 조성했다.

5.
시대분위기

사람들의 불안은 시대의 오류에 의해서도 터무니없을 만큼 증대되었다. 그 시대의 사람들은 예언과 점성술적 주문(呪文), 꿈, 수다스러운 노파들의 이야기에 그 전 어느 때보다 깊이 중독되어 있었는데, 나는 당시의 사람들이 어떤 믿음에서 그랬는지 도무지 모르겠다.

이 같은 불행한 분위기가 본래 그런 것으로 돈을 벌었던 일부 사람들의 어리석은 짓, 즉 예견을 책으로 만드는 행위에 의해 생겨나게 되었는지, 나는 아는 바가 없다. 그러나 릴리(Lilly)의 '역서'(曆書)(Almanack)와 갯베리(Gadbury)의 '점성술적 예언'(Astrological Predictions)과 '푸어 로빈스 앨머낵'(Poor Robin's Almanack)[14] 같은 책들이 사람들을 경악시킨 것은 사실이다. 또한 엉터리 종교 서적 몇 권도 마찬가지였다. 그 중 한 권은 '나의 백성들이여, 런던이 받을 페

....
14 푸어 로빈은 17세기와 18세기 영국에서 나온 풍자적인 역서 시리즈의 필명.

스트에 걸리지 말고 거기서 나오너라'(Come out of her, my People, lest you be Partaker of her Plagues)라는 제목을 달았고, 또 다른 책은 '정확한 경고'(Fair Warning)라고 불렸으며, 또 다른 책은 '영국의 리멤버런서[15]'(Britain's Remembrancer)라 불렸다.

이런 유의 책들은 전부 또는 대부분이 시의 폐허를 직접적으로 또는 간접적으로 암시했다. 아니, 일부 사람들은 대담하게도 자신이 도시를 대상으로 설교를 하도록 보내진 사람인 것처럼 굶면서 거리를 돌아다니며 예언의 말을 외쳤다. 그 중 한 사람은 니느웨로 간 요나[16]처럼 거리에서 이렇게 외쳤다. "40일 남았어, 40일. 런던이 파괴될 날이 40일밖에 남지 않았어!" 그 사람이 40일 후라고 했는지 아니면 며칠 후라고 했는지는 확실치 않다. 또 다른 사람은 속바지만 걸친 채 거의 벗은 몸으로 돌아다니며, 플라비우스 요세푸스(Flavius Josephus)[17]가 예루살렘이 파괴되기 직전에 "예루살렘에 화 있을진저!"라고 외쳤다고 전하는 그 사람처럼 밤낮으로 외쳤다. 발가벗은 이 불쌍한 인간은 다른 말은 전혀 하지 않고 겁에 질린 목소리와 표정으로 "오, 위대하고 무서운 하느님이시어!"라는 말만 거듭 속사포처럼 되풀이했다. 그 사람이 말을 쉬거나 휴식을 취하거나 음식물을 먹는 것을 본 사람은 아무도 없었다. 적어도 들리는 바로는 그랬다. 나도 이 불쌍한 인간을 거리에서 몇 번 본 적이 있고 말도 붙일 수 있었지만, 그는 나뿐만 아니라 다

....
15 영국 국왕 직속 법원인 재무 재판소에 비망록을 만들어 제출하는 일을 맡은 영국의 관직.

16 구약성경 중 '요나서'를 보면, 이스라엘의 예언자 요나가 니느웨로 가서 죄악으로 가득한 그 도시가 하느님의 징벌을 받을 것이라고 예언하라는 하느님의 명령을 어겼다가 바다의 큰 물고기에게 집어 삼켜진 뒤 구조되어 니느웨로 가서 설교를 한다는 이야기가 나온다.

17 1세기 로마 제정 시대의 유대인 정치가이자 역사가(A.D.37- A.D.100).

른 누구와도 말을 섞으려 들지 않으면서 암울한 소리만을 지속적으로 외쳤다.

이런 것들이 사람들을 극도로 불안하게 만들었다. 이미 언급한 바와 같이, 주간 사망 보고서를 통해서 세인트 자일스 교구에서 페스트로 죽은 사람이 한두 명 있는 것으로 두세 차례 확인되자, 사람들의 불안은 절정에 달했다.

이처럼 공개적으로 벌어지던 일들 외에 늙은 여자들의 꿈이 있었다. 아니, 다른 사람들이 꾼 꿈에 관한 늙은 여자들의 해석이라고 하는 것이 더 정확하다. 늙은 여자들의 해몽이 많은 사람들의 혼을 빼놓았다. 어떤 사람은 런던에 전염병이 돌아서 산 자들이 죽은 자들을 묻지 못하는 사태가 빚어질 테니 그곳을 떠나라고 경고하는 목소리를 들었다. 또 어떤 사람은 하늘에서 환영을 보았다.

나는 이 두 가지 모두에 대해 말해야 한다. 나는 그들이 없는 목소리를 들었고 나타나지도 않은 것을 보았다고 진정으로 생각하지만, 사람들의 상상은 정말 걷잡을 수 없을 정도였다. 정말로 사람들은 상상에 홀려 지냈다. 구름을 계속 응시하고 있는 사람들이 거기서 온갖 모양과 형상, 생김새를 보는 것은 이상할 게 하나도 없는 일이며, 그 모양과 형성들은 그 자체에 공기와 수증기 외에는 아무것도 갖고 있지 않다. 그런데 사람들은 거기서 손에 쥐어진 불타는 칼이 구름 밖으로 나오는 것을 보았다고 했다. 칼 끝이 도시 위에 매달려 있다는 식이었다. 또 사람들은 저쪽 하늘에서 매장할 관들을 보았다고 했다. 또 다른 하늘에서는 묻히지 않은 채 널브러져 있는 시신들의 더미를 보았다고 했다. 이렇듯, 겁에 질린 불쌍한 사람들의 상상은 두려움을 부채질할 것들을 너무도 많이 공급하고 있었다.

깊은 우울증에 빠진 사람들의 공상은 창공에서 배와 군대, 전투를 본다. 그러다가 눈의 시선이 안정을 찾으면, 수증기가 사라지고, 그러면 모든 것이 최초의 물질로 돌아가고 구름도 없어진다.

이 같은 설명으로, 그런 사람들이 매일 본 것을 바탕으로 풀어놓는 이상한 풀이를 반박할 수 있었지만, 모두가 자신이 무엇인가를 보았다는 생각을 너무나 강하게 품고 있었기 때문에 우정을 깨뜨릴 위험을 감수하거나, 무모하거나 예의 없고 불경스럽거나 꽉 막힌 인간이라는 소리를 들을 각오가 되어 있지 않고는 그들에게 맞설 수 없었다.

전염병이 내가 말한 바와 같이 세인트 자일스 교구에서 시작되기 전 어느 때엔가, 3월로 생각되는데, 나는 사람들이 거리에 무리를 지어서 있는 것을 보고는 호기심에 끌려 거기에 합류한 적이 있다. 거기 모인 사람들은 그곳에 있던 여자가 분명하게 보인다고 말하는 천사를, 하얀 옷을 입고 불붙은 칼을 손에 들고 자기 머리 위로 빙빙 돌리고 있는 천사를 보려고 하늘을 응시하고 있었다. 그 여자는 자신이 보고 있다는 천사의 모든 부분을 생생하게 묘사했으며, 거기 모인 사람들에게 천사의 움직임과 형태까지 말로 보여주었다. 그러면 불쌍한 사람들은 너무나 간절한 마음 상태에서 그곳에 왔기에 그 여자가 보았다는 것을 언제든 볼 준비가 되어 있었다. 한 사람이 이렇게 말했다. "보여, 아주 분명하게 보여. 칼도 또렷해." 다른 사람도 천사를 보았다. 어떤 사람은 바로 자신의 얼굴을 보면서 "정말 멋지구나!"라고 외쳤다. 이 사람은 이것을 보았고, 저 사람은 저것을 보았던 것이다.

나는 거기 모인 사람들처럼 유심히 보았지만, 다른 사람의 말에 넘어갈 준비가 덜 되어 있어서 그런지 나에겐 햇빛에 하얗게 반짝이는 구름 외엔 아무것도 보이지 않았다. 내가 아무것도 보이지 않는다고 말하자, 그 여자는 나에게 그걸 보여주려고 노력했지만 내게서 그걸 보았다는 말이 나오로록 하지는 못했다. 거기서 내가 보인다고 말했다면, 그건 틀림없는 거짓말이었다. 그러나 그 여자는 내 쪽으로 몸을 돌리며 나의 얼굴을 빤히 보면서 내가 웃었다고 상상했다. 그 순간엔 그녀의 상상이 그녀를 속이고 있었다. 왜냐하면 나는 정말로 웃지 않았으며 단지 불쌍한 사람들이 자신의 상상력 때문에 공포에 떨게 되는 과정에 대해 진지하게 생각하고 있었을 뿐이었기 때문이다. 그러나 그녀는 마침내 나를 포기하더니 나를 향해 불경스럽게 비웃는 인간이라고 욕을 했다. 그녀는 그때가 신이 분노한 때이고 무시무시한 심판이 가까워지고 있다면서, 나처럼 경멸을 일삼는 사람들은 떠돌다가 죽어 마땅하다고 했다.

그녀 주위에 모여 있던 사람들도 나에게 그녀만큼 혐오감을 느끼는 것 같았다. 나는 그들을 비웃지 않았다는 점을 설득시키는 것이 불가능하다는 사실을 깨달았다. 그들의 미혹을 깨우쳐주는 것이 아니라 내가 그들에게 공격을 당할 수도 있을 것 같았다. 그래서 나는 그 자리를 떴으며, 그 같은 환영도 혜성만큼 실질적인 중요성을 지니는 것으로 통했다.

어느 공휴일 날에 페티 프랑스(Petty France)라는 길에서 비숍스게이트 처치야드(Bishpsgate Churchyard)로 이어지는, 빈민구호소가 늘어 서 있는 좁은 길에서 경험한 일이다. 비숍스게인트 처치 또는 교구까지 가는 길에 교회 묘지가 두 곳 있었다. 하나는 페티 프랑스라 불리는 곳에서부터 비숍스게이트 스트리트로 가다보면 교회 문과 접하는 지점에 있고, 다른 하나는 왼쪽에 빈민구호소들이 연이어 서 있고 오른쪽엔 말뚝이 있는 낮은 담이 설치된 좁은 길에 있다. 이 길 조금 더 오른쪽엔 성벽이 있었다.

이 좁은 길에 어떤 남자가 울타리 사이로 묘지를 바라보며 서 있고, 많은 사람들이 길을 오가는 사람들의 통행을 방해하지 않을 만큼만 공간을 열어 놓고 그 길을 가득 채우고 있었다. 그 남자는 거기 모인 사람들에게 다양한 지점을 가리키면서 단호하고 열정적으로 말하고 있었다. 어떤 귀신이 그곳 묘비 위를 걷고 있는 것을 보았다는 것이었다. 그는 귀신의 생김새와 자세, 움직임을 아주 세세하게 묘사했다. 그에게는 세상의 모든 사람이 자기만큼 귀신을 정확하게 보지 못하는 것이 더없는 즐거움이었다. 그는 갑자기 외치곤 했다. "저기 있어. 지금 이쪽으로 오고 있어. 이제 돌아서는군." 그렇게 하다 보면 그는 마침내 사람들이 귀신을 믿도록 설득시킬 수 있었다. 그러면 어느 한 사람이 그가 귀신을 보았다고 상상했으며, 이어서 다른 사람도 그가 귀신을 보았다고 상상했다. 그래서 그는 귀신이 그 좁은 길에 있다고 상상하면서 매일 나타나 한바탕 소동을 일으켰다. 그러다가 비숍스게이트의 시계가 열한 시를 알리면, 귀신은 마치 누구의 부름이라도 받은 듯이 돌연 그곳에서 사라졌다.

나는 이 남자가 가리키는 순간에 사방을 유심히 살폈으나 어떤 것도 볼 수 없었다. 그러나 이 불쌍한 남자가 귀신에 대해 아주 단호하게 말했기 때문에, 사람들은 온갖 상상에 사로잡힌 상태에서 무서워 벌벌 떨며 집으로 돌아갔다. 그러다가 그 일을 알고 있었던 사람들은 마침내 좁은 길로는 가려 하지 않게 되었으며, 밤에는 어떤 일이 있어도 그 길을 피했다.

그 불쌍한 인간이 단언한 바에 따르면, 이 귀신은 집과 땅, 사람들에게 무슨 표시를 하고 다녔다. 이것은 아주 많은 사람이, 그 후에 정말로 일어난 바와 같이, 그 교회 묘지에 묻히게 되어 있다는 점을 노골적으로 암시하는 것이었다. 아니면 사람들이 그런 식으로 이해했을 것이다. 그러나 나는 그런 형상을 보려고 최대한 노력했음에도 그와 비슷한 것조차도 보지 못했으며 또 그가 보았다는 사실을 절대로 믿지 않지만, 그 사람 본인은 그런 형상을 보았다는 점을 인정해야 한다.

이런 사례들은 사람들이 망상에 너무나 쉽게 사로잡힌다는 사실을 분명히 보여주고 있다. 사람들은 끔찍한 전염병이, 도시 전체만 아니라 왕국 전체까지 황폐화시키고 인간들만 아니라 짐승들까지 쓰러뜨릴 전염병이 가까이 다가오고 있다는 생각을 품고 있었기 때문에 온갖 상상을 다 했다.

앞에서 말한 바와 같이, 점성술사들은 여기에다가 행성들의 합(合)[18]에 얽힌 이야기를 사악한 마음으로 보태면서 10월과 11월에 각각 일어난 그런 현상이 인간 세계에 끼친 불행한 영향에 대해 늘어놓았다. 점성술사들은 행성들의 합(合)이 가뭄과 기근, 전염병을 예고한다고 암시하면서 사람들의 머릿속을 하늘의 별자리에 대한 예측으로 가득 채웠다. 그러나 가뭄과 기근에 관한 예측은 완전히 빗나갔다. 가뭄이 심했던 계절도 전혀 없었고, 새해 초에는 된서리까지 내렸으며, 12월에 시작한 서리가 거의 3월까지 계속되었기 때문이다. 그 후로 적절한

....
18 2개 이상의 천체가 같은 황경(黃經) 위에 놓이는 현상을 말한다.

기후가, 말하자면 덥지 않고 따뜻한 기후가 이어졌으며 바람도 상쾌했다. 한마디로, 계절에 적절한 날씨였으며 큰 비가 몇 차례 있었다.

사람들을 겁에 질리게 만드는 그런 책들을 인쇄하는 행위를 막고, 그런 서적들을 확산시키는 자들을 겁먹게 만들 조치가 몇 가지 취해지고 일부 유통업자가 붙잡혔지만, 내가 들은 바로는, 정부가 이미 제정신이 아닌 국민들을 화나게 만들고 싶어 하지 않았기 때문에 점성술사들의 행위 자체를 대상으로 한 조치는 전혀 취해지지 않았다.

그 외에 나는 설교를 통해서 교인들의 가슴에 용기를 불어넣지 않고 오히려 교인들의 사기를 떨어뜨리는 그런 목사도 용서하지 못한다. 그런 목사들 중 많은 이는 틀림없이 사람들의 결심을 강화하기 위해서, 특히 회개를 재촉하기 위해서 그런 식의 설교를 했지만, 그런 식의 접근은 틀림없이 목사들의 목적에 이바지하지 못했다. 적어도 교인들의 용기를 떨어뜨리면서 상처를 입힌 것을 고려한다면, 목사들이 그런 설교를 통해 목적을 이뤘다고 말하기는 어렵다.

성경을 보면 하느님이 공포와 놀라움을 통해서 우리를 멀리 쫓아내지 않고 초대를 통해서 자기 쪽으로 끌어들이고 자기 쪽을 보며 살도록 하듯이, 목사들도 주님을 본받아 그런 식으로 해야 한다고 나는 생각했다. 주님의 복음은 신들의 자비를 전하는 하늘의 선언으로 가득하고, 또 '너희가 영생을 얻기 위해 나에게 오기를 원하지 아니하도다!'라면서 참회자를 받아들이고 용서하려는 뜻으로 가득하지 않은가. 그래서 주님의 복음은 평화의 복음이라 불리고 사랑의 복음이라 불리는 것이다.

그러나 선한 사람들 중에도 신념과 의견을 갖고 있으면서 언제나 공포를 유발하는 말만 하는 사람들이 있다. 이 사람들은 암울한 일들 외에는 아무것도 말하지 않는다. 그들은 공포를 이용해서 사람들을 모아놓고는 불길한 예언을 하면서, 사람들이 하늘에 자비를 간청하도록 이끌지 않고 반대로 완전히 파괴되고 말 것이라는 걱정을 안김으로써 사람들이 겁에 질려 울며 돌아가도록 만들었다.

그때는 우리 사이에 종교 문제를 놓고 매우 깊은 불화를 일으킨 불행한 시대였다. 무수히 많은 종파와 분열, 다양한 의견들이 사람들 사이에 팽배했다. 영국 국교회가 4년 전쯤에 군주제 부활과 더불어 정말로 복원되었다. 그러나 장로파와 독립교회파의 목사들과 설교자들은 별도의 협회를 구성하고 국교회의 제단에 맞서 다른 제단을 세우기 시작했으며, 그들은 별도로 숭배 모임을 가졌다. 지금과 달리 당시에 그리 많지 않았던 비국교회 신자들은 지금처럼 하나의 단체로 완전하게 형성되지 않았으며, 그런 식으로 모인 신도는 소수에 지나지 않았다. 정부는 소수의 비국교회마저 허용하지 않고 탄압하려고 노력했으며 그들의 모임을 봉쇄하려 들었다.

그러나 전염병의 전파가 갈라졌던 종교들이 적어도 한동안은 다시 화해하도록 만들었다. 비국교도 중에서 가장 유능하고 중요한 목사들과 설교자들 중 많은 이들이 재직 목사들이 전염병을 견디지 못하고 버리고 간 교회를 맡는 고통을 감수했다. 사람들은 목사나 설교자가 어떤 사람이고 또 어떤 의견을 가졌는지를 따지지 않고 교회를 찾았다. 그러나 전염병이 지나간 뒤에, 자비의 정신도 약해졌으며, 모든 교회는 다시 자기 목사를 찾았고 목사가 죽은 경우엔 다른 목사를 받았다. 그리하여 모든 것은 다시 옛날의 길로 되돌아가게 되었다.

한 가지 재해는 반드시 다른 재해를 부르게 되어 있다. 이런 공포와 불안은 사람들로 하여금 약하고 어리석고 사악한 온갖 것들에 끌리도록 만들었다. 그렇다고 사람들이 그야말로 사악한 짓을 하도록 고무하는 그런 사악한 인간을 찾아다녔다는 뜻은 아니다. 사람들이 운세를 알아보기 위해, 점쟁이나 점성술사들에게 우르르 몰려갔다는 뜻이다. 이런 어리석은 행동 때문에 마법이나 흑마술을 하는 척 꾸미는 사람들이 도시로 몰려들었다. 나는 그런 것이 무엇인지 정확히 모르지만, 사실 그들은 실제로 죄를 짓는 것보다 천 배는 더 나쁜 짓인 악마와의 거래에 빠져 있었다. 이런 일이 너무나 공개적으로 행해지고 있었기 때문에, '점쟁이가 사는 집' '점성술사가 사는 집' '천궁도 보는 집'이라는 간판을 내건 집이 흔하게 보였다. 또 이런 사람들이 사는 곳이라는 사실을 알리는 베이컨 수사(Friar Bacon)[19]의 놋쇠 두상이 거의 모든 거리에서 보였다. 아니면 마더 쉽튼(Mother Shipton)[20]이나 메를린(Merlin)[21]의 두상을 그린 표시가 보였다.

악마의 이런 예언들이 어떤 맹목적이고 부조리하고 터무니없는 내용으로 사람들을 만족시키는지 나는 잘 알지 못하지만, 점쟁이들의 집이 매일 무수히 많은 사람들로 문전성시를 이루었던 것만은 분명하다. 그리고 엄숙하게 생긴 어떤 사람이 돌팔이 마법사들이 즐겨 입는 벨벳 재킷과 띠, 검은 코트를 걸치고 거리에 나타나기라도 하면, 사람들은 떼를 지어 그 사람의 뒤를 따르며 자신이 어떻게 될 것인지에 대해

....

19 마법사로 인기를 누린 13세기의 박식가이며 프란체스코회 수사였던 로저 베이컨(Roger Bacon)을 가리킨다.

20 영국의 여자 예언가로 본명은 우르술라 사우세일(Ursula Southeil)(1488?-1561)이다.

21 아서 왕의 이야기에 나오는 마법사.

질문을 던졌을 것이다.

그것이 얼마나 끔찍한 망상인지, 혹은 그것이 어디에 소용이 있는지에 대해서는 새삼 말할 필요도 없지만, 페스트가 진짜로 당도해서 그런 망상에 종지부를 찍고 천궁도를 보던 사람들 대부분이 살던 마을을 초토화시킬 때까지, 그런 망상을 치료할 방법은 전혀 없었다.

한 가지 해악은 가난한 사람들이 이 가짜 점성가들을 찾아가 전염병이 돌 것인지 여부에 대해 물을 경우에 점성가들이 모두 전염병이 반드시 온다고 대답한다는 사실에 있었다. 점성가들로서는 그런 식으로 대답해야만 일거리가 계속 생기게 된다. 사람들이 그런 일에 놀라지 않았다면, 마법사는 지금 쓸모없는 존재가 되었을 것이고 그들의 기술도 막을 내렸을 것이다. 그러나 마법사들은 언제나 사람들에게 별자리가 이런저런 영향을 끼친다거나 어떤 행성들의 결합이 이런저런 영향을 끼친다는 식으로 말했다. 그 영향은 반드시 병이나 전염병으로 나타났다. 그리고 일부 마법사들은 전염병에 대해 아무것도 모르면서도 너무나 확신에 찬 목소리로 전염병이 시작되었다고 말했다.

대부분 진중하고 이해력 있는 사람들인 목사와 설교자들은 이런저런 사악한 짓들을 강하게 비난했으며, 그런 행위의 사악함뿐만 아니라 어리석음까지 고발했다. 냉철하고 신중한 사람들은 그런 관행을 경멸하고 혐오했다. 그러나 보통 사람들과 가난한 노동자들에게 강한 인상을 주는 것은 불가능했다. 당시에 보통 사람들과 가난한 노동자들의 공포는 그들의 다른 모든 감정들을 압도했으며, 그들은 점을 보는 일에 돈을 아까운 줄 모르고 썼다.

특히 여자 하인들과 남자 하인들이 돌팔이 점술가들의 단골이었다. 그들의 질문은 대체로 "전염병이 퍼질 것입니까?"라는 것이었다. 그 다음 질문은 이런 것이었다. "나는 어떻게 될 건가요? 안주인이 나를 데리고 갈 건가요? 아니면 나를 버리고 갈 건가요? 안주인은 여기에 있을 건가요? 아니면 시골로 내려갈 건가요? 안주인이 시골로 간다면 나를 데리고 갈 건가요, 아니면 굶어죽든 말든 나를 여기에 버리고 갈 건가요?" 남자 하인들의 질문도 이와 다르지 않았다.

진실은, 내가 머지않아 다시 언급하게 되겠지만, 가난한 하인들의 경우에 사정이 매우 암울했다는 것이다. 왜냐하면 하인들 중 엄청나게 많은 수가 주인으로부터 외면당할 것이 분명했기 때문이다. 실제로도 그랬다. 그리고 하인들 중 많은 수가 죽었다. 특히, 이 엉터리 예언가들이 전염병이 번지는 상황에서도 여전히 주인과 함께 시골로 들어가서 주인을 계속 섬기게 될 것이라는 소리에 희망을 품었던 하인들의 피해가 더 컸다. 불쌍한 하인들은 숫자가 워낙 많았기 때문에 공적 구호의 혜택도 받지 못했다. 이런 성격의 재앙이 닥칠 때 늘 그렇듯이, 하인들이 도시의 사람들 중에서 가장 열악한 처지에 처했다.

불안이 처음 일어난 뒤 아직 전염병이 터지지 않은 상태에서 보내야 했던 여러 개월 동안에, 이런 많은 것들이 보통 사람들의 마음을 휘저어 놓았다. 그러나 거주자들 중에서 보다 진지한 축에 드는 사람들은 이와 다르게 행동했다는 것도 잊지 말아야 한다. 정부는 그런 사람들의 신앙을 장려했으며, 공적 기도의 날과 금식일, 참회의 날을 정해서 그들이 죄를 공개적으로 고백하고 그들의 머리 위에 걸려 있던 무시무시한 심판을 피하게 해달라고 신에게 간청하도록 했다. 모든 종파의 사람들이 그 행사를 어느 정도 적극적으로 받아들였는지, 그리고 그들이 교회와 모임에 어떤 식으로 모여들었는지에 대해서는 말하지 않을 것이다. 교회와 모임마다 얼마나 많은 사람들로 넘쳐났던지, 교회에 가까이 다가서는 것조차 불가능할 때가 종종 있었다. 아주 큰 교회의 문까지 가는 것도 불가능했다. 몇몇 교회에서 아침과 저녁마다 올리는 평일 예배도 있었다. 개인적으로 기도를 올리는 곳도 있었다. 예배가 있는 곳이면 어디든 사람들은 놀라운 정성으로 참석했다. 다양한 견해를 가진 가족들도 개별적으로 가족 금식을 지켰으며, 그러면서 가족들은 서로 가까운 관계임을 확인했다. 그래서 정말로 진지하고 종교적인 사람들은 한마디로 진정으로 기독교적인 방식으로 회개와 참회에 임했다.

다시, 모두가 이런 일들에서 자신들의 역할을 할 것이라는 점을 보여주었다. 그때 쾌활하고 사치스러웠던 왕실은 공공의 위험에 대해 우려하는 모습을 보였다. 프랑스 궁정의 관례를 본받아 시작되어 우리들 사이에도 인기를 누리기 시작하던 연극과 막간 촌극의 공연이 모두 금지되었으며, 또 급속도로 늘어나면서 국민들의 태도를 타락시키기 시작하던 도박장과 공공 무도장, 콘서트홀이 문을 닫았으며, 가난한 보통 사람들을 사로잡았던 어릿광대나 익살꾼의 연기, 인형극, 줄타기 묘기도 손님이 하나도 없었기 때문에 공연장 문을 닫았다. 그도 그럴 것이 사람들의 정신이 다른 것들로 심란했으며, 그런 것들에 대한 공포와 슬픔이 보통 사람들의 안색에도 그대로 드러나고 있었으니 말이다. 그들의 눈 앞에 죽음이 어른거렸으며, 모든 사람들은 유쾌한 웃음이나 기분전환이 아니라 자신의 무덤에 대해 생각하기 시작했다.

그러나 이런 건전한 반성도 보통 사람들의 내면에서는 정반대의 효과를 낳았다. 제대로 이뤄지기만 했다면 사람들이 아주 행복한 마음으로 무릎을 꿇고 앉아서 자신의 죄를 고백하고 자비로운 구세주에게 용서를 빌면서, 자칫 제2의 니느웨가 될 수 있었던 그런 절망의 시기에 구세주의 동정을 간구하도록 만들었을 텐데도 말이다. 보통 사람들이 그 전에 잔인할 만큼 사악하고 생각이 없었던 까닭에 그런 반성마저도 무지하고 어리석은 쪽으로 흘렀으며, 공포가 그들을 극도의 어리석음 쪽으로 이끌고 있었다.

내가 앞에서 말한 바와 같이, 보통 사람들은 자신에게 어떤 일이 닥칠 것인지를 알기 위해 점쟁이와 마법사를 비롯해 온갖 종류의 사기꾼들(이들은 보통 사람들의 공포에 부채질을 하고, 보통 사람들을 속여서 주머니를 털 목적으로 사람들이 언제나 겁에 질려 살도록 만들었다)에게 달려갔다. 그래서 그들은 돌팔이와 야바위꾼들을 쫓아다니고, 약과 치료법을 얻기 위해 늙은 여자 점쟁이들을 찾아다니고, 효험 있는 것으로 알려진 약들을 모았다.

그러는 사이에 사람들은 가진 돈을 다 썼을 뿐만 아니라 심지어 전염병의 독에 대한 두려움 때문에 미리 자신의 몸에 독을 주입했으며, 전염병에 맞서 자신의 육체를 지킬 생각을 하지 않고 전염병에 유리한 방향으로 자신의 육체를 준비시켰다.

한편, 주택들의 기둥과 거리의 귀퉁이마다 특효약에 대해 요란하게 떠들어대는 의사들의 광고 전단과 무지한 인간들의 글이 덕지덕지 붙어 있는 모습은 상상만 해도 무시무시하다. 하나같이 병에 잘 듣는 약

이 있으니 자기를 찾아달라는 내용이다. '페스트를 확실히 예방하는
알약' '감염을 확실히 막는 방부제' '공기 오염을 막는 최고의 약' '전
염되었을 때 육체를 관리하는 법' '선(腺)페스트 예방약' '사상 처음
발견한, 페스트 퇴치 음료' '보편적 페스트 치료법' '페스트를 치료하
는 유일한 음료' '모든 종류의 전염병을 치료하는 최고의 해독제'. 당
장 떠오르는 것만 나열해도 이 정도인데, 주택이나 거리에 내걸렸던
광고 전단의 문구를 다 모으면 책 한 권은 족히 될 것이다.

　다른 돌팔이들은 사람들에게 전염병에 걸렸을 경우에 치료 방법과
조언을 듣기 위해 자신들의 거처를 찾아달라고 권하는 전단을 내걸었
다. 이 광고들도 마찬가지로 다음과 같은 내용의 허울 좋은 제목들을
달고 있었다.

　　'홀란트에서 방금 도착한 유명한 네덜란드 의사. 지난해 거기서
　　페스트가 유행하던 내내 암스테르담에 거주하면서 실제로 페스
　　트에 걸린 환자들을 다수 치료했음.'
　　'나폴리에서 방금 도착한 이탈리아 여의사. 풍부한 경험을 바탕
　　으로 페스트를 예방하는 비법 터득. 하루에 2만 명이 죽어나가던
　　지난번 페스트 유행 때 이 비법으로 경이로운 치료 효과를 거둠.'
　　'1636년에 이 도시에 전염병이 돌았을 때 큰 성공을 거둔 여의사
　　가 여자들에게만 조언한다.'
　　'온갖 종류의 독과 전염을 치료하는 해독제를 오랫동안 연구한
　　경험 풍부한 의사가 40년에 걸친 경험 끝에 신의 축복을 받아, 사
　　람들이 페스트에 걸리지 않는 기술을 발견하는 경지에 이르렀다.

그는 가난한 사람들에게 무료로 조언을 해 준다.'

나는 이런 것들을 단지 견본으로 제시하고 있다. 나는 그런 광고 전단을 20개 내지 30개는 제시할 수 있으며, 그래도 아직 많이 남아 있다. 이런 예들을 근거로, 그 시대의 분위기를 충분히 짐작할 수 있다. 또 도둑과 소매치기들이 가난한 사람들로부터 돈을 강탈하거나 속여서 빼앗았을 뿐만 아니라 몹시 불쾌하고 치명적인 조제약으로 가난한 사람들의 육체까지 망가뜨렸다는 것을 알 수 있다. 어떤 사람들은 수은으로, 또 다른 사람들은 원래 약속했던 것과 완전히 다른 것으로 가난한 사람들의 육체를 훼손시켰으며, 그래서 돌팔이들의 치료 방법은 페스트가 돌면서 실제로 병에 걸린 육체를 돕지 못하고 오히려 해를 끼치게 되었다.

여기서 어느 돌팔이의 교활함에 대해 이야기하지 않을 수 없다. 그는 정말 교활하게도 가난한 사람들을 속여서 자기에게로 몰리도록 해 놓고는 돈을 받지 않고는 아무것도 해 주지 않았다. 그는 길거리에 붙인 광고 전단에 이 문구를 대문자로 눈에 띄게 썼다. '가난한 사람에겐 무료 조언.'

따라서 가난한 사람들이 그에게 많이 몰려들었고, 그는 그들에게 멋진 연설을 몇 차례 하고 그들의 건강 상태와 체질을 검사한 뒤에 그들이 하면 좋을 것들을 말해주었지만 모두가 전혀 중요하지 않은 것들이었다. 그러나 그가 가난한 사람들을 대상으로 진단한 결론은 언제나 똑같았다. 그에게 조제약이 있는데 그것을 매일 일정 분량 복용하면 전염병에 감염된 사람과 한집에 살아도 전염병에 걸리지 않는다는 것이었다. 이런 결론은 그를 찾은 사람들 모두로 하여금 그것을 사고 싶다는 마음을 품게 만들었지만, 조제약의 값이 터무니없이 비쌌다. 내 생각엔 반(半)크라운[22]이나 했던 것 같다.

어느 가난한 여인이 그 돌팔이에게 이렇게 말했다. "하지만, 선생님. 저는 가난한 구호 대상자예요. 교구에서 보살펴주고 있지요. 그리고 선생님의 광고 전단은 가난한 사람에겐 무료로 도움을 준다고 했어요." 이에 의사가 대답했다. "아, 그러시군요, 부인. 나는 거기 광고한 대로 하고 있어요. 가난한 사람들에게 무료로 조언하지만, 약은 무료가 아니지요." 그러자 그 여자가 말했다. "아아, 선생님! 그렇다면 그건 가난한 사람을 잡는 덫이었군요. 말하자면, 가난한 사람들에게 무료로 조언한 다음에 돈을 내고 약을 사게 하니까요. 모든 가게 주인도 그런 식으로 물건을 팔지요." 이어 여자는 의사에게 나쁜 말을 하기 시작했으며 그날 내내 그의 사무실 앞을 지키며 거길 찾는 모든 사람에게 그런 사연을 털어놓았다. 그러자 그녀의 그런 행동이 손님들을 내쫓고 있다는 사실을 깨달은 의사는 어쩔 수 없이 그녀를 위층으로 다시 불러 무료로, 아무런 효과가 없을 게 뻔한 약을 건네지 않을 수 없었다.

그러나 이 여인 같은 사람들에 대해 말하자면, 그들은 갈팡질팡 혼란 상태에 빠져 있었기 때문에 온갖 부류의 돌팔이와 협잡꾼들에게 넘어갈 준비가 되어 있었다. 이런 돌팔이들은 비참한 사람들로부터 엄청난 이득을 챙겼을 게 틀림없다. 그들의 뒤를 쫓아 다녔던 무리들이 날이 갈수록 더 늘어나고 있다는 사실이 매일 확인되었으니 말이다.
....
22 크라운은 옛날 영국에서 사용된 화폐로 5실링에 해당한다.

그런 돌팔이를 찾는 사람은 그 시대에 가장 유명했던 브룩스(Brooks) 박사나 업튼(Upton) 박사, 하지스(Hodges) 박사, 베르윅(Berwick) 박사를 찾는 사람보다 더 많았다. 그리고 그들 중 일부는 그런 의술로 하루에 5파운드를 챙겼다는 소문이 있었다.

그러나 이것 외에 광기가 한 가지 더 있었다. 그 시절에 가난한 사람들의 마음이 어느 정도 산만했는지를 짐작하게 하는 현상이다. 그 것은 가난한 사람들이 앞에 예로 든 돌팔이들보다 질이 더 나쁜 사기꾼들을 따르고 있었던 것을 말한다. 좀스런 도둑인 돌팔이들은 오직 가난한 사람들을 속여서 그들의 주머니에서 돈만 끌어내려 들었다. 이런 경우에 그 사악함은 속임을 당하는 자에게 있는 것이 아니라 주로 속이는 사람에게 있다. 그러나 내가 지금 언급하려 하는 부분에서, 사악함은 주로 속임수를 당하는 사람 쪽에 있거나 쌍방에 똑같이 있다. 그것은 부적과 액막이를 지니고 다니는 것이었으며, 나는 전염병에 맞서서 그런 것들이 육체를 어떤 식으로 강화하는지 모른다. 그런 모습을 떠올리면, 전염병이 신의 손이 아니라 악령의 소유물인 것 같다는 생각이 든다. 십자가나 황도대의 별자리, 매듭을 많이 묶은 종이들, 그리고 종이 위에 적은 어떤 글이나 도형이 전염병을 물리칠 수 있는 것으로 여겨졌으니 말이다. 특히 '아브라카다브라'(Abracadabra)[23]를 삼각형이나 피라미드 형태로 적은 것이 많이 쓰였다.

....
23 서양 마술사들이 잘 쓰는 주문이며, 우리로 치면 '수리수리마수리'라는 말과 비슷하다.

```
A B R A C A D A B R A
A B R A C A D A B R
A B R A C A D A B
A B R A C A D A
A B R A C A D
A B R A C A
A B R A C
A B R A
A B R
A B
A
```

십자가에 예수회 마크(IHS)를 넣은 부적도 있었고, 단순히 이 표시 (𝔵) 만 넣은 부적도 있었다.

나는 전국적 전염이라는 중대한 위기를 맞은 아주 위험한 시기에 보통 사람들의 정신을 사로잡은 그런 것들의 어리석음과 사악함을 강력히 고발하는 일에 많은 시간을 쏟을 수도 있다. 그러나 이런 것들에 관한 나의 비망록은 오히려 사실에만 주목하면서 그것들이 어떤 식이었다고만 언급하고 있다. 가난한 사람들이 그런 것들로는 불충분하다는 것을 어떻게 깨달았는지, 그리고 그들 중 얼마나 많은 사람들이 나중에 죽어서 시체 수레에 실려 교구 공동묘지로 던져졌는지에 대해선 앞으로 이야기할 것이다. 시체 수레에 실려 나갈 때에도 그들의 목에는 터무니없는 부적과 잡동사니들이 걸려 있었다.

이 모든 것들은 전염병이 가까이 다가왔다는 인식이 사람들 사이에 처음 생겨난 이후로 사람들이 마음 둘 곳을 찾지 못하고 허둥댄 탓에 나타난 결과들이었다. 사람들이 허둥대기 시작한 것이 1664년 성 미가엘 축일 쯤이었던 것으로 여겨졌지만, 보다 구체적으로 말하면 12월 초에 세인트 자일스 교구에서 2명이 죽고 2월에 또 다시 한 차례 경종이 울린 뒤였다. 전염병이 확실히 퍼졌을 때엔 사람들이 곧 자신들로부터 돈을 갈취한 사기꾼들을 믿은 것이 어리석은 짓이었다는 사실을 깨닫기 시작했기 때문이다. 그때부터 사람들의 두려움은 다른 길로, 즉 놀람과 우둔함을 보이는 쪽으로 작동했다. 그것은 사람들이 어떤 경로를 취해야 할지, 또는 스스로를 돕거나 마음을 다스리기 위해 어떻게 해야 할지를 몰라서 일어난 현상이었다. 사람들은 "주여, 저희들에게 사랑을 베풀어주소서. 저희들은 어떻게 해야 합니까?"라고 거듭 외치면서 이웃의 이 집 저 집을 돌아다니고 심지어 거리에서도 이 집 저 집을 돌아다녔다.

6.
첫
고
비

정말로, 가난한 사람들은 한 가지 특별한 점에서 불쌍히 여겨질 만했다. 나는 그 점에 대해 외경심과 반성하는 마음으로 진지하게 언급하길 바라고 있으며, 이 글을 읽는 사람도 아마 좋은 기분을 느끼지 못할 것이다. 즉, 죽음이 이젠 가난한 사람들의 머릿속에서만 맴도는 것이 아니라 그들의 집과 방, 그리고 얼굴까지 똑바로 응시하기 시작했는데도, 그들에겐 그런 곤경에서 빠져나올 수단이 거의 또는 전혀 없었다는 사실이 바로 그것이다.

사람들의 정신에 어리석음과 우둔함이 어느 정도 있었을지라도(아직 그런 요소가 상당히 많았다), 그럼에도 불구하고 그들의 가장 깊은 영혼에까지 경종이 꽤 크게 울렸다. 많은 양심이 일깨워졌으며, 무딘 많은 가슴들이 눈물로 녹아내렸다. 오랫동안 숨겨왔던 죄에 대한 회개의 고백이 많았다. 절망한 많은 인간들이 죽어가면서 토해내는 신음을 듣는 것은 모든 기독교인의 영혼에 상처로 남았을 것이다. 누구도 죽어가는 사람들을 위로하겠다고 감히 가까이 다가서지 못했으니까.

당시에 강도 사건과 살인 사건에 대한 고백이 큰 소리로 많이 나왔다. 그래도 살아 있는 자는 아무도 그 일을 기록하려 하지 않았다. 길을 갈 때면 사람들이 예수 그리스도를 통해 하느님에게 자비를 간구하는 소리가 들렸다. "저는 도둑질을 했나이다." "저는 간통을 했나이다." "저는 살인을 저질렀나이다." 그래도 그런 일에 대해 최소한의 조사라도 벌이겠다고 감히 발걸음을 멈추는 사람은 아무도 없었다. 혹은 육체와 영혼이 똑같이 고통에 빠져 절규를 하고 있는 가엾은 인간들에게 위로를 베풀려고 나서는 사람도 전혀 없었다.

일부 목사들은 처음에 잠깐 동안 병든 사람을 방문했으나 더 이상 그런 일은 없었다. 집을 잘못 들어갔다가는 즉시 죽음을 맞을 수도 있었기 때문이다. 마을에서 가장 무감각한 사람에 속했던, 시신을 매장하는 사람들도 가끔 혼쭐나서 벌벌 떨면서 가족이 모두 죽은 집이나 상황이 특별히 끔찍한 집에는 감히 들어가지 못했다. 그러나 이것은 정말 전염병의 첫 번째 고비일 뿐이었다.

시간이 흐르면서 가난한 사람들이 전염병에 익숙하게 되었으며, 지금부터 내가 전반적으로 설명하듯이, 그들은 나중에는 망설임 없이 위험을 무릅쓰고 온 곳을 돌아다녔다.

지금 나는 전염병이 이제 막 시작된 것처럼 생각하고 있다. 치안 판사들이 시민들의 처지를 매우 진지하게 고려하기 시작했다. 치안 판사들이 거주자들과 전염된 가족들에 대한 통제와 관련해 취한 조치에 대해선 따로 이야기할 것이다. 그러나 사람들이 돌팔이들과 사기꾼들,

마법사와 점쟁이들을 쫓아다닌 데서 그들의 어리석은 기질을 이미 확인한 터라, 건강 관련 문제에 대해서는 여기서 언급하는 것이 적절할 것 같다.

보통 사람들이 협잡꾼이라도 붙들고 늘어지려 드는 모습은 거의 광기에 가까웠다. 그러자 매우 냉정하고 종교적인 신사인 런던 시장은 병에 걸린 가난한 사람들을 돌볼 내과 의사들과 외과 의사들을 별도로 임명했다. 시장은 특별히 영국의사회에 가난한 사람들을 위해 전염병에 걸린 상황에서 돈을 많이 들이지 않고 병을 치료할 수 있는 지침을 발표할 것을 지시했다. 정말로, 이것이야말로 당시에 취할 수 있었던 조치 중에서 가장 자비롭고 현명한 처사였다. 이로 인해 사람들은 엉터리 광고 전단을 내건 돌팔이들이 거주하는 집 문을 들락거리지 않아도 되었으며, 또 약 대신에 독을, 그러니까 생명 대신에 죽음을 아무 생각 없이 맹목적으로 삼키지 않게 되었다.

내과 의사들의 처방은 의사회 전체의 협의를 거쳐 도출해낸 것이었다. 그리고 처방은 특별히 가난한 사람들이 이용하도록 값이 싼 약에 초점을 맞췄기 때문에 당연히 공개되었다. 그래서 모두가 처방을 볼 수 있었으며, 원하는 사람 모두에게 처방을 담은 책자를 무료로 제공했다. 그러나 그것이 공개되어 언제든 볼 수 있기 때문에, 이 책을 읽는 독자는 여기서 그것을 읽는 수고를 할 필요가 없다.

페스트가 절정에 이르렀을 때의 그 포악성이 이듬해 일어난 화재와 같았다고 말할 때, 나는 이 말이 내과 의사들의 권위나 능력을 깎아내리려는 뜻으로 받아들여지지 않기를 바란다. 페스트가 건드릴 수 없었던 것까지 다 태운 그 화재는 온갖 화재 진압법의 적용을 거부했다. 소방펌프도 통하지 않았고, 양동이도 허사였으며, 인간의 힘은 그냥 당황하다가 다 소진되어 버렸다.

그렇듯이, 전염병도 모든 약을 거부했다. 내과 의사들도 입에 방부제를 넣고 다니다가 병에 걸렸다. 사람들은 다른 사람들에게 처방하기 위해 돌아다니면서 이런저런 할 것을 알려주었는데, 결국에는 그들에게도 병의 증상들이 나타났다. 그러면 그들은 쓰러져 죽었으며, 그런 사람들은 다른 사람들에게 맞설 것을 강요했던 바로 그 적에게 파괴되었다.

이런 불행을 겪은 내과 의사가 몇 명 있었다. 가장 우수한 것으로 평가받던 내과 의사와 외과 의사도 거기에 포함되었다. 아무짝에 쓸모없던 자신의 약을 믿을 만큼 어리석었던 돌팔이들도 많이 죽었다. 이 돌팔이들은 다른 부류의 도둑들과 마찬가지로 자신의 죄를 미리 알아차리고는 자신들을 처벌할 게 뻔한 정의의 손길로부터 달아났어야 했었는데 말이다.

내과 의사들이 공통의 재난에 쓰러졌다고 말하는 것은 그들의 노동이나 헌신을 폄하하는 것이 절대로 아니다. 나도 그럴 뜻이 전혀 없다. 의사들이 인류를 위해서 목숨까지 잃을 만큼 자신의 생명을 과감하게 걸었다고 말하는 것은 그들에 대한 칭송이다. 그들은 사회적으로 훌륭한 일을 하려고 노력했다. 그러나 우리는 의사들에게 신의 심판을 중단시키거나 하늘로부터 탁월한 것들로 무장한 전염병이 맡은 심부름을 실행하지 못하도록 막을 수 있다는 식의 기대를 걸어서는 안 된다.

틀림없이, 의사들은 기술로, 또 신중함과 약으로 많은 사람들이 생명을 구하고 건강을 회복하도록 도왔다. 그러나 그들도 자신들에게 닥친 병을 치료하지 못했다고 말하거나, 자주 그렇듯이, 그들이 오기 전에 치명적일 만큼 전염되었던 사람들을 치료하지 못했다고 말하는 것은 그들의 인품이나 기술을 낮춰보는 것이 절대로 아니다.

7.
주택 봉쇄

이제 페스트가 처음 발발했을 때, 치안 판사들이 전반적인 안전을 위해, 그리고 병의 전파를 막기 위해 취한 공적인 조치들에 대해 언급해야 할 때이다. 치안 판사들의 신중과 자비, 가난한 사람들에 대한 걱정, 그리고 나중에 전염병이 심각해졌을 때, 질서를 유지하고 비상 식량을 공급하는 등의 일에 대해서는 앞으로 얘기할 기회를 자주 가질 것이다. 그러나 여기서 나는 치안 판사들이 감염된 가족들을 관리하기 위해 발표한 명령과 규정에 대해 이야기할 생각이다.

앞에서 전염된 주택들을 봉쇄한 것에 대해 언급한 바가 있다. 그 조치에 대해 특별히 말할 필요가 있다. 전염병의 역사에서 이 부분은 너무도 우울하고 슬프지만, 아무리 비통하더라도 이 이야기는 꼭 해야 한다.

내가 말한 바와 같이, 런던 시장과 행정 장관 회의(Court of Aldermen)[24]는 6월쯤에 런던 시를 통제하는 일에 특별히 관심을 두기 시작했다.

미들섹스(Middlesex) 카운티의 치안 판사들은 장관의 지시에 따라 세인트 자일스 교구와 세인트 마틴 교구, 세인트 클레멘트 데인스 교구 안에 있는 주택들을 봉쇄하기 시작했으며, 이 조치는 상당한 성공을 거두었다. 왜냐하면 전염병이 터진 몇몇 거리에서 감염된 주택을 엄격히 감시하고 환자들이 죽는 즉시 매장하도록 노력한 결과, 그 거리에서 전염병이 멈추었기 때문이다. 또 전염병이 창궐했던 이 교구들에서 비숍스게이트와 쇼어디치, 올드게이트, 화이트채플, 스테프니 교구를 비롯한 다른 교구들에 비해 전염병이 빨리 약화되었다. 그런 식으로 초기에 적극적으로 대응하는 것이 전염병을 억제하는 훌륭한 수단인 것으로 확인된 셈이다.

이처럼 주택을 봉쇄하는 조치는 내가 이해하고 있는 바로는 제임스(James) 1세 왕이 즉위한 1603년에 발발한 전염병 사태 때 처음 동원된 방법이었다. 사람들을 자기 집에 강제로 격리시킬 수 있는 권한은 '전염병에 감염된 사람들을 자비롭게 구하고 치료하기 위한 법'(An Act for the Charitable Relief and Ordering of Persons Infected with the Plague)이라 불리는 의회법으로 허용되었다. 이 의회 제정법에 따라 런던 시장과 행정 장관들은 이번에 명령을 발동시켰다. 이 명령은 시 안의 감염자가 소수였던 1665년 7월 1일자로 효력을 발생했다. 그진의 마지막 주간 사망 보고서에 따르면, 92개 교구 안에서 전염병에

....
24 런던을 구성하고 있는 각 구에서 1명씩의 행정 장관으로 이뤄진 회의이다. 현재는 25명의 행정 장관으로 구성되어 있으며 시장이 주재한다.

감염되어 죽은 사람은 4명에 지나지 않았다. 시 안에 주택 몇 채가 봉쇄되었으며, 몇 사람이 이슬링턴(Islington)으로 가는 길에 있는, 번힐 필즈(Bunhill Fields) 너머의 격리 병원으로 옮겨졌다. 이런 조치 덕분에, 전체 전염병 사망자가 1주일에 1,000명에 육박할 때에도 도시 안의 사망자 숫자는 겨우 28명이었으며, 도시는 전염병이 유행하던 시기의 다른 곳에 비해 더 건강하게 지켜졌다.

시장의 이런 명령은 내가 이미 말한 바와 같이 6월 말에 공포되어 7월 1일부터 발효되었으며, 그 내용은 다음과 같다.

■ 런던 시장과 행정 장관들이 1665년 전염병 감염과 관련해 구상하고 발표한 명령들

행복한 기억으로 남아 있는, 돌아가신 제임스 국왕이 통치하던 때, 전염병에 감염된 사람들을 자비롭게 보살피고 치료하기 위한 법이 만들어졌으며, 이 법에 따라 치안 판사들과 시장, 수령(守令)을 비롯한 최고 관리들에게 각자의 권한 안에서 감염된 사람들과 장소들을 관리하는 데 필요한 검사관과 수색관, 감시원, 야경꾼, 매장자들을 임명하고 그들에게 맡은 임무를 수행하겠다는 선서를 받을 권리가 주어진다. 또 같은 법령은 최고 관리들에게 필요에 따라서 다른 지침들을 내릴 권한도 부여했다. 지금은 병의 전염을 예방하고 피하는 것이 특별히 시급한 일로 고려되고 있기 때문에(설령 그 병이 전능한 신의 뜻일지라도), 다음에 열거하는 담당관들을 임명하고 임명된 자들은 이후로 명령들을 적절히 지켜야 한다.

= 모든 교구에 검사관 임명

먼저, 검사관이 필수라고 여겨지기에 모든 교구는 훌륭한 자질과 신망을 갖춘 사람을 한 명 또는 두 명 이상 둔다. 검사관은 모든 구의 행정 장관과 차관, 의회에 의해 임명된다. 검사관에 임명된 자는 검사관으로서 적어도 2개월 동안 임무를 수행한다. 그리고 그런 식으로 적절히 임명된 인물이 그 일을 맡기를 거부하면, 그 사람은 맡은 일을 수행하겠다고 나설 때까지 교도소에 수감된다.

= 검사관의 임무

검사관들은 행정 장관 앞에서 모든 교구 안에서 병에 전염된 집과 병든 사람을 찾아내고 그 병이 어떤 병인지를 최대한 밝힐 것을, 그리고 전염 사실이 드러난 경우에 그 병에 대한 분석이 끝날 때까지 그 주택에 대한 접근을 제한하는 조치를 취할 것을 서약한다. 그리고 전염병에 걸린 사람을 발견한 검사관은 그 즉시 순경에게 그 집을 봉쇄하도록 지시해야 한다. 이때 순경이 임무를 태만하거나 게을리하는 것이 확인되면, 검사관은 구의 행정 장관에게 그 같은 사실에 대해 통보해야 한다.

= 감시인

전염병에 감염된 집에는 두 명의 감시인을 배치한다. 한 사람은 낮에, 다른 한 사람은 밤에 그 집을 감시하는 임무를 맡는다. 감시인들은 자신이 책임진 집을 아무도 드나들지 못하도록 지켜야 한다. 이 일을 게을리하면 엄한 처벌이 따른다. 감시인은 전염병에 감염된 집에서 필요로 하는 일들을 해야 한다. 어떤 일로 현장을 떠나야 하는 상황이 생기면, 감시인은 그 집의 문을 잠그고 열쇠를 갖고 가야 한다. 낮 당번은 밤 10시까지, 밤 당번은 아침 여섯 시까지 맡는다.

= 수색관

교구마다 여성 수색관을 임명하도록 특별히 신경을 써야 한다. 정직하다는 평판을 얻은 사람으로서 이런 종류의 일에 적절한 인품을 갖춘 사람이어야 한다. 수색관은 지식을 최대한 활용해 정확히 수색하고, 자신이 검사한 시신이 전염병으로 죽었는지 아니면 다른 병으로 죽었는지에 대해 정직하게 보고하겠다고 서약해야 한다. 전염병의 치료와 예방을 위해 지명되는 내과 의사들은 자신이 맡은 몇 개의 교구들이 지명하거나 지명할 수색관이 그 일에 적절한 자질을 갖추었는지를 확인하고 또 수색관들이 일에 부족한 점을 보이면 그것을 바로잡을 목적으로 가끔 그들을 부를 수 있다.

전염병이 퍼지는 동안에 수색관은 다른 공무를 맡아서는 안 되며 가게나 노점을 운영하는 것도 허용되지 않으며, 세탁부로도 고용되지 못할 뿐만 아니라 다른 일상적인 일에도 고용되지 못한다.

= 외과 의사

질병에 대해 보고가 엉터리였던 탓에 전염이 추가적으로 확산되는 사례가 있었기 때문에, 이미 격리 병원에 소속된 외과 의사들 외에, 수색관들을 더 잘 지원하기 위해서 유능하고 분별력 있는 외과 의사들을 선택해서 임명한다. 이 의사들은 편의를 고려해 시와 리버티들의 각 지역에 배치된다. 이 외과 의사들은 저마다 담당 지역을 갖게 되며, 해당 지역 안에서 수색관과 함께 시신을 살핀다. 목적은 질병에 대한 보고의 정확성을 높이기 위해서다. 더 나아가, 앞에 말한 외과 의사들은 각 교구의 수색관들이 이름을 제시하는 사람들을 방문하거나 검사함으로써 그들의 병에 대해 잘 알아야 한다.

그리고 외과 의사들은 다른 모든 치료로부터 자유로운 상태에서 전염병 치료에만 전념한다. 이 외과 의사들은 환자를 한 사람 검진하는 대가로 12페니를 받을 것이며, 이 돈은 검사를 받은 당사자가 능력이 있을 경우에는 그 사람에게 받고, 그렇지 않은 경우에는 교구에서 나온다.

= 간호사

간호사가 자신이 돌보던 사람이 죽고 28일이 되기 전에 감염된 집에서 나오더라도, 그 집은 환자가 죽고 28일이 지날 때까지 봉쇄된다.

■ 감염된 집과 전염병을 앓고 있는 사람에 관한 명령

= 전염병에 걸린 사람에 대한 보고

모든 집안의 가장은 자기 집에 사는 사람 누구에게서라도 종기나 자줏빛 반점이 발견되거나 신체의 어느 부분에서라도 종창이 확인되거나 다른 질병임을 뚜렷이 보여주는 증상 없이 심하게 아픈 사람이 나오면 그 증상이 드러나고 두 시간 안에 위생 검사관에게 알려야 한다.

= 환자의 격리

검사관이나 외과 의사, 수색관에 의해서 전염병을 앓고 있는 것으로 확인된 사람은 그날 밤에 바로 그 집에 격리된다. 그런 식으로 격리된 환자가 죽을 경우에, 그 집은 한 달 동안 폐쇄되며, 그런 다음에 적절한 소독 작업을 거쳐 나머지 가족이 사용한다.

= 물건들을 공기에 쐬기

감염된 재화와 물건들을 처리하는 방법에 대해 말하자면, 환자들의 침구와 옷, 방에 걸려 있던 것들은 감염된 집 안에서 불과 향을 피운 상태에서 공기에 잘 쐰 다음에 다시 사용한다. 이 일은 검사관의 지시에 따라 행해진다.

= 주택 봉쇄

어떤 사람이 전염병에 걸린 것으로 알려진 사람을 방문해야 했거나 감염된 것으로 알려져 방문이 허용되지 않는 집에 고의로 들어갔다면, 그 사람이 사는 집도 검사관의 지시에 따라서 일정 일수 동안 봉쇄된다.

= 감염된 주택으로부터 이동 금지

전염병에 걸린 사람이 사는 집에서 어떤 사람이나 물건도 도시 내의 다른 집으로 옮기지 못한다(격리 병원이나 텐트, 그리고 감염된 주택의 주인이 소유한 곳으로서 그 사람의 하인들이 거처하고 있는 곳은 예외로 한다). 이송이 이뤄지는 경우에 옮겨가는 교구의 안전을 보장하기 위해서, 전염병에 걸린 사람에 대한 간호와 감독이 특별히 이뤄지는 가운데 신속히 옮겨져야 하며, 그런 이송에 따르는 비용을 교구에 안겨서는 안 되며 이송도 밤에만 이뤄져야 한다. 집을 두 채 소유한 사람이 자신의 결정에 따라서 한집에 살던 건강한 가족과 병에 걸린 가족 중 어느 한 쪽을 다른 집으로 보내는 것은 합법적이다. 그런 경우에 병에 걸리지 않은 가족을 다른 집으로 보내면 병든 사람을 그곳으로 보내지 못하며, 병든 가족을 다른 집으로 보내면 건강한 가족을 그곳으로 보내지 못한다. 건강한 가족이 옮겨간 집은 적어도 1주일 동안 봉쇄해 사람들로부터 격리시켜야 한다. 이는 증상이 겉으로 드러나지 않는 무증상 상태의 감염에 대한 두려움 때문이다.

= 죽은 자의 매장

전염병으로 죽은 사람의 매장은 최대한 편리한 시간에 이뤄진다. 특별한 일이 없는 한 교구 위원이나 순경에게만 알린 가운데 언제나 해가 뜨기 전이나 해가 진 뒤에 행해진다. 이웃 사람들도, 친구들도 교회까지 시신을 따라가지 못하며 전염된 집으로 들어가지도 못한다. 혹시 그렇게 하는 사람이 있으면, 그 사람의 집이 봉쇄되거나 그가 교도소에 수감될 것이다.

전염병으로 죽은 시신은 공동 기도나 설교, 강연이 행해지는 시간에 교회에 매장되거나 교회에 남아 있을 수 없다. 교회나 교회 묘지, 또는 매장지에 시신을 묻을 때에는 아이들이 시신이나 관, 무덤 가까이 오지 못하도록 해야 한다. 모든 무덤은 깊이가 적어도 6피트(약 1.8m)는 되어야 한다.

더 나아가, 전염병이 지속되는 한 매장지에서 공적 모임을 갖는 것이 금지된다.

= 감염된 물건의 유통 금지

옷가지나 물건, 침구 같은 것을 감염된 집의 밖으로 갖고 나가서는 안 된다. 침구류나 헌 옷가지를 외부로 팔거나 저당을 잡히는 것은 금지된다. 침구류나 의류를 거래하는 상인도 그런 물건들을 거리 쪽으로 난 외부 진열장에 진열하거나 진열대에 걸지 못한다. 그런 물건들을 파는 것도 금지된다. 이를 어길 경우에 수감의 고통이 따른다. 그리고 상인이나 보통 사람이 감염된 집으로부터 감염이 일어난 때로부터 2개월 이내에 침구류나 의류, 물건들을 구입하면, 그것을 산 상인이나 보통 사람의 집은 전염된 것으로 여겨져 최소 20일 동안 봉쇄된다.

= 감염된 집 사람들의 외출 금지

전염병에 감염된 사람이 소홀한 감시나 다른 이유로 어쩌다가 감염된 곳을 빠져나와서 다른 곳으로 간다면, 그 사람의 집이 있던 교구는 그 같은 사실을 알아차리는 즉시 집을 빠져나온 사람을 반드시 밤에 원래의 자리로 데려와야 한다. 이 경우에 사건 당사자들은 구(區)의 행정 장관의 지시에 따라 처벌을 받고, 전염병에 걸린 환자를 받아들인 사람의 집도 20일간 봉쇄된다.

= 감염된 집의 표시

전염병이 닥친 집은 모두 뚜렷이 볼 수 있도록 문 한가운데에 1피트(약 30.4cm) 길이의 십자가 표시를 한다. 십자가 바로 위에 "주님이시어, 우리에게 은혜를 베푸소서!"라는 글귀도 붙인다. 십자가와 글귀는 그 집이 봉쇄가 합법적으로 해제될 때까지 계속 붙여 놓는다.

= 감염된 집에 대한 감시

순경들은 모든 집이 제대로 봉쇄되어 있고 감시원들이 잘 지키고 있는지를 확인해야 한다. 감시원들은 봉쇄된 집의 사람들이 밖으로 나오지 않는지 감시하며 그들이 필요로 하는 것이 있으면 그 집 사람들이 능력이 될 때에는 그들의 돈으로 사주고 능력이 되지 않을 때에는 공동 비용으로 사 준다. 모든 것이 제자리로 돌아간 뒤에도 4주일 동안 봉쇄하는 것이 안전하다.

수색관과 외과 의사, 간호사, 매장자는 3피트(약 91cm) 길이의

붉은 막대기나 지휘봉을 뚜렷이 보이도록 손에 들지 않고는 거리를 다니지 못하며 자기 집이 아닌 다른 집에도 들어가지 못한다. 그들은 사람이 많이 모인 곳을 피해야 한다. 특히 환자들을 돌보는 일을 한 지 얼마 되지 않았을 때에는 사람들의 무리를 더욱 엄격히 피해야 한다.

= 동거인들

몇 사람이 한집에 살고 있는데 그 중 한 사람이 전염병에 걸렸다면, 그 집의 어느 누구도 교구의 위생 검사자들의 증명서 없이는 밖으로 나가지 못한다. 이를 위반하는 경우에 그 사람들이 옮겨 간 집도 전염병에 감염된 것으로 여겨 봉쇄한다.

= 전세 마차

전세 마차 마부들을 잘 관리해야 한다. 전세 마차를 공기에 충분히 쐴 때까지, 마부들은 마차를 공통의 목적으로 사용해서는 안 된다(일부 전세 마차의 마부들이 전염병에 걸린 사람을 격리 병원이나 다른 장소로 태워준 다음에 마차를 공기에 쐬지 않는 것이 관찰되고 있다). 그런 일을 한 뒤에는 대엿새 동안 사람들을 태우지 말아야 한다.

■ 거리를 청결하게 유지하기 위한 명령들

= 거리의 청결 유지

먼저, 모든 가구주가 자기 집 앞의 거리를 매일 깨끗하게 유지할 필요가 있다고 생각되므로 그렇게 할 것을 명령한다. 그러면 거리가 일주일 내내 깨끗하게 유지될 수 있다.

= 도로 청소부의 역할

청소부는 각 집에서 쓸어 모아놓은 쓰레기와 오물을 매일 싣고 간다. 청소부는 지금까지 해 온 대로 뿔피리를 불어 사람들에게 자신이 왔다는 사실을 알린다.

= 싱싱하지 않은 어류나 육류, 곰팡이 슨 곡물을 먹지 마라

썩은 냄새 나는 물고기나 싱싱하지 않은 육류, 곰팡이 슨 곡물, 온갖 종류의 썩은 과일을 도시나 다른 곳에서 파는 일이 없도록 특별히 조심해야 한다.

양조업자와 주류 밀매업자들을 상대로 곰팡이 슨 불결한 통을 사용하지 않는지 조사해야 한다.

도시 안에는 돼지와 개, 고양이, 비둘기 또는 망아지를 둘 수 없다. 멧돼지도 거리에 돌아다니지 못하며, 그런 멧돼지는 교구 직원이나 다른 관리가 포획한다. 그런 동물의 소유자는 시 의회가 마련한 법에 따라 처벌받을 것이며, 개들은 그 목적으로 임명된 개백장이 죽인다.

■ 규칙을 제대로 지키지 않는 사람과 나태한 집단에 관한 명령

= 걸인

도시 온 곳을 몰려다니는 많은 불량배들과 떠돌이 걸인들에 대한 주민들의 원성이 대단히 높으며, 그들이 전염병 확산의 주요 원인임에도 그들을 피할 길이 없다. 그들이 떠돌지 않게 하기 위한 명령이 내려졌음에도 불구하고, 그들의 행태는 변하지 않았다. 그래서 지금 순경들과 이 문제와 관계있는 사람들에게 떠돌이 걸인들이 어떤 식으로든 도시의 거리를 떠돌지 않도록 특별히 관심을 쏟을 것을 명령한다. 지시를 따르지 않는 걸인들을 법에 따라 엄중히 다스리길 바란다.

= 놀이

연극과 곰 곯리기, 경주, 노래 부르기, 방패 놀이 등 사람들이 모이는 행사는 전면적으로 금지되며, 이를 어기는 사람은 자신의 구의 행정 장관의 처벌을 엄하게 받는다.

= 축제 금지

모든 공적인 축제와 특히 도시의 조합들이 주최하는 축제, 선술집이나 맥줏집을 비롯해 함께 어울려 즐기는 공간은 별도의 지시가 있을 때까지 금지된다. 그런 곳을 찾지 않음으로써 아낀 돈은 전염병으로 고생하는 가난한 사람들을 위해 쓰길 바란다.

= 주류 밀매소

선술집과 맥줏집, 커피하우스, 지하실 등에서 은밀히 술을 마시는 행위는 전염병을 퍼뜨릴 위험이 대단히 높은, 이 시대의 공익을 해치는 죄로 다스린다. 이 도시의 오래된 법과 관습에 따라서, 밤 9시 이후에는 어떤 개인이나 단체도 선술집이나 맥줏집, 커피하우스에 남거나 들어가지 못한다. 이를 위반하는 경우에 처벌을 받는다.

그리고 이 명령들과, 조금만 더 깊이 생각해 보면 필요한 것으로 확인되는 다른 규칙과 지침을 보다 효율적으로 집행하기 위해서, 행정 장관과 차관, 시 의회 의원들은 각자의 구 안의 장소(전염병 감염으로부터 자유로운 곳이어야 한다)에서 매주 한두 번, 아니 더 자주(필요에 따라) 만나서 앞에 제시한 명령들을 제대로 실행할 방법을 강구할 것을 명령한다. 감염된 지역 안이나 근처에 거주하는 사람이 그런 모임에 올 것인지 의문스럽긴 하지만, 그런 사람은 어쨌든 그런 모임에 얼씬도 하지 말아야 한다. 그리고 몇몇 구의 행정 장관과 차관, 시 의회 의원들은 그 모임에서 국왕 폐하의 백성들을 전염으로부터 보호하기 위해 고안한 다른 훌륭한 명령도 실행할 수 있다.

런던 시장 존 로런스(John Lawrence) 경

사법 장관 조지 워터먼(George Waterman) 경

찰스 도(Charles Doe) 경

이 명령들은 시장의 권한이 미치는 곳까지만 영향력을 발휘한다는 사실에 대해서는 말할 필요도 없다. 따라서 '햄릿'(hamlet)[25]이라 불린 촌락들과 외곽 교구들 안에서도 치안 판사들이 이와 똑같은 조치를 취했다는 것을 확인할 수 있다. 내가 기억하는 바로는, 우리가 살던 곳에는 전염된 주택을 봉쇄하라는 명령이 그렇게 빨리 내려오지 않았다. 왜냐하면 앞에서 말한 바와 같이 전염병이 적어도 도시의 동쪽 지역에는 8월 초로 접어들어서야 맹렬해지기 시작했기 때문이다. 예를 들면, 7월 11일부터 7월 17일까지의 전체 사망 건수는 1,761건이었으며, 그럼에도 우리가 타워 햄리츠(Tower Hamlets)라고 부르는 그 교구들 안에서 페스트로 죽은 사망자는 71명에 지나지 않았다. 그 수치는 다음과 같다.

	7/11-7/18	7/18-7/25	7/25-8/1
올드게이트	14	34	65
스테프니	33	58	76
화이트채플	21	48	79
세인트 카타리나, 타워	2	4	4
트리니티, 미노리스	1	1	4
	71	145	228

전염병은 정말로 전속력으로 달려오고 있었다. 그래서 같은 주에 인근 교구들에서 있었던 매장 건수도 다음과 같았다.

....
25 작은 마을, 부락, 촌락이라는 뜻.

	7/11-7/18	7/18-7/25	7/25-8/1
세인드 레너드, 쇼어디치	64	84	110
세인트 보톨프, 비숍스게이트	65	105	116
세인트 자일스, 크리플게이트	213	421	554
	342	610	780

　주택 봉쇄는 처음에 매우 잔인하고 비기독교적인 방법으로 여겨졌으며, 그런 식으로 집에 갇힌 가난한 사람들은 깊은 한숨을 내쉬었다. 주택 봉쇄의 잔인성에 대한 불만은 매일 시장에게까지 보고되었으며, 주로 근거 없이(간혹 악의를 품고) 집을 봉쇄했다는 내용이었다. 특별히 불만이 컸던 예들을 조사했더니, 계속 격리되어야 하는 상태인 것으로 확인되었다. 또 아픈 사람들을 대상으로 조사한 결과, 전염성이 있는지 확실하지 않은 사람이 있었지만, 이 사람은 격리 병원으로 이송되기를 원했기 때문에 봉쇄에서 해제되었다.

　가족 중에서 건강한 사람이 아픈 사람으로부터 벗어나기만 하면 전염병을 피할 수도 있는 때에, 집의 문을 잠그고 그곳 사람이 밖으로 나오거나 다른 사람들이 그들을 찾아오는 것을 막기 위해 거기에 밤낮으로 감시원을 배치하는 조치가 매우 잔인하고 악랄해 보이는 것은 사실이다. 그리고 많은 사람들이 이런 식으로 비참하게 감금된 상태에서 죽어갔다. 전염병이 그 집 안에 있었다 하더라도 그 사람들이 자유를 누릴 수 있었다면 몹쓸 병에 걸리지 않았을 수 있다고 믿는 것도 합리적이다.

　그런 식의 격리에 사람들은 처음에 심하게 투덜거리고 불편해 했으며, 봉쇄된 집을 지키는 감시원에게 부상을 입히는 사건도 일어났다. 내가 앞으로 차차 전하게 되겠지만, 여러 곳에서 사람들이 완력으로 봉쇄를 뚫고 달아났다. 그러나 그런 개인적 불행을 정당화하는 것은 공익이었으며, 당시에 치안 판사나 정부에 완화해 줄 것을 요구해 뜻을 이룬 예는 적어도 내가 아는 한에는 한 건도 없었다.

이렇게 되자, 갇힌 사람들은 거기서 벗어나기 위해 온갖 방법을 다 동원했다. 봉쇄된 집 안에 갇혀 지내던 사람들이 감시원들을 속여 달아나기 위해 쓴 수법을 다 적자면 아마 얇은 책 하나는 족히 될 것이다. 그러다 보니 난투극이 자주 벌어지고 불행한 일이 일어났다. 그런 에피소드 한 토막을 보자.

어느 날 아침 8시쯤에 나는 하운즈디치(Houndsditch) 길을 따라 걷고 있었다. 그때 어디선가 시끄러운 소리가 들려왔다. 정말로, 거리에는 사람이 그리 많지 않았다. 사람들이 서로 자유롭게 모이기도 어려웠고, 모인다 하더라도 함께 오래 머물기 어려웠을 때니까. 나도 거기 오래 머물지 않았다. 그러나 외침은 나의 호기심을 자극할 만큼 컸다. 그래서 나는 창밖을 내다보고 있던 사람을 향해 큰 소리로 무슨 일이냐고 물었다.

감염되었거나 감염된 것으로 여겨져 봉쇄된 그 집 문 앞에 감시원이 고용되어 있었다. 감시원이 들려주는 이야기에 따르면, 그는 거기서 이틀 밤을 지켰으며, 낮 당번은 하루 낮을 지켰고 지금 그와 교대하러 오게 되어 있었다. 그 동안에 집 안에서 아무런 기척이 들리지 않았으며, 불빛도 보이지 않았다. 그 집의 사람들은 아무것도 요구하지 않았으며, 감시원의 중요한 일이 봉쇄된 가족들의 심부름을 하는 것인데도 그 가족들은 심부름을 시키는 일도 없었다. 감시원의 말에 의하면, 그가 집 안에서 큰 소리의 울부짖음과 비명을 들은 월요일 오후부터 그 집 사람들은 그를 전혀 방해하지 않았다. 비명이 들릴 때, 감시원은 단순히 죽어가고 있는 가족의 발악이겠거니 하고 짐작했다. 그저께 밤에, 시체 수레가 불려와 거기서 멈췄으며, 하녀 하나가 죽어서 문까지 끌어내어졌고, 매장자가 초록색 양탄자에 말려 있던 시신을 수레에 싣고 사라졌다고 했다.

앞에서 말한 그 비명 소리와 잡다한 소리가 들렸을 때, 감시원은 문을 두드렸다. 그러나 한참동안 대답이 없었다. 그러다가 마침내 한 사람이 밖을 내다보면서 급하고 화난 목소리로 말했다. 그 소리는 일종의 외침 같기도 하고 울부짖는 사람의 목소리 같기도 했다. "왜 그러시오? 왜 문을 두드리느냐 말이오." 그래서 감시원은 "난 감시원이요! 안에 무슨 일 있어요?"라고 물었다. 그 사람은 "그게 당신과 무슨 상관이오? 시체 수레나 잡아 주시오."라고 대답했다. 그때가 1시였다. 감시원의 말에 따르면, 직후에 그는 시체 수레를 잡고 다시 문을 두드렸지만 아무 대답이 없었다. 그는 계속 문을 두드렸고, 야경꾼도 몇 번 크게 불렀다. "시신 내 주시오!" 그래도 대답이 없었다. 그러다가 시체 수레를 끄는 사람은 다른 집들로부터도 와달라는 부탁을 받고 있었기 때문에 더 이상 머물지 못하고 수레를 끌고 가버렸다.

감시원은 집 안에서 무슨 일이 벌어지고 있는지 도무지 감이 잡히지 않았다. 그래서 그는 낮 당번이 올 때까지 그들을 가만 내버려 두었다. 밤 당번이 낮 당번에게 그 사이에 벌어진 일의 자초지종을 설명해 주었으며, 두 사람은 함께 문을 오랫동안 다시 두드렸지만 역시 아무런 대답이 없었다. 그들은 앞서 문을 두드렸을 때 대답했던 사람이 밖을 내다보던 그 여닫이창이 여태 열려 있고 높이가 이층 정도라는 것을 알아 차렸다.

이쯤 되자, 두 사람은 궁금증을 풀기 위해 기다란 사다리를 갖고 왔으며, 한 사람이 창까지 올라가서 방 안을 들여다보았다. 거기에 한 여자가 마룻바닥에 비참한 모습으로 죽어 있었다. 속옷 외에는 아무것도 걸치지 않았다. 그러나 그가 큰 소리로 부르며 긴 막대기로 그 집 방바닥을 세게 두드려도 꿈쩍하거나 대답하는 사람이 아무도 없었다. 집 안에서는 어떤 소리도 들리지 않았다.

그는 사다리에서 내려와서 동료에게 자기가 본 것을 말해주었으며, 이번에는 다른 동료가 올라갔다. 똑같은 장면을 본 두 사람은 시장이나 치안 판사에게 알리기로 작정했으나 창문으로 들어가 보려 하지는 않았다. 치안 판사는 두 사람으로부터 들은 정보를 바탕으로 그 집을 강제로 열라고 명령했다. 그런 경우에 도난을 방지하기 위해 순경과 다른 관계자들이 현장을 지키게 되어 있었다. 치안 판사의 지시대로 집을 강제로 열고 들어갔을 때, 집 안에는 페스트에 걸려 가망 없던 그 젊은 여자 외엔 아무도 없었다. 나머지 사람들은 그녀 혼자 죽어 가도록 내버려두고, 감시원을 속일 방법을 발견하고는 뒷문을 열고 갔거나 이웃집들의 지붕 위로 갔거나 어쨌든 감쪽같이 사라진 뒤였다. 그래서 감시원은 그 일에 대해 아는 것이 아무것도 없었다. 그가 들은 외침과 비명에 대해 말하자면, 그것은 가슴 찢어지는 이별 앞에서 가족의 울부짖음이었던 것으로 짐작되었다. 죽은 젊은 여자가 그 집 안주인의 여동생이었으니, 그 이별은 틀림없이 그들 모두에겐 세상이 무너지는 일이었다. 그 집의 남자와 아내, 몇 명의 아이들, 하인들은 병에 걸렸든 안 걸렸든 모두 달아났으며, 나는 그들의 안부에 대해 다시는 듣지 못했다. 나도 그들의 운명에 대해 별로 알려고 듣지도 않았다.

전염병에 감염된 집에서 그런 식으로 감시원 몰래 도망치는 사건이 자주 일어났다. 감시원이 심부름을 간 사이에 특히 많이 일어났다. 이는 격리된 가족의 심부름을 해주는 것이 감시원의 일이었기 때문이다. 말하자면, 감시원은 감시하고 있는 가족의 음식이나 약 같은 필수품을 사줘야 하고, 의사나 간호사를 불러줘야 하고, 죽은 사람을 실어 나를 수레도 불러줘야 했다. 감시원은 이런 심부름을 하기 위해 현장을 떠나야 할 때면 반드시 집의 바깥문을 잠그고 열쇠를 갖고 다녔다. 이런 상황을 피하면서 감시원을 속이기 위해, 사람들은 열쇠를 두세 개 만들어 놓거나 나사 형식의 자물쇠를 안쪽에서 푸는 요령을 알아냈다. 격리된 집 안에 있는 사람들은 이런저런 사소한 일을 핑계로 감시원을 시장이나 빵집으로 보내놓고는, 그 사이에 문을 열고 마음대로 드나들었다. 그러나 이 같은 사실은 결국엔 드러나기 마련이며, 그러면 관리들은 그 집을 아예 밖에서 맹꽁이자물쇠로 잠그고 빗장까지 지르라고 명령했다.

올드게이트 안의 그 다음 거리에 있었던 다른 집의 사연을 보도록 하자. 내가 들은 바에 따르면, 하녀가 병에 걸리는 바람에 전체 가족이 봉쇄된 채 집 안에 갇히게 되었다. 그 집의 가장은 친구들을 통해서 가까운 행정 장관과 시장에게 불평을 전하면서 하녀를 격리 병원으로 옮기기를 원했으나 거절당했다. 그래서 그 집의 문에는 시뻘건 십자가가 그려지고 바깥에는 앞에 설명한 것과 같은 맹꽁이자물쇠가 채워졌으며, 법에 따라 감시인이 문을 지키게 되었다.

그 집의 가장은 자신을 비롯해 아내와 아이들이 병에 걸린 가엾은 하녀와 함께 갇혀 지내는 외에 달리 방법이 없다는 사실을 깨닫고는 즉시 감시원을 불러 소녀를 보살필 간호사를 불러줄 것을 요구했다. 그들이 하녀를 간호할 경우에 그들도 모두 죽음을 맞을 게 틀림없었기 때문이다. 가장은 감시원에게 그런 부탁을 하면서 그 요구를 들어주지 않을 경우에 하녀가 전염병으로 죽거나 먹을 게 없어서 굶어죽게 될 것이라는 점을 분명히 밝혔다. 그가 자기 가족 중 어느 누구도 하녀에게 가까이 가지 않도록 할 작정이었기 때문이다. 하녀는 4층 높이의 다락방에 누워 있었다. 그래서 그녀는 소리도 지르지 못하고 도움도 청할 수 없는 처지였다.

감시원은 가장의 요구에 동의하고 간호사를 부르러 가서 그날 밤에 간호사를 데리고 왔다. 그렇게 하는 것이 감시원의 임무였으니까. 그 사이에 그 집 가장은 자신의 가게를 통과해 구두 수선공이 그의 가게 창문 아래에 만들어놓은 진열대까지 커다란 구멍을 뚫었다. 당시에 구두 수선공은 그런 절망의 시기에 늘 그렇듯이 죽었거나 다른 곳으로 떠난 상태였다. 그래서 그는 구두 수선공이 사용하던 공간의 열쇠를 갖고 있었다.

만약 감시원이 그의 집 문밖을 지키고 있었다면, 구멍을 뚫는 소리가 당연히 감시원의 귀에 들렸을 것이고, 따라서 구두 수선공의 진열대까지 빠져나갈 공간을 확보하는 것은 불가능했을 것이다. 이 공간까지 나갈 길을 마련해 놓은 상태에서, 가장은 감시원이 간호사를 데리고 돌아올 때까지 가만히 앉아 있었으며, 그 다음날도 하루 종일 그렇게 지냈다. 그러다가 그날 밤에 그는 감시원에게 다른 사소한 심부름을 시킬 궁리를 했다. 내가 들은 바로는, 하녀에게 필요한 고약을 사러 감시원을 약제사에게 보냈다. 약제사가 고약을 조제하는 동안에 감시원은 어쩔 수 없이 거기에 머무르게 되어 있었다. 아니면 감시원에게 어느 정도의 시간을 요구하는 그런 심부름이었을 것이다. 그 집의 가장은 그 틈을 타서 가족을 모두 데리고 집을 빠져 나가면서 가엾은 소녀를 묻고 집을 돌보는 일을 간호사와 감시원에게 넘겨버렸다.

절망이 오랫동안 이어졌던 그 해에 내가 들은 이런 이야기들은 무수히 많다. 모두가 사실이거나 사실에 매우 가까운 이야기이다. 말하자면, 대체로 진실이라는 뜻이다. 그런 시기에는 어떤 사람도 구체적인 사례들을 모두 다 알 수는 없었을 테니까.

마찬가지로, 감시원에게 폭력을 행사한 예도 여러 곳에서 보고되었다. 전염병이 시작된 때부터 전염병이 사라진 때까지, 폭력에 희생된 감시원이 18명 내지 20명은 되었던 것으로 알고 있다. 혹은 거의 죽을 만큼 부상을 입은 감시원들도 있었다. 이런 폭력은 전염병에 감염되어 봉쇄된 집에 거주하던 사람들이 밖으로 나오려다 막히게 된 상황에서 벌어진 것으로 추정되었다.

정말이지, 그런 폭력은 충분히 예상될 수 있는 것이었다. 도시에서 봉쇄된 집들이야말로 감옥이나 다를 바가 없었기 때문이다. 그 사람들은 죄를 지어서 그런 것이 아니라 단지 불행한 병에 걸렸다는 이유로 봉쇄되거나 감금되었기 때문에 그 같은 현실이 그들에겐 더욱 참을 수 없었다.

또 이런 차이도 있었다. 봉쇄된 집을 흔히 감옥이라고 불렀는데, 모든 감옥에는 간수가 한 사람밖에 없었다. 한 사람이 집 전체를 지켰던 것이다. 그런데 많은 집은 밖으로 나갈 길을 여럿 두고 있었다. 어떤 집은 밖으로 나갈 방법이 아주 많았고, 어떤 집은 적었다. 또 어떤 집은 몇 개의 길로 이어지기도 했다. 그래서 한 사람이 어느 한 집의 통로를 모두 차단하는 것은 불가능했다. 집 안에 갇혀 있는 사람들이 자신들의 상황에 크게 놀라고, 자신들에 대한 대우에 분개하고, 질병 자체의 사나움에 깊이 절망한 상태에서 필사적으로 달아나려고 드는 마당에, 감시원 한 사람이 집 하나를 철저히 지키는 것은 아무래도 힘들었다.

예를 들어 보자. 콜먼 스트리트(Coleman Street)에 조용해 보이는 골목길이 많은데, 화이츠 앨리(Whites Alley)라 불리는 골목길의 한 집이 봉쇄되었다. 이 집은 뒤쪽에 문이 아니라 창이 있었는데, 이 창이 벨 앨리(Bell Alley)와 통하는 통로가 있는 뒤뜰로 이어졌다. 순경이 이 집 정문에 감시원을 배치했으며, 이 감시원과 다른 동료가 밤낮으로 거기서 집을 지켰다. 그 사이에 그 집 가족은 밤을 틈타 모두 창을 통해 뒤뜰로 빠져나갔으며, 불쌍한 감시원은 그런 사실도 모른 채 빈 집을 2주일 가까이 지켰다.

거기서 멀리 떨어지지 않은 곳에서는 사람들이 감시원에게 화약을 터뜨려 불쌍한 사람에게 끔찍한 화상을 입혔으며, 그가 소름 돋는 비명을 지르는 동안에 아무도 그를 도우려 가까이 다가가지 않았다. 가족 중에서 몸을 움직일 수 있었던 사람들은 모두 1층 높이의 창문으로 달아났고, 아파서 안에 남아 있던 두 사람은 도와달라고 외치고 있었다. 병든 사람들을 돌볼 간호사를 구했지만, 달아난 사람들은 발견되지 않다가 전염병이 누그러진 뒤에야 돌아왔다. 그러나 그들의 행위를 입증할 증거가 없었기 때문에 그들에게 어떤 처벌도 내려지지 않았다.

봉쇄당한 집에는 감옥의 철창이나 빗장 같은 것이 없었기 때문에, 사람들은 감시원이 보는 앞에서도 창문 아래쪽에서는 아무런 구애를 받지 않고 행동할 수 있었다. 칼이나 권총을 몰래 갖고 와서 감시원에게 들이대면서 소란을 피우거나, 소리를 지르기라도 하면 쏘거나 찔러버리겠다고 위협할 수 있었던 것이다.

다른 예들을 보면, 어떤 집들은 이웃집과의 사이에 정원과 담이나 말뚝이 있거나 뜰과 별채가 있었으며, 이런 집을 가진 사람들은 우정을 내세우거나 간청해서 담이나 말뚝을 넘어서 이웃집 문을 빠져 나가거나 이웃집 하인들에게 돈을 주고 밤에 나가곤 했다. 요약하면, 집을 봉쇄하는 것은 신뢰할 만한 조치가 결코 아니었다는 뜻이다. 주택봉쇄는 원래의 목적을 이루는 데 도움이 되지 않았으며, 오히려 사람들을 더욱 절망스럽게 만들어 어떤 수를 써서라도 집 밖으로 달아나도록 만드는 경향이 있었다.

8.
강제 격리의 한계

    설상가상으로, 그런 식으로 자기 집을 도망친 사람들은 병을 지닌 채 절망에 빠져 먼 곳까지 떠돎으로써, 그런 식으로 가두지 않았을 때 보다 전염병을 더 멀리 퍼뜨리는 불행한 결과를 불렀다. 그런 구체적인 예들을 고려하는 사람은 격리의 엄격함이 많은 사람들을 절망하게 만들고 그들이 전염병이 눈앞에 보이는 상황에서 어디로 가야 할지, 또 어떻게 해야 할지 모르는 가운데 어떤 수를 써서라도 자기 집에서 빠져나가도록 만들었다는 점을 인정하지 않을 수 없다. 그런 식으로 집에서 탈출한 많은 사람들은 급하게 쫓긴 나머지 먹을 것을 구하지 못해 거리나 들판에서 죽거나 맹렬한 열 때문에 쓰러졌다. 다른 사람들은 시골을 떠돌며 자포자기 상태에서 자신이 어디로 가는지, 또는 어디로 갈 것인지를 모르는 가운데 멀리 달아나기만 했다. 그러다 현기증이 나고 지치게 되지만, 그래도 그들은 아무런 도움을 받지 못했다. 길가의 집과 마을들이 그들에게 전염병에 걸렸는지 여부를 떠나 숙박을 제공하지 않았기 때문이다. 그들은 길가에서 쓰러져 죽거나 남의 집 헛간에 들어가 거기서 죽었다. 그러면 아무도 그들에게 다가가려 하지 않았다. 설령 그들이 전염병에 걸리지 않았다 하더라도, 그곳의 사람들로서는 어쨌든 그들을 믿을 수 없었기 때문이다.

한편, 전염병이 어떤 가족을 처음 덮쳤을 때, 말하자면 가족 중 어느 누구가 밖에 나갔다가 부주의했거나 다른 이유로 전염병에 걸려서 병을 집으로 끌어들였을 때, 그 같은 사실은 행정 명령에 따라 병에 걸린 것으로 알려진 사람들을 의무적으로 검사하게 되어 있는 관리보다 언제나 가족에게 먼저 알려졌다.

그 사이에, 그러니까 병에 걸린 때로부터 검사관이 도착할 때까지, 그 집의 가장은 어디든 갈 곳이 있는 경우에 나머지 가족들을 다른 곳으로 마음대로 옮길 수 있으며 많은 가장들이 실제로 그렇게 했다. 그러나 심각한 재앙은 많은 사람들이 실제로 전염병에 걸린 후에 그런 조치를 취함으로써 그들을 받아줄 정도로 친절했던 사람들의 집에까지 병을 퍼뜨렸다는 사실이다. 이 같은 결과는 그들을 선의에서 받아준 가족에겐 매우 잔인하고 배은망덕한 일이었다.

전염병에 걸린 사람들의 성품과 관련해서 다소 부정적인 인식이 생겨나게 된 부분적 이유도 거기에 있었다. 말하자면, 전염병에 걸린 사람들은 다른 사람들을 전염시킬 위험에 대해서는 전혀 신경을 쓰지 않는다는 인식이 당시에 있었던 것이다. 나는 이런 인식에도 어느 정도의 진실이 담겨 있다고 말하지 않을 수 없지만, 그것이 알려진 것처럼 그렇게 보편적이지는 않았다. 사람들이 스스로 신의 재판정에 서고 있다고 여길 수 있는 시기에, 그런 사악한 태도를 설명할 자연스런 이유를 나는 알지 못한다. 나는 그 같은 태도가 종교와 신념에도 맞지 않을 뿐만 아니라 관용과 인간애와도 맞지 않은 것으로 이해하지만, 이에 대해선 앞으로 다시 논할 것이다.

지금 나는 봉쇄에 대한 불안 때문에 절망에 빠져 봉쇄당하기 전이나 후에 힘이나 계략을 써서 집을 빠져나가는 사람에 대해 이야기하고 있다. 그들의 불행은 집 밖으로 나간다고 해서 경감되지 않고 슬프게도 오히려 더욱 깊어진다.

한편, 이런 식으로 집을 빠져나간 사람들 중에서 자신이 들어갈 다른 집이나 피난처를 갖고 있었던 사람도 많았다. 그들은 전염병이 사라질 때까지 다른 집이나 은신처 안에서 꼼짝 않고 숨어 지냈다. 많은 가족들은 전염병의 접근을 예상하고 전 가족이 필요한 것을 충분히 비축한 상태에서 스스로 봉쇄 정책을 택했다. 그 격리 조치가 너무나 철저했기 때문에, 전염병이 확실히 사라질 때까지 그들은 얼굴도 내비치지 않았을 뿐만 아니라 다른 사람들과 말도 섞지 않았다. 그런 사람들은 전염병 사태가 해결된 뒤 아주 건강한 모습으로 돌아왔다. 나는 그런 예를 몇 건 알고 있으며, 그들이 전염병에 대처한 사례를 구체적으로 제시할 수 있다. 그런 방법이야말로 상황이 여의치 않아서 멀리 달아날 수 없었거나 다른 곳에 피난처를 갖고 있지 않은 사람에겐 안전을 확보할 수 있는 최고의 선택이었다. 그런 식으로 스스로 봉쇄를 택하는 것은 100마일 이상 벗어나 있는 것이나 마찬가지이다.

이런 방법을 택한 가족 중에서 불행을 맞은 예는 기억에 없다. 그들 중에서도 몇몇 네덜란드 무역상들이 특별히 눈에 두드러졌다. 이 네

딜란드 무역상들은 자기 집을 마치 아무도 가까이 오지 않으려 할 작은 요새처럼 만들었다. 스로그모튼 스트리트(Throgmorton Street)에 있던 무역상의 집이 특별히 기억에 남는데, 그 집은 드레이퍼스 가든(Draper's Garden)을 마주하고 있었다.

그러나 나는 전염병에 감염되어 치안 판사들에 의해 봉쇄된 가족들의 예로 다시 돌아간다. 이 가족들의 불행은 이루 형용할 수 없었으며, 우리가 더없이 깊은 절망에서 나오는 가난한 사람들의 외침과 울부짖음을 듣는 것은 대체로 그런 집에서였다. 감금된 상태에 따르는 공포는 물론이고, 사랑하는 가족이 병에 걸려 고통 받는 모습에 놀라 기절할 정도였으니, 그 외침이야 오죽 간절했겠는가.

이 이야기를 쓰고 있는 지금, 나는 그런 외침을 머릿속으로 생생하게 듣고 있다. 열아홉 살쯤 된 외동딸을 두었고 재산도 꽤 많았던 어떤 부인이 생각난다. 이 부인과 딸은 그 집에서 단 둘이서 살고 있었다. 어린 소녀와 그녀의 어머니, 그리고 하녀가 볼일이 있어서 집에서 멀리 벗어났는데, 용무가 무엇이었는지는 기억나지 않는다. 그때만 해도 그들의 집은 봉쇄되지 않았다. 그러나 그들이 집에 도착하고 두 시간쯤 뒤에, 젊은 처녀가 몸이 좋지 않다고 불평을 했다. 그러고 나서 15분쯤 더 지나자 소녀는 구토를 하고 머리가 펄펄 끓었다. 그녀의 어머니는 깜짝 놀라서 '제발, 페스트만은 아니길!'이라고 간절히 기도를 올렸다. 소녀의 두통은 갈수록 심해졌다. 그녀의 어머니는 침대를 따뜻하게 덥히게 한 뒤에 딸을 침대에 눕혀 땀을 흘리게 하기로 했다. 그 병에 대한 걱정이 시작될 때, 사람들이 가장 먼저 취하는 응급조치가 바로 그것이었다.

침대를 바람에 쐬는 동안에, 어머니가 딸의 옷을 벗겼다. 이어 딸을 침대에 뉜 뒤, 어머니는 촛불을 들고 딸의 몸을 살피다가 딸의 허벅지 안쪽에서 그 무서운 흔적을 발견하고 말았다. 그 순간 그녀의 어머니는 공포를 참지 못하고 촛불을 떨어뜨리며 비명을 질렀다. 세상에서 가장 무딘 가슴도 공포를 느끼게 만들 그런 절규였다. 그건 비명이나 외침이 아니라, 공포가 그녀의 정신을 꽉 쥐는 소리였다. 그녀는 순간적으로 기절했다가 다시 돌아왔으며, 이어서 온 집안을, 위층으로 아래층으로 실성한 사람처럼, 아니 실성한 상태로 몇 시간 동안 돌아다니며 소리를 질렀다. 완전히 넋이 나간 모습이었으며, 적어도 맨 정신이 아닌 것은 확실했다. 내가 들은 바로는, 그 길로 그녀는 다시는 온전한 정신을 찾지 못했다. 젊은 처녀에 대해 말하자면, 그녀는 그 순간부터 죽은 시신이나 다름없었으며, 반점을 동반한 괴저(壞疽)가 온 몸에 퍼졌다. 처녀는 두 시간도 채 되지 않아 죽었다. 그러나 소녀의 어머니는 여전히 자기 딸에 대해서는 더 이상 아무것도 모르는 상태에서 딸이 죽고도 몇 시간 동안 계속 소리를 질렀다. 오래 전의 일이라 정확하지는 않지만, 나는 그 어머니도 결코 회복하지 못하고 2주일 내지 3주일 후에 죽은 것으로 기억하고 있다.

이것은 특별한 예였으며, 따라서 나도 이 예에 대해 많은 것을 알게 되어 보다 꼼꼼하게 다루고 있지만, 이와 비슷한 예는 무수히 많았다. 주간 사망 보고서에 '경악'을 사망 원인으로 꼽은 건수가 두세 건 포함되어 있지 않은 경우는 드물었다. '경악'이라는 것은 너무나 놀란 나머지 까무러쳐 죽었다는 뜻이다. 그러나 즉석에서 죽을 만큼 놀란 사람들 외에, 놀라서 다른 극단적인 상태가 된 사람도 많았다. 너무나 놀란 나머지 어떤 사람은 미쳐버렸고, 또 어떤 사람은 기억력을 상실했으며, 또 어떤 사람은 분별력을 잃어버렸다. 그러나 나는 여기서 주택 봉쇄에 관한 이야기로 다시 돌아간다.

몇몇 사람들은 봉쇄당한 뒤에 계략을 꾸며 집 밖으로 빠져나갔는가 하면, 감시원에게 뇌물을 먹이고 밤에 몰래 달아난 사람도 있었다. 솔직히, 나는 당시에 그런 행태에 대해 인간이 저지를 수 있는 가장 순수한 형태의 뇌물이나 부패라고 생각했다는 점을 인정해야 한다. 따라서 나는 그런 불쌍한 사람들을 동정할 수밖에 없었으며, 그들로부터 뇌물을 받은 감시원 3명이 봉쇄당한 집에서 사람들이 나가는 것을 허락했다는 이유로 공개 태형에 처해졌을 때 그 같은 처벌에 대해 지나친 처사라고 생각했다.

그러나 그런 가혹한 처벌에도 불구하고, 돈이 가난한 사람들을 유혹했고, 많은 가족들은 봉쇄된 뒤에 어떻게든 탈출할 수단을 발견했지만, 이들은 대체로 피난할 곳이 있었던 사람들이었다. 8월 1일 이후로는 어디로든 길을 통과하는 것이 결코 쉬운 일이 아니었지만, 그럼에도 불구하고 시골로 들어갈 수 있는 길은 많았다.

앞에서 암시한 바와 같이, 어떤 사람들은 텐트를 갖고 다니다가 때가 되면 들판에 텐트를 쳤다. 그들은 잠자리와 깔고 누울 짚, 먹을 것을 갖고 다니면서 동굴 같은 곳에서 은둔자처럼 살았다. 아무도 그들에게 다가오려 하지 않았을 것이다. 그런 이야기가 몇 가지 있다. 다소 희극적이기도 하고 다소 비극적이기도 한 이야기들이다. 어떤 사람들은 스스로 망명자가 되어 사막을 떠도는 순례자처럼 살았지만, 그런 경우에 생각보다 훨씬 더 많은 자유를 누리며 살았다.

어느 형제와 그들의 친구에 얽힌 이야기가 있다. 이들은 모두 독신이었지만, 런던에서 워낙 오래 살다 보니 그곳을 떠날 수 없는 상황이었다. 떠나려 한들 그들은 어디로 피난해야 할지 몰랐으며, 멀리 여행할 수단도 없었다. 그래도 그들은 나름대로 자신을 지킬 방도를 찾아야 했다. 그 방법 자체만을 놓고 보면 처음엔 절망적이었을 것 같았지만, 그래도 너무나 자연스럽기 때문에 당시에 더 많은 사람이 그 방법을 택하지 않은 것이 오히려 이상해 보였다. 그들은 초라했지만, 그래도 생명과 영혼을 온전히 간직하는 데 필요한 약간의 물건마저 스스로 챙길 수 없을 만큼 찢어지게 가난한 편은 아니었다. 전염병이 무서운 기세로 늘어나는 것을 확인한 세 사람은 최대한 멀리 옮겨가기로 결심했다.

그들 중 한 사람은 지난번 전쟁에 군인으로 참전했으며, 그 전에 북해 연안의 저지대(Low Countries)[26]에서 두 손 외에는 특별한 일자리를 전혀 갖지 않고 살아 온데다가 부상까지 입는 바람에 힘든 일을 할 수 없게 되어 한동안 와핑에서 선원용 건빵을 만드는 집에서 일했다.

이 사람의 동생은 뱃사람이었으나 한쪽 다리에 부상을 입어 더 이상 바다로 나갈 수 없게 되자 와핑에서 돛을 제작하는 일로 생계를 꾸려 왔으며, 알뜰했기 때문에 돈을 어느 정도 모았으며 셋 중에서 가장 부자였다.

세 번째 사람은 직업이 목수였으며 손재주가 있었다. 그가 가진 것이라곤 연장통 하나뿐이었다. 그는 언제 어디를 가든 이 연장통의 도

....
26 오늘날 벨기에와 네덜란드, 룩셈부르크, 프랑스 북부 일부와 독일 서부 일부를 포함하는 지역을 말한다.

움으로 그런 예외적인 시기에도 생계를 꾸릴 수 있었다. 그는 섀드웰 (Shadwell) 근처에 살았다.

그들은 모두 스테프니 교구에 살았으며, 이 교구는 내가 말한 바와 같이 최근에 전염병이 맹위를 떨친 곳이었다. 그들은 전염병이 도시의 서쪽 지역에서 약해지면서 그들이 살고 있던 동쪽을 향해 다가오고 있는 것이 분명히 보일 때까지 거기에 머물렀다.

만약 독자들이 이 세 사람의 이야기에 담긴 구체적인 내용에 대해 증거를 요구하거나 실수에 대한 해명을 요구하지 않고 그냥 내가 그들의 행위에 대해 전하는 것으로만 만족한다면, 나는 이 이야기가 지금처럼 슬픈 재앙이 휩쓸 때 모든 가난한 사람들에게 매우 훌륭한 본보기가 될 수 있다고 믿으면서 이야기를 최대한 분명하게 전할 것이다. 무한한 자비의 신이 우리 인간들에게 그런 일이 닥치게 하지 않더라도, 세 남자의 이야기는 여전히 여러 모로 유익하다. 그래서 나는 이 이야기가 헛되다는 소리는 결코 들리지 않을 것이라고 자신하고 있다.

여기서 나는 아직 해야 할 말이 많이 남아 있기 때문에 이 세 사람에 대한 본격적인 이야기는 잠시 뒤로 미루기로 한다.

전염병이 시작되고도 어느 정도 시간이 흐를 때까지, 나는 나 자신을 틀림없이 위험에 빠뜨릴 정도는 아니었지만 그래도 꽤 자유롭게 거리를 돌아다녔다. 그러나 사람들이 우리가 사는 올드게이트 교구의 교회 부속 묘지에 커다란 구덩이를 팔 때엔 예외였다. 나는 꽤 큰 위험을 무릅쓰기로 마음을 먹었다. 그것은 정말 끔찍한 구덩이였다. 나는 호기심을 누르지 못하고 기어이 가서 그것을 눈으로 확인했다. 짐작건대 길이가 40피트(약 12m) 정도 되고 폭이 15 내지 16피트(약 4.5-

4.8m) 정도 되어 보였다. 내가 처음 구덩이를 보았을 때, 깊이는 9피트(약 2.7m) 정도였다. 그러나 후엔 교회 부속 묘지의 한 부분을 거의 20피트(약 6m) 깊이로 팠으며, 물 때문에 더 이상 깊이 팔 수 없었다는 소리가 들렸다. 사람들이 이 구덩이를 파기 전에 다른 구덩이를 몇 개 파면서 그 같은 사실을 알게 된 것 같았다. 전염병이 우리 교구까지 오려면 아직 멀었음에도 불구하고, 그것이 막상 닥쳤을 때 런던 안이나 주변에서 올드게이트와 화이트채플에서만큼 전염병이 맹위를 떨쳤던 교구는 없었다.

전염병이 우리 교구 안에서 번지기 시작했을 때, 특히 우리 교구에선 8월 초까지 보이지 않던 시체 수레가 돌아다니기 시작했을 때, 사람들은 이미 다른 장소에 구덩이를 몇 개 팠으며, 이 구덩이마다 시신 50구 내지 60구를 묻었다. 이어서 사람들은 더 큰 구덩이를 파서 시체 수레가 1주일 동안 실어 온 시신들을 한꺼번에 묻었다. 시신 숫자는 8월 중순부터 8월 말 사이에 1주일에 200구에서 400구로 늘어났다. 그래도 사람들은 구덩이를 더 크게 팔 수 없었다. 치안 판사들이 지표면에서 6피트(약 1.8m) 이내에는 시신이 묻히지 않도록 하라는 명령을 내린데다가 17피트 내지 18피트(약 5.1-5.4m) 깊이에서 물이 나왔기 때문이다. 말하자면 한 구덩이에 더 많은 시신을 묻는 것이 불가능했다는 뜻이다.

그러나 9월 초에 전염병이 무섭게 맹위를 떨치고 있었으며, 우리 교구의 매장 건수가 런던 주변의 그 어느 교구의 매장 기록보다 많았기 때문에, 사람들은 단순한 구덩이가 아니라 그야말로 지옥이라고 할 만큼 넓은 구덩이를 팠다.

교구 위원들은 이 구덩이를 팔 때 그만한 크기라면 한 달 이상은 버틸 수 있을 것이라고 짐작했으며, 어떤 사람들은 교구 위원들을 향해 전체 교구를 다 묻을 준비를 하느냐는 식으로 비아냥거리기도 했다. 그러나 시간이 지나면서 교구 위원들이 그 사람들보다 교구의 상태를 더 잘 알았던 것으로 드러났다.

구덩이를 파는 작업이 9월 4일 마무리되어 9월 6일부터 거기에 시신을 묻기 시작했는데 9월 20일까지, 그러니까 딱 2주일 동안에 1,114구의 시신이 거기로 던져졌다. 규정에 따르면, 그 구덩이에 묻을 수 있는 시신은 거기까지였다. 그 후로는 시신이 지표면에서 6피트 이내에 묻히게 되기 때문이다.

나는 교구 안에서 이 같은 사실을 확인해 줄 수 있는 늙은이가, 교회 부속 묘지 안에 구덩이가 위치한 자리를 나보다 더 잘 알 수 있는 늙은이가 살고 있을까 하고 생각해 본다. 그 구덩이는 하운즈디치 밖에 있는 교회 부속 묘지의 서쪽 담을 따라 난 길과 평행을 이루고 있었으며, 구덩이의 흔적은 묘지 표면에 여러 해 동안 뚜렷이 남아 있었다. 그 길은 동쪽으로 방향을 틀어 화이트채플로 들어갔다가 스리 넌스 인(Three Nuns' Inn) 근처에서 빠져 나온다.

호기심이 나를 이 구덩이를 다시 보러 가도록 이끈 것은, 아니 강요한 것은 9월 10일쯤이었다. 거기에 400명 가까운 시신이 묻혔을 때였다. 나는 예전처럼 낮에 보는 것으로 만족하지 못했다. 왜냐하면 낮엔 시신 위에 뿌린 흙 외에는 아무것도 보이지 않았기 때문이다. 거기로 던져지는 모든 시신은 그 즉시 매장자라 불린 사람들에 의해, 다른 때라면 상여꾼이라 불렸을 사람들에 의해 흙으로 덮였다. 그러나 나는 밤에 그곳으로 가서 거기에 던져진 시신들 일부를 보기로 마음을 먹었다.

당시에 사람들이 구덩이 쪽으로 가지 못하도록 막는 행정 명령이 엄격히 시행되고 있었다. 전염을 예방하기 위한 조치였다. 그러나 시간이 지나면서 그 명령이 더욱 필요해졌다. 이유는 전염병에 감염된 사람들이 종말에 가까워지면서 의식이 흐릿한 상태에서 담요나 양탄자를 두른 채 구덩이로 달려가 몸을 던지며 그들의 표현을 빌리면 스스로를 묻고 나섰기 때문이다. 나는 그곳의 관리들이 일부러 그런 거짓말을 했을 것이라고 말하지 못한다. 그러나 나는 크리플게이트 교구의 핀스베리(Finsbury)에 있는 거대한 구덩이는 들판 쪽으로 열려 있다는 소리를 들었다. 그쪽으로 담이 없었기 때문에 많은 사람들이 거기로 와서 몸을 던지고 거기서 생을 마감했다고 한다. 그러면 사람들이 다른 시신들을 끌고 묻으러 왔다가 흙에 덮이지 않은 사람들을 발견하곤 했다. 그때 구덩이 안에 흙이 덮이지 않은 채 있는 시신들은 죽어 있었지만 그렇게 차갑지는 않았다.

이것이 당시의 끔찍한 상황을 설명하는 데 약간의 도움이 될 수 있다. 그래도 그 장면을 보지 않은 사람들에게 당시의 처절함을 고스란히 전하는 것은 불가능한 일이다. 당시 상황은 그야말로 글로 옮길 수 없을 만큼 끔찍했다.

나는 그곳을 지키던 교회지기와 친했기 때문에 교회 부속 묘지 안으로 들어가도 좋다는 허가를 받았다. 교회지기는 나에게 거부의 뜻을 내비치지는 않으면서도 내가 거길 가지 않도록 진지하게 설득시켰다. 교회지기(선하고, 독실하고, 분별 있는 사람이었다)는 아주 진지한 표정을 지으면서, 온갖 위험 부담을 안은 채 힘든 일을 하는 것이 그들의 임무이자 의무이며 그들은 구덩이가 잘 관리되기를 바라고 있지만, 내가 그곳을 찾는 것은 순전히 호기심을 충족시키기 위한 것일 뿐이지 않느냐는 식으로 말했다. 그래서 나는 그에게 거길 가야 한다는 마음이 아주 강할 뿐만 아니라 거기서 인생의 교훈을 얻을 수 있을 것 같기에 유익한 기회가 될 것이라고 대답했다. 그러자 그 어진 사람은 이렇게 말했다. "그런 뜻으로 거길 간다면, 신의 이름을 걸고 가시오. 틀림없이 그것은 당신에게 훌륭한 설교가 될 것이오. 아마, 당신이 살면서 들었던 그 어떤 설교보다 더 나을 것이오. 말하자면, 그것은 침묵 속에 웅변을 토하고 있는 현장이지요. 거기선 목소리가 들려요. 아주 큰 목소리이지요. 우리 모두에게 회개하라고 외치고 있지요." 그러면서 그는 문을 열어주며 "원한다면, 들어가시오."라고 말했다.

교회지기와의 대화가 나의 결심을 약간 흔들어 놓았으며, 나는 마음이 흔들리는 가운데 한동안 서서 망설였다. 그러나 그 짧은 시간에 나는 두 개의 횃불이 미노리스의 끝부분에서 오고 있는 것을 보았으며, 야경꾼의 소리가 들리고 이어서 시체 수레가 나타나 거리를 달려 이리로 오고 있었다. 그래서 나는 그것을 보려는 욕망에 더 이상 저항하지 못하고 안으로 들어갔다.

교회 묘지 안으로 들어오기 전엔 언뜻 보기에, 수레를 모는, 아니 말과 수레를 끄는 매장자와 그의 동료들 외엔 아무도 없었지만, 그들이 구덩이에 다가설 때 어떤 남자가 앞으로 가는 것이 보였다. 갈색 망토로 몸을 감고, 대단히 고통스러운 듯 망토 밑으로 두 손으로 뭔가를 표현하려 하고 있었다. 그 즉시 매장자들은 그가 절망에 빠져 정신이 혼

미한 상태에서 자신을 묻는 시늉을 하는 그런 가엾은 인간이라고 짐
작하면서 그 사람 주변으로 모였다. 그는 매장지 주변을 걸으면서 한
마디도 하지 않다가 두세 차례 매우 깊고 큰 신음을 내뱉으면서 심장
이 찢어지는 듯한 한숨을 토해냈다.

매장자들은 그에게 다가가서 곧 그 사람이 내가 관찰한 것과 달리
전염병에 걸려 절망한 사람도 아니고 정신이 나간 사람도 아니며, 아
내와 자식 몇을 이제 방금 도착한 수레에 실어야 했던 슬픔의 무게에
짓눌려 몸부림치던 사람일 뿐이라는 것을 알게 되었다. 그는 슬픔과
고통에 빠져 수레를 따랐다. 그는 진정으로 비통해 하고 있었지만, 눈
물로 쏟아내지 못하는 그런 남자의 비탄에 빠져 매장자들에게 혼자
있도록 내버려 달라고 차분하게 말했다. 그는 사랑하는 아내와 자식들
의 시신이 묻히는 것만 보고 갈 것이라고 했다. 그래서 매장자들은 그
를 가만 내버려두었다.

그러나 수레가 방향을 돌리자마자 시신들이 구덩이로 마구 쏟아져
나왔는데, 그것이 그에게 큰 충격을 안겼다. 그가 나중에야 자신의 생
각이 실행 불가능하다는 점을 인정했을지라도 당시에는 적어도 시신
들이 꽤 정중하게 차곡차곡 놓일 것이라고 기대했기 때문이다. 그는
그 장면을 보는 순간 자제하지 못하고 큰 소리로 울부짖었다. 나는 그
가 하는 말을 알아듣지 못했지만, 그는 두세 걸음 뒤로 물러나다가 까
무러치고 말았다.

매장자들이 그에게 달려가 그를 일으켰으며, 그는 조금 있다가 정신
을 차렸다. 매장자들은 그를 하운즈디치의 끝자락에 있는 파이 태번
(Pie Tavern)이라는 선술집으로 데려갔다. 그 선술집은 그 사람이 아

는 곳이었으며, 그곳의 사람들이 그를 보살폈다. 그는 선술집으로 가면서 구덩이 속으로 다시 눈길을 주었지만, 매장자들이 이미 시신들을 재빨리 흙으로 덮은 뒤였기 때문에, 구덩이 둘레의 흙무더기 위에 일여덟 개의 등과 초가 밤새도록 켜져 있어 충분히 밝았음에도 불구하고, 아무것도 보이지 않았다.

이거야말로 정말 음산한 장면이었으며 나에게 죽음 못지 않은 충격을 안겨주었지만, 다른 이야기는 무시무시하며 공포심을 불러일으켰다. 수레 안에는 시신이 열여섯 구 내지 열일곱 구 들어 있었다. 일부 시신은 리넨 천으로 싸여 있었고 또 일부는 누더기에 싸여 있었다. 또 어떤 시신은 거의 벗은 상태이거나 헐렁하게 입혀져 있었기 때문에 시신이 수레에서 구덩이로 부어질 때 겉에 걸친 것들이 벗겨지면서 거의 벗은 상태로 떨어졌다. 그러나 그런 일은 그들에게 중요하지 않았으며, 꼴사나운 것 따위는 누구에게도 그리 중요하지 않았다. 수레에 실려 온 시신들은 모두 죽어서 인류의 공동묘지라 불릴 수 있는 곳에 함께 묻혔다. 여기서는 어떤 차이도 없으며, 가난한 사람과 부유한 사람이 함께 갔다. 그 외에 다른 매장 방법은 없었다. 다른 방법은 가능하지도 않았다. 이 전염병과 같은 재앙에 쓰러진 엄청난 수의 사람들에게 일일이 관을 쓸 수 없었기 때문이다. 매장자들의 비리에 관한 소문도 있었다. 일반적으로 수의는 품질이 좋은 리넨으로 만들었는데, 이런 수의로 머리에서 발 끝까지 깔끔하게 싼 시신이 매장자들에게 건네질 경우에, 매장자들이 사악하게도 수레 안에서 수의를 벗기고 시신을 거의 벗겨진 상태에서 구덩이로 싣고 간다는 것이었다. 그러나 그런 짓이 그처럼 공포가 팽배한 분위기 속에서 기독교인들이 했다고 하기에는 너무나 비열하기 때문에, 나는 단지 그런 소문이 있었다는 사실만을 전하고 그런 일이 실제로 있었는지에 대해서는 결론을 내리지 않을 것이다. 병든 사람을 보살폈던 간호사들의 잔악한 행위와 관행에 대한 이야기도 무수히 많았다. 그 중에는 간호사들이 자신이 돌보던 병든 사람의 운명을 재촉했다는 소문도 있다. 그러나 나는 이 문제에 대한 이야기는 적절한 때에 다시 들려줄 것이다.

나는 정말로 그 장면에 충격을 받았다. 그 장면이 거의 나를 압도해 버렸다. 나는 가슴이 미어질 만큼 아프고 온갖 고통스런 생각에 시달리는 상태로 현장을 떠났다. 그런 탓에 나는 내가 어떻게 교회를 빠져나와 집으로 향하는 길로 들어서게 되었는지에 대해선 묘사하지 못한다. 거기서 나는 횃불들을 단 수레를 하나 더 보았다. 종을 울리는 야경꾼이 앞장 선 가운데, 그 길 반대편의, 부처 로우(Butcher Row)와 해로우 앨리(Harrow Alley)가 만나는 지점에서 나오고 있었으며, 느낌에 죽은 시신이 가득 실린 것 같았다. 수레는 길을 가로질러 곧장 교회로 향했다. 나는 잠시 발길을 멈추었으나 다시 똑같은 광경을 보러 돌아갈 기분은 전혀 아니었으며, 그래서 곧장 집으로 갔다. 집에 돌아와서, 나는 나 자신이 아무런 피해를 입지 않았다고 믿으면서 내가 그런 위험을 감수했다는 사실에 대해 고맙게 생각하지 않을 수 없었다.

그런데 그 가엾고 불행한 신사가 비통해 하던 모습이 다시 머리에 떠올랐다. 정말이지, 나는 그 장면을 되돌려 생각하면서 눈물을 흘리지 않을 수 없었다. 아마 그 사람이 흘린 눈물보다 더 많은 눈물을 흘렸을지도 모른다. 그러나 그의 불행이 나의 마음을 너무나 무겁게 짓누르고 있었던 탓에 나는 나 자신을 제대로 추스르지 못했다. 그래서 나는 그가 어떻게 되었는지 알아보기로 마음을 먹고 다시 거리로 나서며 파이 태번으로 향했다.

그때가 새벽 1시였는데도 불쌍한 신사는 거기에 있었다. 사실은 그가 겉으로 보기엔 완벽하게 건강해 보일지라도 그로 인해 감염될 위험이 있었음에도, 그 집 사람들이 그를 잘 알고 있던 터라 그를 맞아들여 밤새도록 거기에 있도록 한 것이었다.

나는 이 선술집을 떠올리면서 다소 슬픔을 느끼고 있다. 그 집 사람들은 친절하고, 예의 바르고, 남을 잘 돕는 편이었으며, 그때까지도 문을 열었고, 물론 예전만큼 와자지껄하지는 않지만 장사를 계속했다. 그러나 그 집을 드나드는 사람들 중에 불쾌한 사람들이 있었다. 그런 사람들은 이런 공포의 와중에도 매일 밤 거기서 서로 만나 여느 때나 마찬가지로 시끌벅적하게 떠들고 흥청대다가 도를 지나칠 때도 있었다. 그럴 때면 그 집의 남자 주인과 여자 주인은 처음에는 수치스러워하는 기색을 보이다가 나중에는 그들을 무서워하기까지 했다.

그 사람들은 대개 길가의 룸에 앉았다. 그들은 늘 선술집의 자리를 늦은 시간까지 차지했다. 그래서 시체 수레가 길을 건너 선술집 창으로 보이는 하운즈디치로 들어갈 때, 그들은 종소리가 들리자마자 창을 열고 밖을 내다보았다. 그러면 수레가 지나갈 때 창이나 거리에서 사람들의 구성진 울음소리가 들려왔는데, 그럴 때면 그들은 경솔하게 울음소리를 흉내 내며 그 사람들을 조롱했다. 불쌍한 사람들이 그런 고난의 시기에 종종 그러듯이 길을 걸으면서 신에게 자비를 베풀어달라고 기도하는 소리가 들릴 때면, 그들의 조롱은 특히 더 심했다.

이 신사들은 앞에 말한 그 불쌍한 신사가 선술집으로 들어오며 일으킨 소란에 심사가 뒤틀렸던 터라, 무덤에서 온 사람을 집 안으로 받아들인 데 대해 그 집 남자 주인에게 화를 크게 냈다. 그러나 그 사람이 주인의 이웃이며, 가족의 재앙으로 인해 힘들어하고 있을 뿐 건강하다는 말에, 그들의 분노는 이제 조롱으로 바뀌었다. 아내와 아이들의 죽음이 그렇게 슬퍼할 일이냐며 희희덕거리거나, 구덩이로 몸을 던져 같이 천국으로 가지 못한 것은 용기가 없었기 때문이라는 식으로 비웃었다. 그들은 비아냥거리는 말투로 조롱하면서, 대단히 세속적인, 심지어 불경스럽기까지 한 표현도 서슴지 않았다.

내가 선술집으로 다시 갔을 때, 그들은 이런 비열한 짓거리를 하고 있었다. 내가 보기에, 그 남자가 슬픔에 빠져 말없이 꼼짝 않고 앉아 있었고 또 그 사람들의 모욕이 그의 슬픔을 몰아내지 못하고 있었지만, 그럼에도 그는 슬픔에 잠긴 가운데서도 그 사람들의 말에 마음의 상처를 받고 있었다. 이런 상황을 파악한 나는 그 사람들 중 두 사람은 개인적으로 아는 관계는 아니지만 그들의 성격을 충분히 잘 알고 있던 터라 부드러운 말투로 나무랐다.

그 즉시, 그들은 저질 언어와 악담으로 나를 공격하면서 성실한 사람들이 교회 묘지로 너무나 많이 실려 가는 마당에 무슨 짓을 했기에 아직 무덤에 묻히지 않았는지, 그리고 죽음의 수레가 오지 않도록 해달라고 집에 앉아 기도나 올리고 있을 것이지 밖으로 나다니는 이유가 무엇인지를 물었다.

나는 그들이 나를 그런 식으로 대하는 데 대해 마음의 평정을 전혀 잃지 않았지만, 그들의 무례함엔 정말 놀랐다. 그래도 나는 성질을 꾹꾹 누르며 참았다. 나는 그 사람들에게 그들뿐만 아니라 세상의 어느 누구도 나를 두고 불성실하다는 식으로 비난하는 것을 허락하지 않을 것이지만, 그럼에도 이런 끔찍한 신의 심판에서는 나보다 더 훌륭한 사람들이 쓰러져 무덤에 묻힐 수 있다는 점을 인정한다고 말했다. 그러나 그들의 물음에 대한 나의 솔직한 대답은 이랬다. '나는 당신들이 끔찍한 말로 모독하고 저주한 그 위대한 신의 은혜로 지켜지고 있어. 나는 나 자신이 다른 목적을 위해 신에 의해 지켜지고 있다고 믿고 있어. 나는 당신들이 행동을 통해 드러내는 무례함에 대해, 특히 지금과 같은 무서운 시기에 정직한 이웃 신사(그들 중 몇 사람은 그를 알고 있었다)를, 당신들의 눈에도 자신의 가족에게 닥친 불행에 짓눌려 있는 것이 뻔히 보이는 이웃을 조롱하고 야유한 것에 대해 대단히 못마땅하게 생각하고 있어.'

그들이 나의 말에 대꾸하듯 뱉은 그 끔찍한 야유를 나는 정확히 기억하지 못한다. 그들의 말에 자극을 받았던 터라, 그때 나는 그들 앞에서 자제심을 잃는 문제에 대해선 전혀 신경을 쓰지 않게 되었던 것 같다. 내가 그들의 야유를 기억한다 하더라도, 나는 그 현장을 설명하면서 그들의 표현을, 그 시대에 거리를 돌아다니던 최악의 인간들조차도 입에 담지 않았던 그런 끔찍한 악담과 저주, 저속한 언어를 그대로 옮기지 못한다. 이 사람들처럼 무정한 인간들을 제외하고는, 그 시기에 더없이 사악한 사람도 마음 한 구석에는 지금까지 본 바와 같이 한 순간에 인간들을 파괴할 수 있는 그 권력자의 손에 대한 두려움을 품고 있었다.

그러나 그 사람들의 악마 같은 언어 중에서 가장 악랄했던 것은 그들이 신을 모독하는 것을 두려워하지 않고, 내가 전염병을 신의 손이라고 부르는 것을 보고 농담을 하고, 심판이라는 표현을 조롱하고 심지어 비웃기까지 하며 무신론자처럼 말을 함부로 한 부분이었다. 마치 지금처럼 절망적인 불행에 신의 섭리가 전혀 작용하지 않고 있다고 생각하는 것처럼. 또한 그 사람들의 잘못은 길을 가던 사람들이 시신을 실은 수레가 지나가는 것을 보고 하느님에게 간청하는 모습을 보고 광적이라느니, 터무니없다느니, 뻔뻔스럽다느니 욕을 한 점이다.

내가 적절히 대답했지만, 그것도 그들의 끔찍한 말투를 저지하지 못했으며, 나의 말이 오히려 그들로 하여금 욕을 더 심하게 하도록 만들었다. 그들의 그런 태도 앞에서 나는 공포와 동시에 분노를 느꼈으며, 도시를 찾아온 심판의 손이 내가 그들에게 말한 바와 같이 그들과 그들 가까이 있는 모든 사람들에게 복수의 손길을 뻗지 않을까 두려워 그곳을 빠져나와 버렸다.

그들은 대단히 경멸스런 비난을 듣고는 상스럽고 모욕적인 온갖 말을 쏟아내면서 나를 한껏 조롱했다. 그들의 언사는 나를 화나게 만든 것이 아니라 슬프게 만들었다. 그들이 나를 아주 심하게 모욕했지만, 그래도 나는 그들에게 악하게 굴지 않았다는 점에 대해 마음속으로 하느님에게 감사하면서 거길 떠났다.

그들은 이 일이 있은 뒤에도 사나흘 더 이런 식의 비열한 짓을 이어갔다. 종교적이거나 진지함을 드러내는 모든 것에 대해 지속적으로 조롱하고 야유했던 것이다. 그 같은 태도가 나로 하여금 하느님의 끔찍한 심판이 우리에게 내려지고 있다는 느낌을 받도록 만들었다. 나는 또 그들이 전염에도 불구하고 교회에 모여 금식하며 하느님에게 자신들로부터 손을 거둬달라고 기도한 선한 사람들을 마찬가지로 비웃었다는 소리를 들었다.

그들이 이런 끔찍한 짓을 계속한 것은 사나흘이었다. 내 생각에 그 이상은 아니었다. 그들 중 한 사람이, 구체적으로 말하면 그 불쌍한 신사에게 어떻게 했기에 무덤을 면할 수 있었느냐고 물었던 그 사람이 하늘로부터 전염병이라는 벼락을 맞아 더없이 비참한 모습으로 죽었으니까. 요약하면, 그들 모두는 앞에서 묘사한 거대한 구덩이가 가득 차기 직전에, 그러니까 구덩이에 시신을 버리기 시작하고 2주일쯤 지났을 때 그 속으로 던져졌다.

이 사람들은 터무니없을 만큼 방종한 짓을 많이 저질렀다. 당시에 우리에게 닥친 끔찍한 재앙 앞에서 인간의 본성은 두려움에 떨어야 했는데, 그들은 그렇지 못했다. 특히 사람들 사이에서 종교적인 것이 보일 때면 언제나 비웃고 조롱한 점도 그들의 죄였다. 무엇보다도, 사람들이 절망의 시기에 하느님께 자비를 간청하기 위해 공개적인 숭배의 장소에 열성적으로 모이는 모습을 보고 비웃고 조롱한 것은 절대로 용서 받지 못할 짓이었다. 그들의 모임 장소였던 이 선술집이 교회의 문이 보이는 곳에 위치해 있었기 때문에, 그들은 무신론적이고 세속적인 소란을 피울 기회를 특별히 더 많이 가졌다.

그러나 방금 이야기한 사건이 일어나기 전에, 그들의 태도도 조금 약해지기 시작했다. 전염이 도시의 이쪽 지역에서 크게 증가함에 따라 사람들이 교회로 오는 것을 두려워하기 시작했기 때문이다. 교회에 오는 사람이 평소처럼 많지는 않았다. 목사들 중에도 많은 사람이 죽었고, 다른 목사들은 시골로 피신했다. 지금과 같은 시기에 도시에 남는 것 자체뿐만 아니라 교회로 가서 신도들 앞에서 하루에 한두 차례 예배를 올리면서 목사의 직무를 수행하는 일도 꾸준한 용기와 강한 믿음을 진정으로 요구한다. 신도들 중 많은 사람들이 실제로 전염병에 걸려 있다고 믿을 근거는 충분했으니까.

사람들이 이런 종교적 활동에 특별한 열정을 보인 것은 사실이며, 교회 문이 언제나 열려 있었기 때문에 사람들은 목사가 임무를 수행하고 있는지 여부를 떠나서 언제든지 혼자 교회로 가서 신도석에 호젓이 앉아서 독실한 마음으로 간절히 기도를 올리곤 했다.

또 다른 사람들은 비국교회의 예배당에서 만났으며, 그들도 추구하는 신념은 다 달랐지만 똑같이, 특히 전염병이 번지던 초기에 이 남자들의 무차별적인 농담의 대상이 되었다.

이런 식으로 종교를 공개적으로 모독하던 그들의 태도가 다양한 신념을 가진 몇몇 선한 사람들에 의해 저지되었던 것 같다. 또 내가 보기엔 전염병의 창궐이 한동안 그들이 무례한 태도를 어느 정도 버리게 한 계기가 되었던 것 같다. 그들의 무례한 태도는 단지 그 신사가 처음에 그곳으로 들어오면서 소란을 빚는 것을 보고 무신론자가 상스런 반응을 보인 것일 뿐이었다. 그리고 내가 그들을 비난하고 나섰을 때에도 그들은 그와 똑같이 악마의 부추김을 받았을 것이다. 그럼에도 나는 처음에 그들을 나무랐을 때에는 성질을 죽이면서 냉정을 지키고 최대한 예절을 갖추었다. 그러나 그들은 그런 나의 태도가 그들의 분노를 두려워하기 때문인 것으로 한동안 오해하면서 나를 더욱 모욕했다. 나중에는 그들도 그와 정반대라는 사실을 깨달았지만 말이다.

나는 정말로 그 남자들의 가증스런 사악함에 마음을 크게 다친 상태에서 슬픔에 빠진 채 집으로 갔다. 그러나 나는 그들이 신의 정의를 보여주는 무서운 예가 될 것이라는 점을 믿어 의심하지 않았다. 이유는 나 자신이 그런 절망의 시기를 신의 복수를 보여주는 특별한 시기로 보고 있었기 때문이다. 이런 경우에 신은 다른 때보다 더 특별하고 더 두드러진 방식으로 자신의 불쾌감을 보여줄 수 있는 적절한 대상을 찾아낼 터였다. 나는 또 많은 선한 사람도 공통의 재앙 앞에서 쓰러진다는 것을 믿고 있다. 그러나 지금처럼 전반적으로 파괴가 일어나는 시기에 어떤 사람의 인품을, 그 사람이 이런 쪽으로나 저런 쪽으로 두드러진 것을 기준으로 판단하는 것은 절대로 원칙이 될 수 없다. 그럼에도 신이 그처럼 공개적인 적들에게까지 자비를 베푸는 것은 적절하지 않다고 생각하는 것이 합리적일 것 같다. 신의 이름과 존재를 경멸하고, 신의 복수에 맞서고, 신에 대한 숭배를 조롱하고, 그런 시기에 숭배자들을 비웃는 그런 적들 말이다. 절대로 그럴 수는 없다. 다른 때라면 그들의 조롱을 참고 견디는 것이 신의 자비와 어울릴지 몰라도, 지금은 전염병이 덮친 때이고, 신의 분노가 표현되는 때였다. 이런 말이 나의 머리에 떠올랐다. '내가 이것들에게 벌하지 않겠는가? 여호와께서 말했다. 나의 영혼이 이런 나라에 복수를 하지 않겠는가?'[27]

이런 온갖 생각들이 떠올랐으며, 나는 이 남자들의 사악함이 불러일으키는 공포에 짓눌려 대단히 비통한 마음으로 집으로 돌아갔다. 지금 같은 때에, 그러니까 신이 그들뿐만 아니라 국민 전체를 대상으로 칼을 뽑아든 마당에 신과 신의 종들, 그리고 신에 대한 숭배 행위를 그런 식으로 모욕할 만큼 모든 것이 이다지도 비열하고, 냉혹하고, 악랄하단 말인가.

....
27 예레미아서 5장 29절.

정말이지, 나는 처음에 그들에게 격하게 분노했다. 그럼에도 그 분노는 그들이 나에게 개인적으로 안긴 모욕 때문이 아니라, 신성모독을 일삼는 그들의 혀가 나의 안에 불러일으킨 공포 때문에 일어난 것이었다. 그러나 나는 나 자신이 품고 있던 분노가 전혀 나 자신의 개인적인 이유 때문이 아니라는 생각이 진실인지 의문을 품었다. 그들이 나에게 인신공격적인 말을 많이 했으니까. 나는 집에 도착하자마자 깊이 생각에 잠겼다. 시간이 조금 흘렀는데도 여전히 슬픔이 나의 마음을 누르고 있었다. 그날 밤 나는 잠을 이루지 못했다. 그 무서운 위험 속에서도 신이 나를 지켜주신 데 대해 겸손하게 감사의 기도를 올린 뒤, 나는 진지한 마음으로 자세를 바로잡고 앉아서 절망적인 그 망나니들을 위해서 신에게 다시 간절히 기도를 올렸다. 그들을 용서해주고, 그들의 눈을 뜨게 해주고, 그리하여 그들을 겸손해지게 해달라고.

이로써 나는 나의 의무를, 말하자면 야비하게 나를 이용한 자들을 위해 기도하는 의무를 이행했을 뿐만 아니라 나 자신의 가슴도 철저히 시험했다. 그 결과, 아주 만족스럽게도, 그들이 특별히 나의 마음을 상하게 했을 때에도 나의 가슴에 화가 일어나지 않았다는 것이 확인되었다. 나는 신의 영광을 높이려는 열정과 자신의 개인적인 감정과 분노의 효과를 구분하는 방법을 알고자 하는 사람들에게 진정으로 이 방법을 권한다.

그러나 여기서 나는 전염병이 돌던 시기에 내가 품었던 특별한 생각들에 대한 이야기로, 특히 전염병이 돌던 초기에 환자들의 집을 봉쇄하던 때의 이야기로 돌아가야 한다. 이유는 병이 절정에 이른 뒤보다 병이 절정에 이르기 전에 관찰할 기회가 더 많았고, 병이 극성을 부리는 상황에선 사람들 사이에 의사소통이 전혀 없었기 때문이다.

앞에서 말한 바와 같이, 주택들을 봉쇄하는 동안에 감시인들에게 폭력이 가해지는 경우가 더러 있었다. 군인들에 대해 말하자면, 당시에 군인은 하나도 보이지 않았다. 국왕이 거느리고 있던 소수의 호위병들은 타워(Tower)[28]와 화이트홀(Whitehall)[29]에서 임무를 수행하던 소수의 인원을 빼고는 왕실과 함께 옥스퍼드로 옮기거나 나라의 먼 곳으로 흩어진 상태였다. 타워에도 제복과 모자를 쓰고 문을 지키고 있는, 보초병이라 불리는 국왕근위병과 일반 사수(射手) 24명, 무기고를 관리하는, 병기계(係)라 불리는 장교들을 제외하고 다른 호위병은 있었던 것 같지 않다. 잘 훈련된 음악대 같은 것은 있을 가능성이 전혀 없었다. 런던이나 미들섹스의 군 책임자가 음악대에 군대를 위해 북을 두드리라고 명령했다 하더라도 음악대 중에서 전염병에 걸릴 위험 때문에 아무도 모이려 하지 않았을 것이다.

이 같은 현실 때문에 감시원들은 별로 존경을 받지 못했으며, 감시원들이 폭력을 당하는 사건이 더러 일어났다. 내가 이 대목에서 이 문제에 대해 언급하는 목적은 병에 걸린 사람들을 집에 가둬 두기 위해 감시인을 배치하는 것이 무엇보다도 먼저, 그다지 효과적이지 않아서 사람들이 우격다짐으로든 아니면 계략을 통해서든 자기 뜻대로 집을 빠져나가게 되고, 둘째, 이런 식으로 집을 억지로 빠져나간 사람이 대체로 병에 걸린 사람이라는 관찰을 전하는 데에 있다. 봉쇄된 집을 뛰

....
28   런던 타워를 말한다.

29   런던에 있었던 궁전으로 요크 대주교의 궁전으로 사용되었다고 해서 요크 궁전이라고도 한다. 1698년에 화재로 소실되었다.

쳐나간 사람들은 절망한 상태에서 이곳저곳 돌아다니며 자신이 다른 사람들을 감염시킨다는 사실에 대해 중요하게 생각하지 않았다. 이런 현상이 아마 전염병에 감염된 사람은 다른 사람들을 감염시키기를 원하는 것이 당연하다는 식의 엉터리 소문을 낳았을 것이다.

나는 그 문제에 대해 너무나 잘 알고 있고 또 실제 예를 많이 알고 있기 때문에, 선하고 독실하고 종교적인 친척들의 이야기를 몇 가지 들려줄 수 있다. 그 친척들은 전염병에 걸렸을 때 다른 사람들에게 병을 옮기는 것을 극력 피했다. 그래서 그들은 가족들을 지키려는 희망에서 그들이 가까이 오는 것을 금했으며, 스스로 가족들에게 병을 전하는 도구가 되지 않기 위해 가장 가까운 친척마저도 보지 않고 죽어 갔다. 혹시라도 전염된 사람이 부주의하게 행동하다가 다른 사람들에게 해를 입혔다면, 그 예는 틀림없이 병에 걸린 사람이 봉쇄된 집에서 도망 나왔다가 극단적인 상황으로 내몰리면서 식량이나 잠자리를 찾으려고 자신의 처지를 숨겼다가 본의 아니게 다른 사람들을 전염시킨 경우일 것이다.

이것이 내가 그런 식으로 강제로 집을 봉쇄하거나 사람들을 자기 집에 격리시키는 것이 대체로 거의 도움이 되지 않거나 전혀 도움이 되지 않는다고 그때도 믿었고 또 지금도 믿고 있는 이유 중 하나이다. 아니, 나는 주택 봉쇄가 절망에 빠진 사람이 전염병을 품은 채 멀리 돌아다니도록 함으로써 오히려 해를 끼친다는 의견을 갖고 있다. 그렇게 하지 않았더라면 침대에서 조용히 죽었을 사람을 말이다.

나는 어느 시민을 기억하고 있다. 그 사람은 올더스게이트 스트리트 (Aldersgate Street) 근처에 있던 자기 집에서 뛰쳐나와 길을 따라 이슬링턴까지 갔다. 그는 에인절 인(Angel Inn)에 투숙하려다가 거절당했다. 그 다음에 화이트 호스(White Horse)라는 여관에 갔다가 거절당하고, 또 다시 파이드 불(Pied Bull)이라는 여관을 찾았다. 그는 링컨셔로 가는 척 꾸미며, 전염병에 걸리지 않고 매우 건강하다는 점을 그곳 사람들에게 확신시키면서 여관에 하룻밤만 묵게 해 달라고 부탁했다. 그때만 해도 거기까지는 전염병이 닿지 않았을 때였다.

파이드 불 여관의 사람들은 그에게 방은 없고 다락에 침대가 하나 있다고 했다. 아울러 여관의 사람들은 다락의 침대도 하룻밤만 가능하다고 덧붙였다. 다음날엔 가축상들이 가축을 몰고 올 예정이었으니까. 그래서 그가 다락의 침대로 만족한다면 거기 머물 수 있게 되었다. 그는 그렇게 하기로 했다.

그래서 하녀가 초를 들고 그와 함께 그에게 방을 보여주기 위해 위로 올라갔다. 그는 옷을 매우 잘 차려 입고 있었으며, 다락에서 잠을 청할 사람처럼 보이지 않았다. 그는 다락에 올라가서 깊은 한숨을 내쉬며 하녀에게 "이런 곳에서 자 본 적은 없군요."라고 말했다. 그러자 하녀는 이보다 더 나은 방은 없다는 점을 다시 상기시키면서 "이것도 임시변통이랍니다. 요즘 시절이 흉흉하지요. 그러나 이것도 하룻밤만 가능합니다."라고 말했다. 그래서 그는 침대에 걸터앉으며 하녀에게 내 생각에 아마 따뜻한 에일 맥주를 한 잔 부탁했던 것 같다. 그래서 하녀는 맥주를 가지러 갔다가 그만 다른 급한 일이 있어서 그 일을 깜빡 잊고는 그에게 다시 올라가지 않았다.

이튿날 아침에, 신사의 모습이 보이지 않자 그 집의 누군가가 그에게 위층을 보여주었던 하녀에게 그의 상황에 대해 물었다. 그녀는 깜짝 놀라며 대답했다. "아이고, 이 일을 어쩌죠? 깜빡 잊고 있었어요. 그가 따뜻한 에일 맥주를 갖다 달라고 했는데 그만 까먹고 말았어요." 이번에는 하녀가 아니라 다른 사람이 그를 보러 올라갔다. 그 사람은 방을 들어서다가 그가 침대 위에 큰대자로 뻗은 채 뻣뻣하게 죽어 있는 것을 발견했다. 몸은 차가울 정도였다. 옷은 벗어져 있었고, 턱은 벌어져 있었으며, 눈은 대단히 놀란 양 크게 뜨고 있었으며, 한쪽 손에는 침대보가 꽉 쥐어져 있었다. 그렇다면 그 사람은 하녀가 방을 떠난 직후에 죽은 것이 분명하며, 그녀가 에일 맥주를 갖고 올라갔더라면 그가 침대에 앉고 몇 분 지나지 않아 죽어 있는 것을 발견했을 것이다.

누구나 짐작할 수 있듯이, 그 집에 갑자기 공포 분위기가 감돌았다. 그들은 그 사건이 있기 전까지 전염병으로부터 자유로웠으니까. 그 일로 그 집에 전염병이 옮겨졌으며, 전염병은 즉시 그 집 주변의 다른 집들로 퍼져나갔다. 그 집에서 몇 사람이 죽었는지 기억나지 않지만, 그 사람과 함께 위층으로 올라갔던 하녀는 즉시 공포에 질려 드러누웠고, 다른 몇 사람도 그랬다. 이슬링턴에서 그 전 주에 전염병으로 죽은 사람은 2명뿐이었으나, 그 다음 주엔 거기서 17명이 죽었는데 이 중에서 14명이 페스트로 죽었다. 7월 11일부터 7월 18일까지가 이 주에 해당했다.

일부 가족들이 이용한 임시변통이 한 가지 있었다. 자기 집이 전염되었을 때 적지 않은 사람들이 이용한 방법이었다. 전염병이 처음 발발하던 때, 시골 친구들 사이에 피난처를 찾아 떠나면서 자기 집과 물건들을 이웃이나 친척들에게 안전하게 봐달라고 맡기는 것이었다. 일부 집들은 완전히 걸어 잠갔다. 문에 빗장을 걸고, 창과 문마다 전나무

널빤지를 대고 못을 박았다. 이런 집들에 대한 감시는 대체로 야경꾼과 교구 관리들이 맡았지만, 그런 식으로 관리되는 경우는 극히 드물었다.

도시와 교외들에 거주자들이 버리고 간 집이 1만 가구나 되었던 것으로 추산되었다. 이는 외곽 교구들과 서리 또는 서더크라 불리는 강쪽 지역의 가구까지 포함한 수치이다. 그러나 세입자나 다른 가족들과 살다가 피난한 사람들은 거기에 포함되지 않았다. 그래서 모두 합하면 20만 명이 피난한 것으로 추산되었다.

이에 대해선 다시 논하게 되겠지만 여기서 특별히 언급하는 이유가 있다. 바로 집을 두 채 소유한 사람들 사이에는, 가족 중 누군가가 병에 걸리면 가장이 나머지 가족을 다른 집으로 보낸 다음에 검사관이나 다른 관리들에게 발병 사실을 알리는 것이 원칙으로 통했기 때문이다. 그러면서 가장은 병에 걸린 가족을 돌볼 간호사 외에 별도로 사람을 한 사람 더 구해서 봉쇄된 집에 갇혀 지내다가 병에 걸린 가족이 죽은 뒤에 그 집을 지키도록 했다(누가 이런 일을 하겠다고 나서겠나 싶지만, 돈 때문에 많은 사람들이 그 일을 원했다).

이 방법은 많은 경우에 가족 모두를 구하는 방법이었다. 가족 모두가 병든 사람과 함께 봉쇄되었다면, 그 가족은 불가피하게 모두 죽음을 맞았을 것이다. 그런 한편, 이 방법은 주택 봉쇄에 따른 폐해 중 하나이기도 했다. 왜냐하면 봉쇄당하는 데 따르는 불안과 공포가 병에 걸린 많은 사람들이 나머지 가족과 함께 달아나도록 했기 때문이다. 이때 가족들도 겉으로 드러나지 않고 뚜렷이 아프지 않을 뿐이지 이미 전염병에 감염되었을 수 있다. 그런 경우에 가족들은 아무런 저지를 당하지 않고 어디든 돌아다니면서 자신의 상황을 숨기다가 자신도 모르는 사이에 다른 사람에게 전염병을 퍼뜨리며 무서운 사태를 부를 수 있다. 이에 대해 지금부터 더 상세히 설명할 것이다.

9.
감염 경로

여기서 나는 나 자신이 직접 관찰한 사례를 한두 건 제시할 수 있다. 끔찍한 전염병이 도는 상황에 처할 경우에 누구에게나 큰 도움이 될 내용이다.

1) 전염병은 대체로 하인을 통해서 시민들의 집으로 침투했다. 필요한 것들, 말하자면 양식이나 약을 사러 빵집이나 양조장, 가게 등을 들리느라 거리를 돌아다니는 사람들이 바로 하인들이니까. 하인들이 이런저런 용무로 거리를 다니다가 전염병에 걸린 사람을 만나지 않는 것이 오히려 불가능한 일이었다. 전염병에 걸린 사람이 하인에게 치명적인 숨결을 전하고, 그러면 하인은 자신이 일하는 가족에게로 병을 옮기게 된다.

2) 런던처럼 거대한 도시가 단 한 곳의 격리 병원을 두고 있는 것은 중대한 실수였다. 번힐 필즈 너머에 기껏 200명 내지 300명 정도 수용

할 수 있는 격리 병원을 한 곳 둘 것이 아니라, 침대 하나에 두 사람이 눕게 하거나 방 하나에 침대를 두 개 놓지 않고도 1,000명씩 수용할 수 있는 격리 병원을 몇 곳은 뒀어야 했다. 그리고 모든 가족의 가장은 자기 집 하인이 병에 걸리는 즉시 하인이 원하는 경우에 가까운 격리 병원으로 의무적으로 보내고, 검사관들에게 가난한 사람들이 전염병에 걸렸을 때 하는 것과 똑같은 조치를 취할 수 있도록 허용해야 한다. 이같은 조치를 거치면, 그 집은 봉쇄되지 않아도 된다. 나는 언제나 똑같이 그런 의견을 갖고 있었다. 그렇게만 했으며 그렇게 많은 사람이 죽지 않았을 것이다. 수천 명씩 무더기로 죽어나가지는 않았을 것이라는 뜻이다. 내가 알고 있는 범위 안에서도 그런 예를 몇 가지 제시할 수 있다.

하인이 병에 걸리는 경우에 그를 격리 병원으로 보내거나, 앞에서 말한 바와 같이 가족들이 병에 걸린 환자를 그 집에 두고 나온다면, 가족이 모두 살 수 있었다. 반면에 가족 중 한두 사람이 병에 걸려 집이 봉쇄될 때엔, 가족 모두가 죽는 불행을 맞았다. 그런 경우엔 할 수 없이 상여꾼들이 들어가서 시신들을 끌어내야 했다. 시신을 문까지 끌고 올 사람조차도 남지 않고 가족 모두가 죽어버렸기 때문이다.

3) 이런 사실을 고려할 때, 그 재앙은 전염에 의해 퍼지는 것이 틀림없다. 말하자면, 병에 걸린 사람의 숨결이나 땀, 상처의 냄새, 또는 의사들이 증발이라고 부르는 어떤 증기에 의해서, 아니면 의사들조차도 모르는 다른 방식으로 옮겨진다는 뜻이다. 증발이 병든 사람으로부터 일정 거리 안으로 들어가는 건강한 사람에게 영향을 미치고, 그러면 증발은 소위 건강한 사람들의 치명적인 부분으로 침투하면서 그들의

피를 교란시키고, 그들의 정신을 겉으로 드러날 만큼 심하게 교란시킨다. 이어 새로 감염된 사람들은 그 병을 똑같이 다른 사람들에게 퍼뜨린다.

실제 예를 통해 이 과정을 보여줄 생각이다. 진지하게 생각하는 사람들에겐 이것을 이해하지 못하는 것이 오히려 불가능할 것이다. 정말 놀랍게도, 나는 전염이 끝난 지금도 일부 사람들이 페스트가 중간 매개 없이, 불특정 다수가 아니라 이 사람 또는 저 사람을 콕 찍어서 쓰러뜨릴 권한을 쥐고 있는 하늘에서 벼락처럼 떨어진다는 식으로 말하는 사람을 발견한다. 마찬가지로 전염에 대해 공기에 의해서만 옮겨진다고 말하는 사람들도 있다. 이들의 설명은 이렇다. 공기가 엄청난 수의 벌레들과 눈에 보이지 않는 생물들을 옮기고 있으며, 이 벌레들과 생물들이 숨결과 함께 육체로 들어가고, 심지어 모공을 통해서도 공기와 함께 들어가서 거기서 매우 독한 독을 발산하거나 독성 강한 알을 만들어낸다. 그러면 이 알이 피와 섞이면서 육체를 전염시킨다. 이 설명은 학식을 바탕으로 한 단순성이 특징이고 보편적 경험으로 뒷받침되고 있지만, 나는 이 예에 대해 때가 되면 보완할 것이다.

여기서 나는 이 도시에 거주하는 시민들에게 그들의 무관심보다 더 치명적인 것은 없다는 점을 다시 강조해야 한다. 전염병이 닥칠 것이라는 경고를 오랫동안 받고도 양식을 비롯해 여러 가지 필요한 것들을 미리 준비하지 않은 사람들이 최대의 위험 요소라는 뜻이다. 이런 준비를 사전에 다 해 놓은 시민들은 시골로 들어가서 살거나 자기 집에서 그대로 살면서도 전염병을 버텨낼 수 있었다. 나는 그런 준비를 해 두었던 사람들이 전염병을 버텨낸다는 사실을 직접 관찰할 수 있었다.

그러나 전염병에 제대로 대비하지 않은 사람들은 전염병에 다소 무 감각해진 뒤에 실제 병에 감염된 사람들과 대화하는 것을 피하지 못 했다. 병에 가장 먼저 걸리는 사람들은 대체로 그런 사람들이었다.

나는 나 자신이 비상시에 대비해 필요한 것들을 미리 준비하는 일을 게을리 하는 그런 생각 없는 사람들 중 하나라는 점을 인정한다. 그래 서 나의 하인들은 1페니나 0.5페니 하는 사소한 것들을 구입하기 위해 문 밖으로 나가지 않을 수 없었다. 전염병이 시작하기 직전에도, 심지 어 나의 경험이 나에게 그런 짓이 지극히 어리석다는 사실을 보여주 었을 때까지도 하인들의 문 밖 출입이 계속되었다. 나는 늦게야 현명 해지기 시작했으며, 그때는 이미 우리가 한 달 동안 버틸 양을 비축할 수 있는 시간이 충분하지 않은 때였다.

나의 가족은 단출했다. 집안일을 맡아 하던 늙은 부인이 한 사람, 하 녀 한 사람, 도제 2명에 내가 전부였다. 전염병이 주위에서 늘어나기 시작할 때, 나는 어떤 식으로 대처할 것인지, 어떤 식으로 행동할 것인 지를 놓고 슬픈 생각에 자주 빠졌다. 내가 거리를 다니면서 목격한 비 참한 상황들이 나의 마음속에 전염병에 대한 두려움과 공포를 한껏 불러일으켰다. 페스트는 그 자체로 가공할 만하며, 어떤 사람은 다른 사람에 비해 더 비참한 모습을 보였다. 일반적으로 목이나 사타구니에 나타나는 부기(浮氣)는 점점 커지면서 터지지 않을 때엔 너무나 고통 스러워지며 잔인한 고문이나 다름없었다. 그 고통을 견디지 못하는 일 부 환자들은 창밖으로 몸을 던지거나 스스로 총을 쏘거나 멀리 달아 났다. 나는 그런 비참한 예를 몇 차례 보았다. 또 어떤 사람은 자신을 억제할 수 없는 상황에 이르자 끊임없는 신음으로 고통을 뱉어냈다.

거리를 걷다 보면 그런 비통한 절규가 자주 들렸으며, 나는 그럴 때마다 가슴이 미어지면서 그 병 자체에 대한 생각에 몸서리를 쳤다. 그 무서운 저주가 언제든 나에게 닥칠 수 있다는 생각에 이르면, 머릿속이 하얘졌다.

나는 지금 나 자신의 결심이 흔들리기 시작했다는 점을 인정하지 않을 수 없다. 나의 가슴이 나를 크게 약하게 만들었으며, 나는 나 자신의 경솔함을 뼈저리게 후회했다. 밖에 나갔다가 앞에서 말한 그런 끔찍한 상황을 접할 때면, 나는 감히 도시에 남기로 한 나의 무모함을 후회했다. 여기 남지 않고 형의 가족과 함께 시골로 들어갔으면 좋았을 걸 하는 마음이 종종 일어났다.

끔찍한 장면에 놀랄 때면, 나는 집으로 돌아가면서 다시는 밖으로 나오지 않겠다고 다짐했다. 아마 그런 결심이 사나흘은 지켜졌을 것이다. 집 안에 틀어박혀 지내는 동안에 나는 나와 나의 가족을 지켜주시는 데 대해 하느님에게 진정으로 감사하는 마음을 품은 가운데 나의 죄를 끊임없이 고백하고 매일 나 자신을 하느님에게 바치고 금식과 겸손, 묵상을 실천했다. 또 시간이 나는 대로 책을 읽고, 매일 나에게 일어난 일을 메모로 남겼다. 이 책의 내용 중에서 집 밖에서 관찰한 부분은 바로 이 메모에서 나온 것이다. 나 자신의 개인적 묵상에 관한 글은 개인적으로 쓰기 위해 별도로 남겨 두고 있으며, 그 부분은 어떤 이유로도 공개되지 않기를 바란다.

나는 또한 그 시기에 나에게 일어났고 또 나 자신에게 힘이 되어 주었던 신에 관한 주제를 놓고 생각한 내용도 적었는데, 이것 또한 다른 관점에는 적합하지 않을 수 있기 때문에 거기에 대해선 더 이상 말하지 않을 것이다.

나에겐 매우 훌륭한 의사 친구가 하나 있었다. 이름은 히스(Heath)였으며, 나는 절망의 시기에 그를 자주 찾았다. 그가 많은 일들과 관련해 제시하는 조언을 나는 아주 충실히 지켰다. 특히 그는 내가 바깥출입을 자주 한다는 사실을 알고는 외출할 때 전염을 막을 수 있는 요령을 알려주면서 거리를 다닐 때에는 입을 열지 않도록 조심하라고 충고했다. 그도 종종 나를 만나러 왔으며, 그가 훌륭한 의사일 뿐만 아니라 훌륭한 기독교 신자였기 때문에, 그와의 유쾌한 대화는 최악의 시련을 겪고 있던 나에게 큰 응원이 되어주었다.

이제 8월 초였으며, 전염병은 내가 살던 지역에서 점점 더 맹렬해지고 있었다. 그때 나를 방문하러 왔던 히스 박사는 내가 여전히 자주 거리로 나간다는 사실을 알아차리고는 나와 나의 가족 모두에게 집 안에서만 지내기를 간곡히 당부했다. 우리들 중 누구도 문 밖으로 나가지 말라는 것이었다. 모든 창문을 단단히 닫고 셔터와 커튼을 내리고 절대로 열지 말라고 했다. 그러면서 가장 먼저, 창이나 문을 열어두었던 방에 장미나 역청, 황, 화약 같은 것으로 매우 강렬한 냄새를 피우도록 했다. 우리는 친구의 조언을 받아들여 한동안 그렇게 했으나, 내가 그렇게 오랫동안 밖에 나가지 않아도 될 만큼 많은 양의 생필품을 비축해두지 않은 탓에 우리 모두가 완전히 집 안에서만 지내는 것은 불가능했다.

그러나 나는 이미 너무 늦었음에도 불구하고 그런 식으로 격리된 채 살 수 있는 방법을 강구하려고 노력했다. 우선, 나는 술을 빚는 장비와 빵을 굽는 장비가 있었기 때문에 밖에 나가서 밀가루를 두 포대 사왔으며, 그걸 갖고 몇 주일 동안 우리가 먹을 빵을 오븐으로 직접 구웠다. 또 맥아를 사서 내가 갖고 있던 술통을 채울 수 있을 만큼 맥주를 빚었다. 그만한 양이면 나의 가족이 5주일 내지 6주일은 충분히 먹을 수 있을 것이다. 나는 또 소금 간이 된 버터와 체셔(Cheshire) 치즈[30]를 다량 확보하고 있었지만 육류는 전혀 없었다. 그래도 전염병이 우리가 사는 거리의 반대편에 있는 도살장과 정육점들 사이에 맹렬하게 돌고 있었기 때문에 육류를 사러 거기로 가는 것은 절대로 권할 만한 일이 아니었다.

여기서 나는 이런 식으로 식량을 사러 집 밖으로 나갈 필요성이 바로 전체 도시를 망치는 일이라는 사실을 밝혀야 한다. 왜냐하면 그런 경우에 전염병에 걸린 사람을 접촉할 위험이 있을 뿐만 아니라 집으로 들여오는 물품 자체가 종종 전염되어 있었기 때문이다. 적어도 나에겐 그렇게 믿을 근거가 충분히 있다. 따라서 나는 시장의 상인들과 도시로 들어오는 물품들이 절대로 전염되지 않았다는 식으로 자신 있게 말하지 못한다. 나는 육류의 대부분이 도살되는 화이트채플의 정육점 주인들이 전염병의 공격을 심하게 받았다고 확신한다. 문을 연 정육점이 거의 없을 정도였으며, 문을 연 정육점은 마일 엔드(Mile End)에서 도살해서 고기를 말에 싣고 왔다.

그러나 가난한 사람들은 양식을 비축할 수 있는 형편이 되지 못했으며, 그래서 그들은 식량을 사러 시장으로 나갈 필요가 있었다. 다른 사람들은 하인이나 아이들을 시장에 보냈다. 이런 일이 매일 반복되었기

....
30 잉글랜드 체셔 카운티에서 나는 치즈로 밀도가 높은 것이 특징이다.

때문에, 건강하지 않은 사람들이 시장에 많이 나왔으며, 그 결과 건강한 몸으로 시장에 왔던 사람들이 집으로 죽음을 데려 가게 되었다.

사람들이 최대한 조심한 것은 사실이다. 시장에서 고깃덩이를 살 때에도 정육점 주인의 손에서 고기를 직접 받지 않고 고기가 달려 있던 갈고리에서 손수 빼냈다. 한편, 정육점 주인은 돈을 손으로 만지지 않기 위해 미리 준비해 둔, 식초가 가득 담긴 단지 안에 손님이 돈을 직접 넣도록 했다. 고기를 사는 사람도 우수리를 남기지 않기 위해 언제나 소액 동전만 갖고 다녔다. 사람들은 향수병까지 갖고 다니고 동원할 수 있는 방법을 최대한 동원했지만, 그런 상황에서도 가난한 사람들은 그런 것조차도 할 수 없었다. 가난한 사람들은 모든 위험에 몸으로 부닥쳐야 했다.

이 같은 사실 때문에 일어나는 비참한 이야기를 우리는 매일 들었다. 남자 또는 여자가 시장에서 쓰러져 죽는 일도 가끔 일어났다. 전염병에 걸린 많은 사람이 몸 속의 괴저가 치명적인 곳을 건드릴 때까지 증상을 보이지 않아 전염되었다는 사실조차 모르고 있었던 탓에 일어나는 일이었다. 그런 사람들은 쓰러지고 나서 몇 초 만에 죽었다. 그래서 아무런 증상도 없이 그런 식으로 거리에서 죽어간 사람들이 많았다. 또 다른 사람들은 다음 가게에 갔다가 앞에서 말한 것처럼, 자리에 앉자마자 죽기도 했다.

이런 일들이 거리에서 너무나 다반사로 일어났기 때문에 전염병이 한쪽에서 맹위를 떨칠 때 거기엔 거리를 다니는 사람은 거의 눈에 띄지 않고 시신 몇 구만 여기저기 누워 있었다. 한편, 처음에는 사람들이 길을 가다가 시신을 보면 이웃들에게 나오라고 소리를 질렀으나 나중에는 시신 쪽으로는 눈길조차 주지 않는 것이 관찰되었다. 길을 걷다가 길가에 드러누운 시신이 보이면, 사람들은 당장 길 반대편으로 넘어가고 시신 가까이 다가가지 않았다. 혹은 길이 좁거나 뒷골목에서 그런 상황에 처하면, 오던 길을 다시 돌아나가서 용무를 볼 다른 길을 찾았다. 그런 경우에 시신은 관리들이 알고 와서 치울 때까지 거기에 그대로 놓여 있었다. 밤까지 그대로 방치되는 경우에 시신 수습하는 수레와 함께 다니는 야경꾼들이 시신들을 수레에 싣고 갔다. 이런 일을 수행한 겁 없는 이 인간들은 시신을 수습하며 시신의 주머니를 뒤지는 것을 잊는 예가 없었으며, 시신이 옷을 잘 차려 입은 경우에는 옷까지 벗겨 챙겼다.

그러나 여기서 시장에 관한 이야기로 돌아가도록 하자. 정육점 주인들은 시장 안에서 죽는 사람이 나오면 언제나 가까이 있던 관리들에게 수레에 실어 가까운 교회 묘지로 끌고 가도록 했다. 이런 일이 너무나 자주 일어났기 때문에, 그런 죽음은 주간 사망 보고서에 실제와 달리 '거리나 들판에서 사망한 상태로 발견'이라는 항목에 포함되지 않고 대유행하는 페스트에 따른 희생자에 포함되었다. 그러나 지금 전염병의 광포함이 극에 달했기 때문에, 시장에 공급되는 물건들도 그 전에 비해 현저히 줄어들었고 물건을 사겠다는 사람도 크게 드물어졌다. 런던 시장(市長)은 시장에 내다팔 물건을 갖고 오는 시골 사람들이 도시 입구까지만 와서 거기에 앉아 물건을 팔도록 조치를 취했다. 시골 사람들은 갖고 온 물건을 거기서 파는 즉시 돌아갔으며, 시골 사람들도 그 같은 조치에 부응했다. 그들로서도 도시로 들어가는 초입에서 물건을 팔고 가는 것이 훨씬 더 편하고 안전한 일이었기 때문이다.

심지어 들판에서도, 특히 스피틀필즈에 있는 화이트채플 너머의 들판에서, 그리고 서더크의 세인트 조지 필즈와 이슬링턴 근처의 우즈 클로즈(Wood's Close)라 불리는 넓은 들판에서도 시골 사람들이 물건을 팔았다. 시장과 행정 장관들, 치안 판사들은 그 쪽으로 자신의 보좌관과 하인들을 보내 가족들을 위한 물건을 샀으며, 자신들은 최대한 성문 안에 남았다.

다른 많은 사람들도 그렇게 했다. 이런 조치가 취해진 뒤로, 시골 사람들은 홀가분한 마음으로 온갖 종류의 물건을 다 갖고 왔으며, 그들이 해를 입는 경우는 드물었다. 나의 짐작엔 이런 조치가 시골 사람들이 피해를 놀라울 만큼 적게 입었던 이유였던 것 같다.

나의 작은 가족에 대해 말하자면, 나는 앞에서 이미 말한 바와 같이 의사 친구의 조언을 받아들여 빵과 버터, 치즈, 맥주를 어느 정도 확보한 다음에 나 자신을 사회로부터 철저히 격리시키면서 목숨을 걸고 신선한 고기를 구하느니 차라리 고기 없이 몇 개월을 사는 고통을 감내하기로 작정했다.

그러나 나의 가족은 집 밖으로 나가지 못하게 할 수 있었지만, 나 자신은 호기심 때문에 집 안에 눌러 있기 힘들었다. 나는 밖으로 나갈 때면 거의 언제나 경악한 상태로 집에 돌아오면서도 집에만 있을 수는 없었다. 그래도 바깥 외출이 처음만큼 잦지는 않았다.

형이 집을 봐달라는 부탁을 남겼기 때문에, 나에겐 콜먼 스트리트 교구에 있는 형의 집을 찾아 봐야 하는 의무가 있었다. 나는 처음엔 형의 집을 매일 찾았지만 그 후로는 일주일에 한두 번 찾았다.

그때쯤 밖에 나가 걸을 때 참혹한 장면이 자주 눈에 띄었다. 거리에서 죽어 누워 있는 사람들이 특히 자주 보였다. 또 고통을 견디지 못해 방의 창문을 열고 섬뜩한 얼굴로 비명을 지르는 여자들이 보이기도 했다. 가난한 사람들이 저마다 고통을 표현하던 다양한 모습은 말로 표현할 수 없다.

로스베리(Lothbury) 거리에 있는 토큰하우스 야드(Tokenhouse Yard)[31]를 지나칠 때, 갑자기 나의 머리 위로 여닫이창이 세게 열리면서, 여자가 비명을 세 차례 지르더니 "오, 죽음, 죽음, 죽음을!"이라고 외쳤다. 그 소리에 나는 뼛속까지 공포와 오싹함이 파고드는 것을 느꼈다. 거리엔 인적이 완전히 끊겼고, 열린 창문조차 없었다. 이젠 사람들은 어떤 일에도 호기심을 보이지 않았고, 또 서로 도와줄 수도 없는 처지였다. 그래서 나는 길을 재촉하며 벨 앨리 쪽으로 들어갔다.

벨 앨리에 들어서자마자, 길 오른편에서 그보다 더 끔찍한 비명이 들려 왔다. 창밖을 향한 비명이 아니었으며, 가족 전체가 공포에 질려 있었다. 나는 여자들과 아이들이 실성한 것처럼 소리를 지르며 방들을 돌아다니는 것을 들을 수 있었다. 그때 좁은 길의 건너편 집의 다락방 문이 열리고, 어떤 사람이 "무슨 일입니까?"라고 물었다. 이 말에 비명이 들리던 창문에서 "오, 저의 늙은 주인이 목을 맸어요!"라는 대답이 흘러나왔다. 다른 사람이 다시 물었다. "주인은 이미 죽었어요?" 이에 첫 번째 창문에서 "예, 죽었어요. 죽어서 몸이 차가와요."라는 대답이 나왔다. 목을 맸다는 이 사람은 무역상이고 행정 차관이었으며 또 부자였다. 나는 그의 이름도 알고 있지만 밝히지 않는다. 그의 죽음은 가

....
31 '파딩'(farthing) 같은 동전이 소개되기 전에 소액 주화를 만들던 곳을 말한다. 1636년에 세워졌다.

족에게 고난이었지만, 그의 가족은 지금 다시 번창하고 있다.

그러나 이것은 하나의 예에 지나지 않는다. 가족들에게 매일 일어난 일들은 믿기지 않을 정도로 끔찍했다. 정말로 참을 수 없는 전염병의 맹위 속에서, 또는 부기의 고통 속에서 사람들은 자제심을 잃고 종종 창 밖으로 몸을 던지거나 총을 쏘아 스스로 목숨을 끊는 길을 택했다. 어떤 어머니는 고통 때문에 미쳐서 자기 자식을 죽이기도 하고, 어떤 사람은 슬픔을 이기지 못해 죽기도 하고, 어떤 사람은 전염병에 걸리지 않고도 놀람을 이기지 못해 죽기도 하고, 또 어떤 사람은 경악한 나머지 혼이 나가는 바람에 멍청하게 바보가 되거나 절망하다가 미치거나 우울증에 빠지기도 했다.

종기의 고통은 아주 격했으며, 어떤 사람에겐 참을 수 없을 정도로 심했다. 내과 의사와 외과 의사들이 불쌍한 인간들을 고문해서 죽인다는 소문까지 돌기도 했다. 어떤 사람의 경우에 종기가 딱딱해졌으며, 그러면 의사들은 그것을 터뜨리기 위해 독한 고약이나 습포제를 발랐다. 그래도 통하지 않으면 의사들은 종기를 찢고 무시무시한 방식으로 긁어냈다. 일부 사람의 경우에 종기가 부분적으로 병 때문에 단단해지기도 하고 또 부분적으로는 고름을 지나치게 심하게 뽑아낸 탓이기도 했다. 이런 경우에 종기가 아주 단단해지기 때문에 어떤 도구로도 종기를 찢지 못하며, 부식제로 태우는 수밖에 없었다. 그 과정에 많은 사람들이 고통을 이기지 못해 미쳤다가 죽었으며, 또 어떤 사람들은 수술 도중에 죽었다. 견디기 힘든 고통 속에서, 어떤 사람들은 침대에 묶였거나 지켜보는 사람이 없는 가운데 앞에 이야기한 바와 같이 스스로 목숨을 버렸다. 또 다른 사람들은 아마 발가벗은 몸으로 거리로 뛰쳐나가 야경꾼이나 다른 관리들의 저지를 받지 않을 경우에 어느 쪽으로든 강으로 달려가 몸을 날리곤 했다.

그런 고통에 시달리는 사람들의 신음과 절규는 종종 나의 영혼을 예리하게 찔렀지만, 그래도 그것이 그 전염병의 가장 희망적인 특징으로 꼽혔다. 종기가 곪아 터져서 고름이 빠져나오는, 다시 말해 의사들의 말처럼 종기가 '침지(浸漬)'되는 환자는 대체로 회복되었다. 반면에 앞에 말한 그 귀부인의 딸처럼 초기에 죽음을 맞고 흔적도 그때야 나타나는 환자는 종종 죽기 직전까지 자신의 병에 비교적 무관심한 모습을 보였다. 어떤 사람은 뇌졸중과 간질의 경우처럼 쓰러질 때까지 특이한 증상을 보이지 않았다. 그런 사람은 갑자기 통증을 아주 심하게 느끼면서 의자나 짐이 쌓인 곳에 기대거나 가능하다면 자기 집으로 달려가서 자리에 앉자마자 창백해지면서 죽었다. 이런 죽음은 일반적인 괴저로 죽거나 기절해 죽는, 이를테면 꿈속에서 사라질 때의 모습과 아주 비슷했다. 이런 식으로 죽음을 맞는 사람들은 괴저가 몸 전체로 퍼질 때까지 자신이 병에 감염되었다는 사실을 거의 눈치 채지 못했으며, 의사들도 그들의 가슴이나 신체의 다른 부위를 절개해서 그 표시를 볼 때까지는 그 사람들이 죽어간 이유를 확실히 알지 못했다.

이 시기에 죽어가는 사람들을 보살피거나 지킨 간호사들과 감시원들에 관한 놀라운 이야기도 많이 들렸다. 말하자면 전염된 사람을 보살피기 위해 고용한 간호사들이 환자들을 야만스럽게 학대하거나 굶겨 죽이거나 질식시키거나 다른 사악한 수단으로 환자들의 종말을 재촉했다는 소문이었다. 한마디로 말해, 환자를 보살피게 되어 있던 간호사가 환자를 살해했다는 것이다. 한 사람만, 아마 병에 걸린 사람만 남은 집을 봉쇄하며 지키게 되어 있던 감시원은 그 집의 잠금 장치를 열고 들어가 환자를 죽여 시체 수레에 신고는 태연히 무덤까지 따라갔다.

그런 살해 행위가 저질러진 것은 사실이고, 그런 일로 두 사람이 감옥에 갇혔지만 그들은 재판을 받기도 전에 죽었다. 나는 그 외에 그런 식의 살인 혐의로 세 사람이 더 처벌을 받았다는 말을 들었지만, 그런 범죄가 흔히들 말하는 것처럼 그렇게 자주 일어났다고 믿지는 않는다. 또 사람들이 자기 자신조차 제대로 보살필 수 없을 만큼 열악한 조건에 처한 상태에서, 회복할 가능성이 거의 없는 사람에게 그런 짓을 하는 것이 그다지 합리적인 것 같지도 않았다. 그리고 곧 죽을 게 뻔한 사람을 살해하도록 유혹할 만한 것이 전혀 없었다.

그런 끔찍한 시기에도 강탈 등 사악한 짓이 많이 저질러졌다는 사실을 나는 부정하지 않는다. 일부 사람들의 경우에 탐욕이 너무나 강한 나머지 어떤 위험이라도 무릅쓰고 훔치거나 약탈하려 나섰을 것이다. 가족 또는 거주자 전부가 죽어 실려 나간 집이 특별히 약탈의 표적이 되었다. 탐욕을 이기지 못하는 사람들은 전염이라는 무시무시한 위험을 무릅쓰고 그런 집에 들어가서 죽은 시신의 옷을 벗기거나 환자가 누워 있던 침대의 침대보를 걷어 나왔다.

하운즈디치의 어느 가족의 경우가 이런 절도를 보여주는 예일 것이다. 나머지 가족은 앞서 시체 수레에 실려 나갔고, 가장과 그의 딸은 완전히 발가벗겨진 채 서로 다른 방의 바닥에 누운 채 발견되었는데, 그들의 옷과 침대보는 도둑이 훔쳐 간 것으로 짐작되었다.

이런 재앙의 와중에서 여자들이 대단히 경솔하고, 겁 없고, 지독한 존재인 것이 관찰되었다. 간호사로 병든 사람을 돌보러 다니는 여자들이 많았는데, 그들이 고용된 집에서 사소한 도둑질이 많이 일어났다. 도둑질을 하다가 걸린 여자들 중 일부는 본보기로 교수형에 처해질 수 있는 상황에서 공개적으로 태형에 처해졌다. 많은 집에서 절도가 일어났기 때문에, 급기야 교구 관리들이 병든 사람을 돌볼 간호사를 추천하는 지경에 이르렀으며, 관리들은 그런 식으로 환자를 보살피게 된 간호사에 대해 책임을 졌다. 그래서 그런 간호사가 일하고 있는 집에서 문제가 발생하는 경우에, 교구 관리들은 간호사에게 그 일에 대해 해명할 것을 요구했다.

그러나 이런 도둑질은 주로 옷가지와 침대보, 그리고 간호사들이 돌보던 환자가 죽을 때 챙길 수 있었던 반지나 돈으로 한정되었으며, 그 집에 있는 것을 전부 훔치는 경우는 없었다. 그런 간호사의 이야기를 하나 들려줄 수 있다. 이 간호사는 몇 년 뒤에 임종의 자리에서 자신이 간호사로 일하던 때에 저지른 도둑질에 대해 벌벌 떨면서 고백했다. 그녀는 도둑질로 부를 상당히 늘렸다고 했다. 그러나 살인 행위에 대해 말하자면, 나는 앞의 예를 제외하곤, 전해지는 것처럼 사실들을 뒷받침할 증거를 발견하지 못했다.

사람들은 자신이 돌보던, 그러니까 죽어가고 있는 환자의 얼굴에 젖은 수건을 덮어 환자의 생명을 끊은 간호사에 대한 이야기를 나에게 들려주었다. 또 한 간호사는 자신이 돌보던 환자가 기절한 사이에 그 환자를 질식시켜 죽였다고 한다. 이런저런 것을 먹여 환자를 죽이는 간호사도 있었고, 환자에게 아무것도 먹이지 않아 굶겨 죽인 간호사도 있었다.

그러나 이 이야기들은 모두 두 가지 의문스런 점을 보여주었으며, 그 때문에 나는 언제나 그런 이야기를 단순히 사람들이 서로를 놀래게 하기 위해 지어낸 이야기로 받아들였다. 첫째, 그런 이야기를 어디서 듣든, 일어난 장소는 언제나 도시의 저쪽 끝이거나 당신이 있는 곳과 반대편이거나 멀리 떨어진 곳이었다. 당신이 그 이야기를 화이트채플에서 듣는다면, 사건은 언제나 세인트 자일스나 웨스트민스터 또는 홀번에서 일어난 일일 것이다. 당신이 도시 끝자락에서 그 이야기를 듣는다면, 사건은 화이트채플이나 미노리스, 아니면 크리플게이트 교구 근처에서 일어났을 것이다. 당신이 도시 안에서 이야기를 듣는다면, 그 일은 서더크에서 일어났으며, 서더크에서 이야기를 듣는다면, 사건은 도시 안에서 일어났을 것이다.

당신이 그런 이야기를 어디서 듣든, 그 같은 특이점은 언제나 확인된다. 특별히, 죽어가는 사람의 얼굴에 젖은 수건을 덮은 사건도 그렇고, 젊은 귀부인을 질식시킨 사건도 그렇다. 따라서 적어도 나의 판단엔 그런 이야기는 사실보다는 허구에 더 가까운 것이 분명하다.

그러나 나는 그런 이야기가 사람들에게 영향을 끼쳤다는 점을 부정하지 못한다. 특히 사람들이 자기 집으로 이방인을 들일 때, 또 가족의 생명을 맡길 사람을 구할 때 더욱더 많은 조심을 했다. 사람들은 여건이 되는 경우에 언제나 그런 사람들을 추천을 통해 구했다. 그런 일을 원하는 사람이 많지 않아서 구하기 어려우면, 사람들은 교구 관리들에게 의뢰했다.

그러나 여기서도 다시 그 시기의 불행은 가난한 사람들에게, 그러니까 전염병에 감염된 상태에서도 식량이나 약을 구하지 못하고, 의사나 약제사에게 도움을 청하지도 못하고, 간호사에게 의지하지도 못하는 그런 사람들에게 더욱더 가혹했다. 가난한 환자들 중에서 많은 사람들이 창가에서 더없이 비참한 몰골로 도움과 심지어 먹을 것을 청하다가 죽어갔지만, 그런 사람이나 가족도 런던 시장에게 알려진 경우에는 언제나 도움을 받았다는 사실이 강조되어야 한다.

아주 가난하지 않으면서 아내와 아이들을 다른 곳으로 보내 놓고 하인을 둔 집들의 경우에 그런 요구가 거부되었던 것은 사실이다. 말하자면, 돈을 아끼기 위해 스스로 집안에 격리된 상태에서 도움을 받지 않고 혼자 죽은 예가 많다는 뜻이다.

나와 알고 지내는 한 이웃은 화이트크로스 스트리트(Whitecross Street) 근처의 어느 가게 주인에게 받을 돈이 있었는데, 그는 열여덟 살 정도 된 자기 도제를 그 사람에게 보내 돈을 받아오도록 했다. 어린 도제는 가게주인을 찾았으나 문이 닫혀 있다는 사실을 확인하고는 꽤 세게 문을 두드렸다. 그는 집 안에서 누가 대답하는 소리를 들은 것 같았으나 확실하지 않아 기다렸다. 조금 기다려도 아무런 반응이 없자, 그는 다시 문을 두드렸다. 그래도 아무 기척이 없자, 세 번째로 다시 두드렸다. 그때 누군가가 아래층으로 내려오는 소리가 들렸다.

마침내 그 집의 남자가 문에 나타났다. 반바지 또는 속바지에다가 노란색 무명 조끼를 걸쳤으며, 양말은 신지 않고, 구겨진 신발을 신었으며, 머리에는 흰 모자를 썼고, 그 젊은이의 말대로, 얼굴에 죽음이 내려 앉아 있었다.

그는 문을 열면서 "뭣 때문에 이렇게 요란하게 구는 건가?"라고 물었다. 소년은 다소 놀라면서 "저의 주인이 보내서 왔는데요, 당신이 알고 계시다면서 돈을 받아오라고 하셨어요."라고 대답했다. 살아 있는 귀신 같던 그 사람은 "이 친구, 마침 잘 됐군. 가는 길에 크리플게이트 교회에 들러 거기 사람들에게 종을 울리라고 좀 알려주렴."이라고 말했다. 이 말을 남기고 그 사람은 문을 닫고 다시 올라가서 그날 죽었다. 아니, 아마 바로 그 시간에 죽었을 것이다. 이 이야기는 그 젊은이가 나에게 직접 들려준 것이며, 그래서 나에겐 그 이야기를 믿을 충분한 근거가 있다. 아직 전염병이 최고조에 달하지 않은 때의 일이었다. 아마 6월 말이었던 것 같다. 그 일은 틀림없이 시체 수레가 생기기 전에 일어났다. 사람들이 죽은 자를 위해서 종을 울리는 의식을 행하던 때의 일이었으니까. 그러나 사람이 죽으면 조종을 울리는 의식은 7월 이전에, 적어도 그 교구에서만은 확실히 종식되었다. 7월 25일까지 거기서 일주일에 550명 이상이 죽어나갔는데, 그런 상황에서는 빈부를 떠나서 형식을 갖춰서 매장하는 것 자체가 더 이상 가능하지 않았다.

앞에서 나는 이처럼 무시무시한 재앙에도 불구하고 절도 건수는 전반적으로 크게 늘었으며, 훔칠 것이 보이는 곳이면 으레 도둑질이 벌어졌다는 점에 대해, 그리고 도둑이 일반적으로 여자라는 점에 대해 언급했다. 어느 날 오전 11시였다. 종종 그랬듯이, 나는 콜먼 스트리트 교구에 있는 형의 집이 무사한지 확인하기 위해 그쪽으로 걸어가고 있었다.

형의 집 앞에 자그마한 마당이 있었는데, 거기엔 벽돌담이 세워져 있고 문도 있었다. 마당에는 몇 가지 종류의 물건들이 들어 있는 창고가 몇 개 있었다. 이 창고들 중 하나엔 관이 높은 부인들의 모자 몇 꾸러미가 들어 있었다. 잉글랜드에서 만든 것으로, 내 짐작에 어디로 갈 물건인지는 몰라도 수출용인 것은 분명했다.

스완 앨리(Swan Alley)라는 곳에 자리 잡은 형의 집 문으로 다가서다가 나는 관이 높은 모자를 쓴 여자 서너 명을 만나고는 깜짝 놀랐다. 후에 기억하기로, 이 여자들은 손에도 두 개 이상은 아니었지만 모자가 들려 있었던 것 같았다. 그러나 나는 그들이 나의 형의 집 문에서 나오는 것을 보지 못했을 뿐더러 나의 형이 그런 물건을 창고에 보관하고 있다는 사실을 몰랐기 때문에 그들에게 아무 말도 하지 않고 그 시절에 전염병에 대한 두려움 때문에 늘 그랬듯이 그들을 피하기 위해 반대편으로 길을 건넜다.

그러나 나는 문 쪽으로 가까워지면서 더 많은 모자를 갖고 문에서 나오는 또 다른 여자를 만났다. 그래서 나는 "부인, 저기서 무슨 볼일이 있었지요?"라고 말했다. 그러자 여자는 "저 안에 사람들이 더 있어요. 난 저 사람들에 비하면 아무것도 아니에요."라고 대답했다. 나는 문에 닿으려고 서두르느라 그녀와는 더 이상 말을 하지 않았다. 그것은 곧 그녀가 달아났다는 뜻이다. 그러나 문에 이르자마자, 두 명의 여자가 모자를 머리에도 쓰고 손에도 든 채 뜰을 가로질러 오는 것이 보였다. 나는 뒤로 서둘러 문을 닫고 용수철 자물쇠를 채운 뒤에 "당신들, 도대체 여기서 뭐 하는 거요?"라고 꾸짖으면서 여자들로부터 모자를 낚아챘다. 그들 중 한 사람이, 내가 보기에 도둑과는 거리가 멀어 보이는 여자가 "정말, 잘못했습니다만, 주인 없는 모자가 있다는 소리를 듣고 왔을 뿐입니다. 그걸 다시 챙기신 걸로 만족하시길 바랍니다. 저길 보세요. 우리 같은 사람들이 더 있어요."라고 말했다. 그녀는 울면서 불쌍한 표정을 지어보였으며, 그래서 나는 그 여자들로부터 모자를 뺏은 뒤 문을 열어주면서 가도록 했다. 그러나 그녀가 가리키는 창고 쪽으로 눈길을 주자, 거기에 예닐곱 명이 더 있었다. 모두가 여자들이었으며, 마치 모자 가게에서 돈을 내고 쇼핑하듯이 태연하게 모자가 어울리는지 맞춰 보고 있었다.

나는 깜짝 놀랐다. 도둑들이 그렇게 많다는 사실에만 놀란 것이 아니라 나 자신이 처한 상황에도 놀랐다. 지금 아주 많은 사람들을, 그러니까 몇 주일 동안 극력 피해왔던 사람들을, 거리에서 만났더라면 내가 먼저 반대편으로 건너며 피했을 그런 사람들을 상대해야 한다는 사실 자체가 무서웠다.

그들도 다른 이유 때문이긴 하지만 놀라긴 마찬가지였다. 그들은 나에게 모두 이웃이라고 말했으며, 누구든 모자를 가질 수 있다는 말을, 주인 없는 물건이라는 소리를 들었다고 밝혔다. 나는 우선 그들에게 큰소리를 친 뒤 문으로 돌아가서, 그들 모두가 포로가 되도록 열쇠를 뽑고, 모두를 창고에 가두고 시장실의 관리들을 부르러 가겠다고 위협했다.

그러자 그들은 진정으로 용서를 구하면서 마당 문도 열려 있었고 창고 문도 열려 있었다는 식으로 이의를 제기했다. 문은 그보다 더 가치 있는 물건을 발견할 것으로 기대했던 누군가가 억지로 부수고 연 것이 분명했다. 그것이 합리적인 판단이었다. 왜냐하면 자물쇠 자체가 망가져 있었고, 바깥쪽에 채워져 있던 맹꽁이자물쇠도 열려 있었으며, 많은 모자들이 없어진 상태였기 때문이다.

마침내 나는 지금은 모질게 굴거나 엄하게 굴 때가 아니라는 생각이 들었다. 더욱이, 그 사람들을 엄하게 다스린다는 것은 곧 일주일에

4,000명이 죽어나갈 정도로 전염병이 극성을 부리는 때에 몇 사람이 나에게 오고 나 또한 건강 상태에 대해 전혀 아는 바가 없는 몇 사람에게 가야 한다는 것을 의미했다. 따라서 나 자신의 분노를 표현하거나 형의 물건에 대해 적절한 조치를 취하려다가 자칫 목숨을 잃을 수도 있었다. 그래서 나는 그들의 이름과 주소를 받으면서 형이 돌아오는 날 그들을 찾아서 해명을 요구할 것이라고 위협하는 것으로 만족해야 했다.

이어서 나는 잠시 다른 차원에서 그들과 대화하며 그런 재앙이 닥친 때에, 그러니까 신의 무시무시한 심판이 닥친 상황에서, 전염병이 바로 코앞에 와 있는 시점에, 아니 그들의 집 안에 들어와 있어서 이제 몇 시간 후면 시체 수레가 문 앞에 와서 구덩이로 실어갈지 모르는 시점에 어떻게 그런 짓을 할 수 있었는지 그들에게 물었다.

나는 그 사이에 나의 말이 그 여자들에게 강한 인상을 주었다는 것을 깨닫지 못하고 있었다. 그때 이웃에서 소란스런 소리를 듣고는 형을 잘 아는 사람이 두 명 왔다. 형의 가족에 기대며 살아왔던 두 사람은 나를 지원하러 온 것이었다. 이 사람들은 이웃이었기 때문에 여자들 중 세 사람을 금방 알아보고 그들의 이름과 사는 곳을 나에게 말해주었다. 그 결과, 여자들이 자신에 대한 정보를 솔직하게 제시한 것으로 확인되었다.

이 일이 나로 하여금 그 두 사람을 오래 기억하도록 만들었다. 한 사람의 이름은 존 헤이워드(John Hayward)였으며, 그때 세인트 스티븐 콜먼 스트리트(St. Stephen Coleman Street) 교구의 교회 머슴으로 일하고 있었다. 당시에 '교회 머슴'은 곧 무덤 파는 사람이나 상여꾼이라는 뜻으로 받아들여졌다. 이 남자는 장례 절차를 거쳐 그 큰 교구 안에 묻히는 사람들을 무덤까지 옮겼거나 옮기는 작업을 도왔다. 그러다가 정식 매장이 중단되었으며, 이후로 그는 종을 들고 시체 수레를 끌고 다니면서 죽은 사람들의 집에서 시신을 많이 끌고 왔다. 왜냐하면 그 교구가 지금도 마찬가지이지만 런던의 다른 교구에 비해 특별히 더 컸고, 수레가 들어갈 수 없을 만큼 좁은 길들이 아주 많았기 때문이다. 사람들은 좁은 골목까지 들어가서 시신을 멀리까지 짊어지고 나와야 했다. 화이츠 앨리, 크로스 키 코트(Cross Key Court), 스완 앨리, 벨 앨리, 화이트 호스 앨리 같은 좁은 길들은 당시의 불행의 목격자로 지금도 그대로 남아 있다. 여기서 사람들은 일종의 외바퀴 수레를 갖고 가서 시신을 그 위에 얹고 시체 수레까지 옮겼다.

그 남자는 이런 궂은일을 했으면서도 전염병에 걸리지 않았으며 페스트 창궐이 있고도 20년 정도 더 살았으며 죽음을 맞을 시점에는 교구의 교회지기였다. 그의 아내는 그 시기에 페스트에 걸린 사람을 돌본 간호사였으며, 그 교구 안에서 죽어간 많은 사람들을 보살폈고, 그 일로 교구 관리들로부터 성실을 인정받았다. 마찬가지로 그녀도 병에 걸리지 않았다.

그가 전염병을 예방하기 위해 취한 조치는 입에 마늘과 운향풀을 넣고 담배를 피우는 외에는 아무것도 없었다. 그는 어떤 예방약도 쓰지 않았다. 이 이야기는 내가 그의 입을 통해 직접 들은 것이다. 그의 아내의 예방법은 식초로 머리를 감고 머리에 감는 천에 식초를 촉촉히 뿌리는 것이었으며, 자신이 돌보는 사람의 냄새가 보통 이상으로 역겨운 경우에 코로 식초 냄새를 깊이 들이쉬고 머리에 감는 천에 식초를 뿌리고 식초에 적신 손수건을 입에 갖다 댔다.

전염병이 주로 가난한 사람들 사이에 퍼지고 있었음에도 불구하고, 전염병 앞에서 겁 없이 무모하게 움직이며 맡은 일을 일종의 야만적인 용기로 해 낸 사람들이 가난한 사람이었다는 점도 인정해야 한다. 나는 그 점을 특별히 강조해야 한다. 왜냐하면 그 같은 용기가 종교에 기인한 것도 아니고 신중한 생각에 기인한 것도 아니었기 때문이다. 그들은 신중하게 처신할 형편이 되지 못했으며, 일거리가 생기면 어떤 것이든, 아주 위험한 일일지라도 맡았다. 병든 사람을 돌보거나, 봉쇄된 집을 감시하거나, 병에 걸린 사람들을 격리 병원으로 이송하는 일이 가난한 사람들이 주로 한 일이었으며, 이보다 더 위험한 일로는 시신을 무덤으로 옮기는 작업이 있었다.

사람들이 평소에 그렇게 즐거워하며 상대했던 뜨내기 음악가에 얽힌 스토리가 실제로 일어난 곳은 바로 존 헤이워드가 책임을 지고 있던 지역이었으며, 그는 나에게 그 이야기가 사실이라고 말해주었다. 뜨내기 음악가는 맹인이었던 것으로 알려져 있지만, 존 헤이워드는 그가 맹인이 아니라 무식하고 허약하고 불쌍한 인간이었으며, 보통 밤 10시에 자신의 구역 안에 있는 집을 돌면서 피리를 불었다고 했다. 그러면 사람들은 그를 선술집으로 불러들여 마실 것과 음식을 주고 가끔은 약간의 돈도 주었으며, 그러면 그는 그에 대한 보답으로 피리를 불고 노래를 부르거나 그냥 대화를 나눴으며, 그 자리가 사람들의 기분을 풀어주었고, 그는 그런 식으로 삶을 영위해 왔다.

이런 기분 전환을 추구하기엔 내가 말한 바와 같이 당시 상황이 너무나 좋지 않았음에도, 그 불쌍한 친구는 언제나처럼 돌아다니다가 거의 굶어죽을 지경에 이르렀다. 시체 수레를 끄는 사람들은 그를 지나치며 말을 걸었다. 그때 뜨내기 음악가가 제때 대답하면, 그들은 그를 싣고 가지 않고 다음 주에 다시 오겠다고 약속했다.

어느 날 밤에 참으로 기가 막히는 일이 벌어졌다. 존 헤이워드는 이 불쌍한 친구가 자기 집에서 술을 마시지 않았는데 콜먼 스트리트의 선술집에 있던 사람들이 평소보다 다소 많은 음식을 그에게 주었던 것 같다고 했다. 누군가가 그에게 너무 많은 술을 먹였는지 모르지만, 그는 꽤 오랫동안 배불리 먹지 못한 상태에서 좀 과하게 먹었다가 크리플게이트 가까운 곳의 런던 월(London Wall) 근처의 어느 집 문 앞의 짐 더미 위에 누웠다가 그만 깊이 잠들고 말았다. 그런데 그때 근처 어느 집의 거주자가 시체 수레의 종소리를 듣고 공교롭게도 그가 누워 있던 더미 위에다가, 이 사람도 이웃의 누가 내놓고 간 죽은 시신이겠거니 생각하고 페스트로 죽은 사람의 시신을 놓았던 것이다.

따라서 존 헤이워드가 종소리를 내며 수레를 끌고 왔을 때, 사람들은 시신 두 구가 더미 위에 놓여 있는 것을 발견하고는 평소 사용하던 도구로 그들을 들어 수레로 던졌는데, 그 와중에도 떠돌이 음악가는 깊이 잠들어 있었다.

거기서 그들은 길을 따라 걸으면서 다른 시신도 수레에 실었다. 정직한 존 헤이워드가 나에게 들려준 이야기에 따르면, 그들이 그를 산채로 수레 속에 거의 파묻다시피 했을 때까지도, 그는 꽤 깊이 잠을 자고 있었다. 마침내 수레가 시신을 땅 속으로 던질 장소로 왔고, 그 장소는 내가 기억하고 있는 바에 따르면 마운트 밀스(Mount Mills)에 있었다.

시체 수레는 보통 안에 실린 슬픈 짐들을 부리기 전에 잠시 멈춰 서는데, 바로 그때 이 불쌍한 뜨내기 음악가가 잠에서 깨어나서 시신들 틈에 파묻힌 머리를 들어 올리려고 애를 쓰고 있었다. 그는 수레 안에서 몸을 일으키면서 "이봐요! 여기가 어디요?"라고 외쳤다. 이 소리가 시신을 묻으려던 사람들을 깜짝 놀라게 만들었으며, 존 헤이워드는 잠시 뒤에 정신을 차리면서 "맙소사! 수레 안에 산 사람이 있어!"라고 외쳤다. 그러자 또 다른 사람이 그 사람을 향해 "당신 누구요?"라고 물었다. 그 친구는 "불쌍한 뜨내기 음악가랍니다. 여기가 어디지요?"라고 말했다. 이에 헤이워드는 "당신이 왜 시체 수레에 있어요? 막 묻을 참이었는데."라고 말했다. 뜨내기 음악가는 "나, 죽지 않았지요?"라고 말했다. 존 헤이워드에 따르면, 처음에는 모두가 정말로 깜짝 놀랐지만, 이 말이 그들을 약간 웃게 만들었다. 이어 그들은 불쌍한 뜨내기 음악가가 수레에서 빠져나오도록 도와주었으며, 그길로 음악가는 자기 일을 하러 갔다.

　나는 이 이야기가 계속 회자되는 것으로 알고 있다. 뜨내기 음악가가 수레 안에서 피리를 불어 상여꾼을 비롯해 거기 있던 사람들을 혼비백산해 달아나도록 만들었다는 식이었다. 그러나 존 헤이워드는 그 이야기를 그런 식으로 하지 않았으며, 그의 피리에 대해서는 한마디도 하지 않았다. 단지 그가 피리를 불며 다니는 불쌍한 뜨내기 음악가이고, 그가 앞에 이야기한 대로 시체 수레에 실려 갔다고만 했으며, 나는 그 이야기의 진실성을 전적으로 믿고 있다.

　이 대목에서, 시의 시체 수레들이 특정 교구에 한정되어 있는 것이 아니라 하나의 수레가 죽은 사람들의 숫자에 따라 여러 교구를 돌아다녔다는 사실이, 그리고 시체 수레가 죽은 사람들을 꼭 시신들이 속한 교구의 무덤에 묻은 것도 아니었으며 시에서 수습된 시신들 중 많은 수가 묻을 공간이 부족해서 외곽의 매장지로 옮겨졌다는 사실이 강조되어야 한다.

이 심판이 처음에 사람들 사이에 불러일으킨 놀람에 대해 이미 언급한 바가 있다. 이제 나는 보다 진지하고 종교적인 측면에서 나의 관찰 중 일부를 제시해야 한다. 시민들의 준비에 대해 이야기하든 신앙적 준비에 대해 이야기하든, 도시가, 런던만큼 큰 도시가 그런 끔찍한 전염에 그처럼 철저하게 준비가 되어 있지 않았을 것이라고는 아무도 상상하지 못할 것이다. 런던 사람들은 전혀 아무런 주의도 기울이지 않았고, 예상도 하지 않았고, 걱정도 하지 않았던 것 같았다. 따라서 공적인 방향으로 그야말로 최소한의 준비밖에 되어 있지 않았다.

예를 들면, 시장과 사법 장관들은 어떤 규정도 마련하지 않았으며, 마찬가지로 치안 판사들도 지켜야 할 규칙들을 만들어 놓지 않았다. 그들은 가난한 사람들을 구제할 조치를 전혀 만들어 놓지 않았다. 시민들은 가난한 사람들의 생계를 도울 곡식을 저장하는 공공 창고를 전혀 두고 있지 않았다. 이런 창고가 외국의 경우처럼 구호 활동을 폈다면, 지금 더없이 깊은 절망에 빠져 있는 많은 가난한 가족들이 구원을 받을 수 있었을 것이고, 지금보다 형편이 월등히 더 나았을 것이다.

도시의 돈을 비축하는 문제에 대해서라면, 내가 직접적으로 할 수 있는 말은 거의 없다. 런던 출납실은 대단히 부유한 것으로 여겨졌으며, 런던 대화재 이후로 공공건물을 복구하고, 첫 번째 사업으로 새로운 건물들, 말하자면 런던 시청과 블랙웰 홀(Blackwell Hall)[32], 리든홀 (Leadonhall)[33]의 일부, 거래소(Exchange) 일부, 세션 하우스(Session House), 콤터(Compter)[34], 러드게이트(Ludgate) 교도소, 뉴게이트 (Newgate) 교도소, 강의 부두와 잔교(棧橋), 선착장 등을 지으면서 런 던 출납실에서 끌어낸 돈이 어마어마하기 때문에, 이를 근거로 한다면 런던 출납실은 틀림없이 부유하다는 결론이 나온다. 이 건물들은 페스 트가 돌았던 해 그 다음 해에 일어난 대화재 때 타거나 훼손되었던 건 물이 있던 자리에 세워졌다.

앞의 것들과 성격이 다른 건물로, 대화재 기념비가 있고, 다리가 딸 린 수로(水路) '플리트 디치'(Fleet Ditch), 베슬렘(Bethlem) 병원 등 이 있었다. 그러나 전염병이 창궐하던 당시에 도시의 예산을 관리하던 사람들은 절망에 빠진 사람들에게 자비를 베풀기 위해 고아들을 위한 기금을 깨는 일을 놓고, 그 뒤에 여러 해 동안 도시를 미화하고 건물들 을 복구하기 위해 돈을 들일 때에 비해 양심의 가책을 훨씬 더 많이 받 았을 것이다. 전자의 경우에 시민들이 예산 사용에 대해 적절했다고 판단할 것이고, 런던 시에 대한 대중의 믿음도 훨씬 덜 흔들렸을 텐데 도 말이다.

....
32 양모와 직물 거래소.

33 14세기부터 내려오는 시장.

34 소규모 교도소.

10.
구호 활동

당시에 런던에 있지 않았던 시민들, 그러니까 자신의 안전을 위해 시골로 대피하면서도 뒤에 남은 사람들의 안녕에 관심이 컸던 사람들은 가난한 사람들의 구제를 위해 관대하게 내놓는 것을 잊지 않았으며, 잉글랜드의 외진 곳에 위치한 무역 도시들 사이에 거액이 거둬졌다는 사실이 거론되어야 한다. 내가 들은 바에 따르면, 잉글랜드 각지의 귀족과 신사 계급은 런던의 비참한 상황을 고려해 런던 시장과 치안 판사들에게 가난한 사람들의 구제를 위해 거액의 기부금을 보냈다. 국왕도 매주 1,000파운드를 사등분해서 나눠주도록 지시했다는 소식이 들렸다. 4분의 1은 웨스트민스터 시에, 또 다른 4분의 1은 템스 강의 서더크 쪽 거주자들에게, 또 다른 4분의 1은 도시 안에 있는 리버티와 지역들, 그러니까 성벽 안쪽에만, 나머지 4분의 1은 미들섹스 카운티의 교외 지역과 런던의 동쪽과 북쪽 지역에 배당되었다. 그러나 국왕의 하사금에 대해선 나는 단지 하나의 보고로서만 언급할 뿐이다.

이전에 자신의 노동이나 소매업으로 살았던 가난한 사람들이나 가족들 대부분이 그때 구호금으로 살았던 것은 분명하다. 자비롭고 따뜻한 마음을 가진 기독교인들이 가난한 사람들을 위해 막대한 돈을 내놓지 않았다면, 도시는 절대로 버텨내지 못했을 것이다. 틀림없이, 그런 기독교인들이 내놓은 구호금의 내역과 치안 판사들이 그것을 분배한 내역을 기록한 장부가 있었다. 그러나 구호금을 관리하는 일을 맡았던 관리들 중 많은 사람들이 죽은데다가 들리는 바에 따르면 장부들마저 이듬해 일어난 대화재에 소실되었기 때문에, 구호금의 실상에 대해 정확히 설명하는 것은 불가능하다. 대화재에 시의 출납관 사무실과 서류까지도 다 타버렸으니 말이다.

그러나 그와 비슷한 전염병이 다가오는 경우에 신이 도시를 전염병으로부터 지키도록 하는 것이 바로 그런 구호금일 수 있다. 당시에 시장과 행정 장관들이 매주 가난한 사람들을 구하기 위해 거액을 분배한 덕분에, 그런 도움의 손길이 없었다면 죽었을지도 모르는 많은 사람들이 구원을 받고 생명을 부지할 수 있었다. 여기서 잠시 당시에 가난한 사람들의 실상을 들여다보면서, 그와 비슷한 절망이 도시에 다시 찾아올 경우에 거기서 예상할 수 있는 것이 무엇인지, 가난한 사람들이 걱정하는 것이 무엇인지, 그들의 처지를 어떤 관점에서 봐야 하는지를 보도록 하자. 미래에 큰 도움이 될 수 있는 내용이다.

전염병이 도시 전체에 닥치는 것이 불가피하다고 여겨지던 초기에, 그러니까 앞에서 말한 바와 같이 시골에 친구나 저택을 두고 있던 사람들이 가족과 함께 모두 시골로 들어감에 따라 도시 자체가 성문 밖으로 옮겨지고 뒤에 아무도 남지 않은 것처럼 여겨지던 바로 그때부터, 생존과 직접적 관련이 있는 것을 제외한 모든 분야에서 거래가 완전히 정지되었다.

　이 같은 상황이 사람들에게 너무나 가혹하게 작용하면서 삶의 조건을 완전히 황폐화시켰기 때문에, 이 문제에 대해서는 아무리 세부적으로 다루더라도 결코 지나칠 수 없다. 그래서 나는 이런 상황에서 절망적인 상태에 빠질 수 있는 사람들을 부류별로 세부적으로 살펴볼 생각이다.

1) 제조업에 종사하는 모든 기능장들, 특히 드레스와 의류, 가구들 중에서 장식적이거나 덜 필요한 부품을 만드는 사람들이 있다. 리본을 짜는 사람, 금과 은 레이스를 만드는 사람, 금사와 은사 만드는 사람, 여자 재봉사, 남자용 또는 여자용 모자 제조업자, 구두 제조업자, 장갑 제조업자가 여기에 속한다. 또 실내 장식업자, 가구장이, 고급 가구 제작자, 거울 제작자, 이런 것들에 의존하는 수많은 소매상이 있다. 이런 일에 종사하는 기능장들은 작업을 중단했으며, 따라서 자신이 데리고 있던 날품팔이 장인들과 노동자들뿐만 아니라 자신에게 의존하던 모든 사람들을 해고했다.

2) 거래가 완전히 중단되었다. 감히 강을 거슬러 올라오려는 선박도 없었고 빠져나가려는 선박도 없었기 때문이다. 그래서 세관의 임시직 관리들도 모두 뱃사공과 마부, 짐꾼, 그리고 무역상에게 노동을 팔던 가난한 사람들과 마찬가지로 당장 해고되어

일자리를 잃었다.

3) 주택을 건설하거나 수리하는 일에 고용되었던 숙련공들이 일을 잃었다. 너무나 많은 집의 거주자들이 외지로 빠져나간 상황에서 사람들이 집을 지으려 하지 않기 때문이다. 따라서 주택 건설과 관련 있는 분야의 사람들, 말하자면 벽돌공과 석공, 목공, 소목장이, 미장이, 칠장이, 유리장이, 대장장이, 배관공 등이 일자리를 잃었다.

4) 항해가 중단되었다. 우리의 선박은 그 전처럼 들어오지도 않았고 나가지도 않았다. 그래서 선원들이 모두 일자리를 잃었으며, 그들 중 많은 사람들은 최악의 상태에 빠졌다. 선박 건조와 선박 장비와 관련 있는 일을 하는 사람들도 마찬가지였다. 배 대목, 배의 틈을 메우는 사람, 밧줄 만드는 사람, 그물 만드는 사람, 돛 만드는 사람, 닻 만드는 사람, 조선대(造船臺) 만드는 사람, 조각가, 총포 대장장이, 선박 잡화상 등이 그런 사람들이었다. 그래도 이런 장인들은 평소에 모아놓은 재산으로 살았을 것이지만, 무역상들은 전부 활동을 중단했으며 따라서 그들이 고용한 사람들은 모두 해고되었다. 거기다가, 강에 배가 없었다는 사실을 더해야 한다. 뱃사공과 거룻배 사공, 배를 건조하는 사람, 거룻배 건조하는 사람도 마찬가지로 일거리를 잃었다.

5) 모든 가족이 생계에 드는 돈을 최대한 줄였다. 도시에 남은 사람들뿐만 아니라 도시에서 시골로 들어간 사람들도 마찬가지였다. 그래서 아주 많은 하인과 머슴, 가게주인, 날품팔이 장인, 무역상의 경리 등과, 특히 가엾은 하녀들이 일자리를 잃고 주

거할 곳도 없는 상태에서 절망에 빠졌다. 이들이야말로 암울하기 짝이 없는 존재들이었다.

나는 이 대목에서 보다 구체적으로 파고들 수 있지만, 대체적으로 언급하는 것만으로도 충분할 것이다. 모든 거래가 중단되었고, 고용이 끊어졌다. 가난한 사람들의 노동이 중단되었으며, 따라서 그들의 빵도 사라졌다. 구호금의 분배로 가난한 사람들의 비참한 상황이 크게 나아졌지만, 정말이지, 처음에 가난한 사람들의 비명이 대단히 처참하게 들렸다. 많은 사람들이 카운티들로 달아났지만, 그들 중 수천 명은 절망에 떼밀려 런던을 떠나지 않을 수 없는 상황이 될 때까지 런던에 머물렀기 때문에, 그들은 길에서 죽기도 하고 죽음의 사자(使者) 역할밖에 하지 못했다. 정말로, 일부 사람들은 병에 걸린 상태에서 길을 떠남으로써 불행하게도 왕국의 깊은 오지까지 병이 퍼지는 결과를 낳았다.

이들 중 많은 사람들은 내가 앞에서 묘사한 그런 비참하기 짝이 없는 인간들이었으며, 전염병이 수반하는 파괴에 의해 죽음을 당했다. 말하자면, 그 사람들은 전염병 때문에 죽은 것이 아니라 전염병의 영향 때문에 죽었다고 할 수 있다. 굶주림과 절망, 그리고 온갖 것들의 부족으로 죽어간 것이다. 그들에겐 주거 공간도 없었고, 돈도 없었으며, 친구도 없었고, 빵을 얻을 수단도 없었으며, 그들에게 빵을 줄 사람도 없었다. 이유는 그들 중 많은 사람들이 우리가 합법적 거주자라고 부르는 사람들이 아니었고, 따라서 그들이 교구에 요구할 수 있는 권리를 갖지 못했기 때문이다. 그들이 받은 지원은 치안 판사들에게 신청해서 받는 구호금이 전부였으며, 이 구호금은 꼼꼼히 관리되었으며,

런던에 남았던 사람들은 앞에 말한 식으로 떠난 사람들이 느꼈던 그런 종류의 절망과 궁핍을 절대로 느끼지 않았다.

기술자든 단순한 노동자든, 이 도시에서 자신의 노동으로 매일 빵을 벌었던 많은 사람들이 갑자기 일자리를 잃게 되는 경우에, 도시의 상황이 얼마나 비참하게 변할 것인지 한번 상상해 보라. 노동이 중단되고, 노동에 대한 임금이 더 이상 없는 그런 상황을.

그 당시에 우리가 처했던 상황이 꼭 그랬으며, 심성이 선량한 온갖 부류의 사람들이 국내와 국외를 막론하고 온 곳에서 내놓은 기부금이 크지 않았더라면, 시장과 사법 장관들은 공공이 평화를 지키게 할 수 없었을 것이다. 시장과 사법 장관들은 사람들이 자포자기 상태에 빠지면 소요 사태를 일으키고 부자들의 집을 털고 시장(市場)을 약탈할 것이라는 걱정을 떨치지 못했다. 그런 일이 벌어지는 경우에, 위험을 무릅쓰고 양식들을 매우 자유롭게 도시로 갖고 왔던 시골 사람들도 겁을 먹고 더 이상 오지 않을 것이고, 그렇게 되면 도시는 기근을 피하지 못할 것이다.

그러나 런던 시장과 시 안의 행정 장관 회의, 그리고 외곽의 치안 판사들이 신중하게 대처한 덕분에, 잉글랜드 전역에서 그들에게로 금전적 지원이 밀려왔으며, 그 결과 가난한 사람들은 구호금으로 궁핍한 상황을 그럭저럭 넘기면서 조용하게 지낼 수 있었다.

이것 외에, 군중이 불행한 행위를 하지 않도록 막았던 것이 두 가지 더 있었다. 하나는 부유한 사람들이 자신들의 집에 양식을 비축해 두었을 것 같았는데도 그렇지 않았다는 사실이다. 부자들이 양식을 비축해놓고 스스로를 완전히 격리시켰더라면 전염을 훨씬 더 수월하게 피할 수도 있었을 텐데도 말이다. 그러나 부자들은 그렇게 하지 않은 것으로 드러났고, 그래서 가난한 사람들도 부잣집으로 쳐들어가 봐야 비축한 양식을 발견하지 못한다는 사실을 잘 알고 있었다. 부잣집을 약탈하기 직전 상황까지 이른 경우가 더러 있었지만, 만약 그런 일이 벌어졌다면 아마 전체 도시가 파괴되는 불행한 사태가 빚어졌을 것이다. 왜냐하면 당시에 폭도를 막을 수 있는 정규군이 전혀 없었고, 도시를 방어하기 위해 집합할 수 있는 훈련된 시민군도 없었으며, 무장한 사람을 찾는 것이 불가능했기 때문이다.

그러나 시장과 활동 가능한 치안 판사들(일부는 죽고 일부는 부재 중이었기 때문이다)의 경계(警戒)가 소요 사태를 막았다. 그들은 대단히 친절하고 점잖은 방법으로, 구체적으로 말하면 더없이 절망적인 사람들에겐 돈을 주고 다른 사람들에겐 일거리를 줌으로써 그 목적을 이루었다. 일거리는 주로 전염병에 감염되어 봉쇄된 집들을 지키는 일이었다. 이런 일에 종사하던 사람들의 숫자가 대단히 많았기 때문에 (한때 봉쇄된 집이 1만 채에 이르렀으며, 그런 집에 두 사람이 배치되어 밤낮으로 교대로 일했다), 이것이 대단히 많은 가난한 사람들에게 단번에 고용의 기회를 주었다.

그때까지 살아오던 장소를 잃게 된 여자들과 하인들은 마찬가지로 온 지역에서 병든 사람을 돌보는 간호사로 고용되었으며, 이것이 많은 여자들과 하인들이 절망의 질곡에서 벗어나도록 했다.

그리고 다른 한 가지 요소는 그 자체로 침울하기 짝이 없는 재앙이면서도 어떤 면에선 일종의 구원이기도 했던 전염병이 8월 중순부터 10월 중순까지 극성을 부리면서 그 기간에 앞에서 말한 그런 가난한 사람들 3만 명 내지 4만 명의 목숨을 앗아갔다는 사실이다. 이 사람들은 죽지 않고 살아 있었다면 틀림없이 빈곤 때문에 감당할 수 없는 짐이 되었을 것이다. 말하자면, 전체 도시가 그들의 비용을 부담하지 못하거나 양식을 공급하지 못했을 것이란 뜻이다. 그런 사태가 일어났다면 그 사람들은 조만간 도시나 인근 시골을 약탈하면서 런던뿐만 아니라 나라 전체를 공포와 혼돈 상태로 빠뜨렸을지도 모른다.

당시에 이 재앙이 사람들을 매우 겸손하게 만드는 것이 관찰되었다. 거의 9주 동안에 하루에 1,000명 가까운 사람이, 심지어 전염병에 의한 사망자를 절대로 정확히 반영하지 않는 주간 사망 보고서의 수치로도 매주 수천 명이 죽는 것으로 확인되었으니, 그런 죽음 앞에서 인간이 약해지지 않을 수 없었을 것이다. 주간 사망 보고서가 정확하지 않은 이유는 혼란이 심각한데다가 시체 수레가 죽은 사람들을 밤에 실었던 탓에 일부 지역에서는 계산이 전혀 이뤄지지 않기도 했기 때문이다. 그럼에도 시체 수레는 계속 작업을 벌였으며, 교회 서기와 교회지기가 없는 경우에는 수레들이 싣고 온 시신의 숫자를 알 길이 없었다. 이 같은 설명은 다음 사망자 숫자로 뒷받침되고 있다.

	병사자 총계	페스트 사망자
8월8일-8월15일	5319	3880
8월15일-8월22일	5568	4237
8월22일-8월29일	7496	6102
8월29일-9월5일	8252	6988
9월5-9월12일	7690	6544

9월12일-9월19일	8297	7165
9월19일-9월26일	6460	5533
9월26일-10월3일	5720	4929
10월3일-10월10일	5068	4327
	59,870	49,705

그렇다면 대부분의 희생자가 이 두 달 동안에 일어났다는 뜻이 된다. 전염병으로 죽은 사람들의 전체 숫자가 공식적으로 68,590명에 지나지 않는데, 단 두 달 동안에 5만 명이나 죽었으니 말이다. 여기서 내가 5만 명이라고 해도 그다지 틀리지 않는다. 앞의 숫자가 295건 더 적지만, 시간을 따지자면 두 달 중 이틀이 빠졌을 수도 있으니까.

내가 지금 교구 관리들이 죽은 사람들의 숫자를 정확히 제출하지 않았거나 그들의 계산을 믿을 수 없다고 말하고 있지만, 인간들이 그런 절망적인 상황에서 정확할 것이라고 믿는 것 자체가 과연 타당한지 생각해봐야 할 것 같다. 죽은 사람들의 숫자를 파악하는 일을 맡은 사람들 중 많은 사람들이 보고서를 제출하기 직전에 병에 걸려 죽었을 수도 있으니까. 하급 관리들 외에 교구 서기들 중에도 죽은 사람들이 많았다는 뜻이다.

불쌍한 하급 관리들은 온갖 위험을 무릅썼음에도 결코 공통의 재앙으로부터 자유롭지 않았다. 스테프니 교구에서만 1년 동안에 교회지기와 무덤 파는 사람, 그들의 보조원들, 말하자면 상여꾼과 야경꾼, 시체 수레 끄는 사람이 116명이나 죽었다.

정말로 그 작업은 사람들에게 시신의 숫자를 정확히 세고 있을 여유를 주는 그런 성격의 일이 아니었다. 시신은 어둠 속에서 한꺼번에 구덩이로 던져졌으며, 이 구덩이로 가는 것 자체가 엄청난 위험이었기 때문에 누구도 감히 거길 가려 하지 않았다. 나는 주간 사망 보고서를 통해서 올드게이트와 크리플게이트, 화이트채플, 스테프니 교구들에서 한 주에 죽은 사람이 500명에서 800명 선인 것을 종종 보았다. 그러나 나만 아니라 그 시기에 도시에 살았던 사람들의 의견에 따르면, 그때 이들 교구에서 죽은 사람들은 1주일에 2,000명 정도 되었다. 그 지역을 세밀히 조사한 사람에 따르면, 그 해에 거기서 페스트로 죽은 사람이 10만 명을 헤아리는 반면에, 사망 보고서에 기재된 건수는 68,590건에 지나지 않았다.

내가 직접 본 상황과 다른 목격자들로부터 들은 내용을 근거로 나의 의견을 제시한다면, 나는 다른 병으로 죽은 사람들과 들판이나 길, 그리고 사람들의 관찰 범위를 벗어난 은밀한 곳에서 죽은 사람들을 제외하고 순전히 페스트로 죽은 사람만 적어도 10만 명은 된다고 믿고 있다. 당시에 많은 가난한 사람들이 병에 걸려 자신의 비참한 상태에 낙담한 나머지 들판이나 숲이나 인적이 드문 곳으로 숨어 들어가 거기서 생을 마감했다는 사실은 우리 모두에게 잘 알려져 있다.

그러면 이웃 마을의 주민들이 그런 사람들을 불쌍히 여겨 먹을 것을 갖고 가서 그 사람들이 갖고 갈 수 있으면 갖고 가라고 멀찍이 놓아두었다. 그런 음식까지 갖고 가지 못하는 사람도 간혹 있었다. 이웃 주민들이 다시 그곳을 찾으면, 불쌍한 사람은 죽어 있고 음식은 건드리지 않은 채 남아 있었다. 이런 식으로 비참한 삶을 쓸쓸히 마감한 사람들이 많았다. 나도 그렇게 죽어간 사람을 많이 알고 있으며, 그들이 죽은 장소까지 정확히 알고 있다. 지금도 그곳을 찾아가서 땅을 파면 그들의 뼈가 나올 것이라고 나는 믿는다. 왜냐하면 당시에 시골 사람들이 죽은 시신 쪽으로 가서 멀찍이 떨어진 곳에 구덩이를 판 다음에 기다란 장대로 시신을 걸어서 구덩이로 끌어당겨 넣은 뒤 최대한 멀찍이서 흙을 덮었기 때문이다. 그런 경우에 사람들은 시신 냄새가 자기 쪽으로 날아오지 않도록 바람의 방향에 신경을 많이 썼다. 이런 식으로 아주 많은 사람들이 아무도 모르는 가운데 세상에서 사라졌으며, 그들은 사망자 숫자에 잡히지도 않았다.

이 이야기는 주로 다른 사람들이 들려준 내용을 바탕으로 했다. 왜냐하면 나의 경우에 베스날 그린(Bethnal Green)과 해크니(Hackney) 쪽이 아니고는 들판을 걸은 적이 거의 없었기 때문이다. 그러나 그 쪽으로 걸을 때도, 나는 언제나 멀리서 빈민들이 많이 떠돌고 있는 것을 보았지만, 그들의 실상에 대해서는 거의 알 수 없었다. 거리에서 보든 들판에서 보든, 누구라도 가까이 다가오면, 그 사람으로부터 벗어나는 쪽으로 걷는 것이 일반적인 상식이었기 때문이다. 그럼에도 나는 그같은 설명이 정확하다고 믿는다.

이것이 나로 하여금 거리와 들판을 걸었던 일에 대해 언급하도록 하기 때문에, 나는 그 시절에 런던이 얼마나 황량한 곳이었는지에 대해 묘사하지 않을 수 없다. 내가 살았던 큰 길(런던, 그러니까 리버티뿐만 아니라 교외들을 포함한 지역의 거리들 중에서 가장 넓은 길 중 하나로 알려져 있다)도 정육점 주인들이 살았던 쪽은 포장 도로라기보다는 푸른 들판처럼 보였으며, 사람들은 대체로 마차를 타고 길 한가운데를 이용했다. 화이트채플 처치 쪽을 향하는 저 먼 끄트머리는 포장

되어 있지 않은 것이 사실이지만, 포장이 된 부분조차도 풀로 무성했다. 그래도 이것이 이상해 보일 것까지는 없다. 왜냐하면 도시 안의 큰길, 말하자면 리든홀 스트리트와 비숍스게이트 스트리트, 콘힐 스트리트(Cornhill Street) , 그리고 익스체인지 스트리트(Exchange Street)조차도 여러 군데에 풀이 자라고 있었기 때문이다. 이 거리들에서는 아침부터 저녁까지, 식물 뿌리와 콩, 건초와 짚을 시장으로 싣고 오는 시골 수레를 제외하곤 다른 수레나 마차는 전혀 보이지 않았으며, 이 시골 수레도 평소에 비하면 극히 적었다.

마차에 대해 말하자면, 그것들은 병든 사람을 격리 병원이나 다른 병원으로 옮기는 경우를 제외하곤 좀처럼 쓰이지 않았으며, 아주 드물게 의사들이 꼭 방문이 필요한 곳으로 가면서 마차를 이용하는 경우가 있었을 뿐이다. 그도 그럴 것이, 마차 자체가 위험한 도구이기 때문이다. 사람들은 감히 마차를 타려 들지 않았다. 앞서 마차를 이용한 사람이 누구였는지 확실히 알 수 없었기 때문이다. 이미 말한 바와 같이, 병에 걸린 사람이 격리 병원으로 보내질 때 대체로 마차를 이용했으며, 그러다 보니 간혹 사람이 타고 가다가 마차 안에서 죽기도 했다.

감염이 지금 언급한 것처럼 절정에 이르렀을 때, 병에 걸린 사람의 집을 방문하겠다고 나서는 의사들은 극히 드물었다. 외과 의사들뿐만 아니라 내과 의사들 중에서 유능한 사람들이 많이 죽은 것이 사실이다. 그때는 정말로 절망적인 시기였으니까. 사망자에 관한 통계를 전혀 접하지 못했던 약 1개월의 기간에, 하루에 죽은 사람의 숫자가 1,500명이나 1,700명 밑은 아니었을 것이라고 나는 믿고 있다.

내가 생각하기에, 전염병이 돌았던 전체 기간 중에서 가장 암담했던 시기는 9월 초였다. 그 시기엔 정말로 선한 사람들도 신이 이 비참한 도시의 사람들을 모조리 다 죽이기로 단단히 작정한 것이 아닌가 하는 생각을 품기 시작했다. 전염병이 동쪽 교구들까지 쫙 퍼지면서 극성을 부리던 때였다. 여기서 나의 의견을 제시한다면, 주간 사망 보고서는 사망자 수를 그렇게 높게 보고하지 않았지만, 올드게이트 교구는 2주 동안에 매주 1,000명 이상 묻었다. 너무나 절망적인 이 수치가 나를 꽉 죄었다. 미노리스와 하운즈디치, 그리고 올드게이트 교구 중 내가 살던 곳과 가까웠던 부처 로우(Butcher Row) 길과 골목길들 중에서 감염되지 않은 집이 스무 채 중 한 채도 되지 않을 정도였다. 그런 곳에선 죽음이 구석구석 마수를 뻗었다고 할 수 있었다.

화이트채플 교구도 비슷한 상황이었으며, 내가 살던 교구와 비교하면 훨씬 덜했음에도 주간 사망 보고서에 따르면 한 주에 거의 600명이 묻혔으며, 내가 볼 때 실제 수치는 거의 두 배에 이르렀을 것이다. 가족 모두가 몰살하는 경우도 있었고, 정말로 가족들이 모여 살던 거리의 사람들이 몽땅 죽음을 맞기도 했다. 한집에 살던 사람들이 모두 죽는 바람에, 이웃 사람이 야경꾼을 불러 어느 집에 가서 죽은 사람을 싣고 가라고 일러주는 경우가 다반사였다.

정말이지, 이젠 시신들을 수레로 치우는 작업이 너무나 역겹고 위험한 일이 되어 버렸다. 그러다 보니 거주자들이 모두 죽어 버린 집의 경우에는 시신 운반자들이 치우지 않아서 시신이 어떤 때는 며칠이고 묻지 않은 상태로 버려져 있다는 불평이 터져 나왔다. 그런 경우에 이웃 사람들이 악취에 시달리고, 결과적으로 전염병에 전염되었다. 관계자들이 이처럼 시신을 적극적으로 처리하려는 태도를 보이지 않게 되자, 교구 위원들과 순경들에게 그 문제를 제대로 관리하라는 지시가 떨어졌다. 심지어 작은 촌락의 사법관들까지 시신을 수습하는 관리들을 격려하고 재촉하느라 그들과 섞이면서 목숨을 걸어야 했다. 시신 운반자들 중에서 많은 사람이 가까이 접할 수밖에 없었던 시신에 전염되어 그 병으로 죽어나갔으니까. 그리고 목구멍이 포도청이라서 빵 때문에 무슨 일이라도 하겠다고 나선 사람들이 그렇게 많지 않았다면, 그 일을 할 사람을 찾는 것도 불가능했을지 모른다. 그런 상황이 전개되었다면, 시신들이 땅바닥에 널브러져 끔찍한 모습으로 썩어갔을 것이다.

그러나 이 부분에 있어선 치안 판사들을 아무리 칭송해도 모자랄 것이다. 그들이 죽은 자들을 묻는 작업이 질서 있게 이뤄지도록 도모했으니 말이다. 치안 판사들이 죽은 자들을 묻는 일을 위해 고용한 사람들도 병에 걸리거나 죽었으며, 그럴 때면 치안 판사들은 최대한 빨리 다른 사람으로 대체했다. 다른 사람을 채용하는 일은 앞에 설명한 바와 같이 일자리를 얻기를 간절히 바라던 가난한 사람들이 많았기 때문에 그리 어렵지 않았다. 무수히 많은 사람들이 거의 동시에 죽거나 병들었음에도 불구하고, 죽은 사람은 언제나 밤에 치워져 묻힐 곳으로 실려 갔다. 그래서 런던에 대해서는 살아 있는 자들이 죽은 자들을 묻을 수 없을 지경이었다는 식으로 절대로 말할 수 없다.

그런 끔찍한 시기에는 슬픔이 더욱 깊어지듯이, 너무나 놀란 나머지 정신이 이상해진 사람들도 늘어났다. 그런 사람들은 경악에 따른 정신적 충격을 이기지 못하고 도무지 설명되지 않는 행동을 다양하게 보였다. 또 어떤 사람들은 병의 고통 속에서 그 같은 행동을 했다. 이 부분에 관한 이야기는 아주 슬펐다. 어떤 사람은 거리를 다니며 고함을 지르거나 울부짖거나 자신의 손을 쥐어짜듯 비틀고 있었다. 또 어떤 사람은 하늘 쪽으로 두 팔을 쭉 펴고 기도하면서 하느님에게 자비를 베풀어 달라고 간청했다. 나는 그들이 정말로 정신 나간 상태에서 그렇게 했는지에 대해 자신 있게 말하지 못하지만, 설령 정신이 나간 상태였다 하더라도 그것은 보다 진지한 마음 상태를 암시하는 것이었다. 이런 사람들은 그래도 자신의 감각을 이용하고 있었기 때문에 그들의 행동은 당시에 매일 밤 거리에서 들려오던 무시무시한 절규와 비명보다는 훨씬 나았다.

많은 사람들이 솔로만 이글(Solomon Eagle)[35]이라는 그 유명한 광신자에 대해 들었을 것이다. 그는 머릿속 외에는 어디에도 전염되지 않았으면서도 놀라운 모습으로, 가끔은 발가벗은 몸으로 불붙은 석탄을 담은 냄비를 머리에 인 채 런던에 대한 심판을 외치며 돌아다녔다. 그가 무슨 말을 했는지, 그가 무엇을 흉내 내었는지에 대해서 나는 아는 바가 없다.

나는 그 성직자가 정신이 나갔는지 여부에 대해, 혹은 매일 밤 두 손을 높이 든 채 화이트채플 거리를 돌면서 교회의 예배문 중에서 "선하신 주님이시여, 우리를 구해주소서. 당신이 그 소중한 당신의 피로 구원해 주신 당신의 백성을 구해주소서."라는 부분만을 끊임없이 되풀이한 그가 가난한 사람들을 위한 순수한 열정에서 그랬는지 여부에 대해 말하지 않을 것이다. 나는 그런 사람들에 대해 자신 있게 말하지

....
35 영국의 작곡자로 독실한 퀘이커 교도였으며 본명은 솔로몬 에클스(Solomon Eccles: 1618-1683)였다.

못한다. 왜냐하면 방의 창을 통해서 바라보는 나에게(그때 나는 여닫이창을 좀처럼 열지 않았다) 그들이 자신을 충실하게 표현하고 있던, 절망에 빠진 인간으로 비쳤기 때문이다.

페스트가 창궐하는 사이에 나는 철저히 방 안에 갇혀 지냈다. 앞에서 말한 바와 같이, 정말로 많은 사람들이 그 전염병의 손아귀에서 벗어날 수 있는 사람은 하나도 없을 것 같다고 생각하고 그런 식으로 말하기 시작했을 때, 나 역시 그렇게 생각하기 시작했으며, 그래서 2주일 동안 집안에 처박혀 지내며 밖으로 나오는 것은 엄두도 내지 않았다. 그러나 나는 호기심을 억누를 수 없었다. 게다가 그런 위험에도 불구하고 신의 숭배에 참석하는 것을 빼먹지 않는 사람들이 있었다. 더없이 위험한 시기에도. 많은 목사들이 교회를 닫고 다른 사람들과 똑같이 목숨을 건지기 위해서 대피한 것도 사실이지만, 모든 목사들이 다 그렇게 한 것은 아니었다. 일부 목사들은 과감히 임무를 수행하고 있었으며, 끊임없는 기도로 신도들을 지키면서 간혹 회개와 개혁을 강조하는 설교를 했으며, 설교를 들으러 오는 사람이 있는 한엔 그 임무를 계속 이어갔다. 그리고 비국교회 신자들도 똑같이 했으며, 교구 목사가 죽었거나 대피한 교회에서 기도를 올렸다. 그때와 같은 절망적인 상황에선 성공회 목사냐 다른 종파의 목사냐 하는 것은 전혀 문제가 될 수 없었다.

죽어가는 가난한 사람들이 고통에 찬 목소리로 자신의 아픔을 덜어주고 함께 기도하며 자신을 이끌어줄 목사를 찾거나 하느님에게 용서와 자비를 구하며 과거의 죄를 고백하는 것을 듣는 것은 정말 괴로운 일이었다. 죽어가는 참회자들이 남은 사람들에게 절망의 날까지 참회를 미루지 말라고 간곡히 경고하는 소리를 들으면, 더없이 무감각한 가슴도 찢어지는 아픔을 느끼지 않을 수 없었다. 그런 절망적인 시기엔 회개할 시간도 주어지지 않았고, 하느님에게 간청할 시간도 주어지지 않았다. 죽어가던 가난한 사람들이 고통과 절망이 최고조에 이른 상황에서 쏟아내던 단말마의 신음과 외침을 고스란히 전달할 수 있었으면 하는 마음 간절하다. 그러면 이 글을 읽는 사람도 나의 귀에 지금도 맴돌고 있는 그 소리를 그대로 들을 수 있을 텐데.

나는 이 부분을 독자의 영혼에 경각심을 불러일으킬 만큼 감동적으로 전하지 못했어도 그런 것들을 짧고 불완전하게나마 기록했다는 사실로 만족해야 한다.

내가 여전히 목숨을 부지하고 있고, 마음도 아주 따뜻하고, 신체적 건강도 좋은 것이 모두 신의 은총이었지만, 14일이나 환기도 시키지 않은 상태에서 집안에 갇혀 지내다보니 갑갑증이 말이 아니었다. 그래서 나는 형에게 편지를 써서 우체국을 찾을 생각이었다. 거리가 너무나 한산했다. 우체국에 가서 편지를 넣으려 할 때, 뜰 한쪽 구석에 어떤 남자가 서서 창문에 있던 다른 사람과 이야기하고 있는 것이 보였다. 그때 세 번째 사람이 사무실 문을 열었다. 뜰 한가운데에, 열쇠가 두 개 달려 있고 돈까지 들어 있는 자그마한 가죽 지갑이 놓여 있었지만 아무도 그것을 건드릴 생각을 하지 않고 있었다. 나는 지갑이 거기에 얼마나 오랫동안 놓여 있었느냐고 물었다. 창문에 있던 남자가 거의 한 시간 동안 지갑이 거기 있었지만 아무도 건드리지 않았다고 말했다. 지갑을 떨어뜨린 사람이 그걸 찾아 다시 돌아올지도 모르니까. 나는 그런 돈이 필요하지도 않았고 액수도 그다지 크지 않았기 때문에 지갑을 건드리거나, 거기에 따를지 모르는 위험을 무릅쓰고 돈을 가질 생각이 전혀 없었다. 그래서 나는 그 자리를 떠날 생각이었다.

그때 사무실 문을 열고 나왔던 사람이 자신이 그것을 갖겠지만 주인이 나타나면 틀림없이 돌려주겠다고 말했다. 그런 다음에 그는 사무실 안으로 들어갔다가 원통형 물통을 갖고 나와서 지갑 옆에 내려놓고는 다시 사무실로 들어가서 화약을 갖고 와서 지갑 위로 다량 뿌린 다음에 도화선을 지갑 위에까지 놓았다. 도화선의 길이는 2야드(약 1.8m) 정도 되었다. 이어 그는 세 번째로 사무실로 들어가서 미리 시뻘겋게 달궈 놓은 부젓가락 한 짝을 갖고 와서 화약과 연결되어 있는 도화선에 불을 붙였다. 그것이 지갑을 태우면서 공기 속으로 연기를 충분히 피워 올렸다. 그러나 그는 그것으로도 안심이 되지 않는 듯 지갑을 부젓가락으로 집어 올린 다음에 부젓가락이 지갑을 태워 구멍을 낼 때까지 들고 있다가 흔들어서 돈을 물통으로 떨어지게 하고서야 물통을 들고 안으로 들어갔다. 내가 기억하는 바로는, 돈은 13실링과 그로트 은화 몇 개와 파딩 몇 개가 전부였다.

앞에서 관찰한 바와 같이, 돈을 위해서라면 어떤 위험도 감수하려들 만큼 대담한 가난한 사람들이 아마 더러 있었을 것이다. 그러나 내가 관찰한 내용을 근거로, 목숨을 건진 소수의 사람들은 절망이 대단히 깊었던 그 시절에도 스스로 극도로 조심했다고 할 수 있다.

II.
템스강

그 시절에 나는 바우(Bow)로 이어지는 들판으로 나가곤 했다. 이유는 템스 강의 형편은 어떤지, 선박들은 어떻게 관리되고 있는지를 보고 싶은 마음이 있었기 때문이다. 그리고 해운업에 관심이 있었던 터라, 전염으로부터 보호받을 수 있는 최선의 방법 중 하나가 바로 선박으로 대피하는 것이라는 생각도 있었다. 그랬기에 그쪽으로 간 것은 나의 호기심을 충족시키려는 뜻도 작용하고 있었다. 나는 바우에서 브롬리(Bromley)로 이어지는 들판으로 가지 않고 블랙월(Blackwall)로 가서 배가 드나드는 곳까지 계단을 내려갔다.

거기서 나는 가난한 남자가 강둑, 즉 그들의 표현대로 제방 위를 혼자 걷고 있는 것을 보았다. 나도 한동안 강둑을 걸었다. 집들이 모두 봉쇄되어 있는 것이 보였다. 마침내 나는 이 불쌍한 남자와 멀찍이 거리를 둔 가운데 대화를 하게 되었다. 먼저 나는 그곳 사람들의 사정이 어떤지를 물었다. 그러자 그가 말했다. "말도 마십시오. 거의 초토화되었어요. 모두가 죽거나 병에 걸려 있어요. (포플러(Poplar) 쪽을 가리키면서) 이쪽과 저쪽 마을에는 이미 반 정도 죽지 않은 가족이 거의 없어요. 나머지도 병에 걸려 있지요." 이어서 그 사람은 어떤 집을 가리키면서 말했다. "저 집 사람들은 모두 죽었어요. 집이 열려 있어도, 아무도 안으로 들어가지 않았어요. 그런데 불쌍한 도둑이 뭘 훔치겠다고 들어갔다가 대가를 톡톡히 치르고 말았지요. 그도 간밤에 교회 부속 묘지로 실려 갔으니까요." 그런 다음에 그는 다른 집 몇 곳을 더 가리켰다. "저기 저 집 사람도 다 죽었어요. 남편과 아내, 다섯 아이들이 살았는데. 저기 저 집은 봉쇄되었지요. 문에 감시원이 보일 겁니다." 그래서 나는 "당신은 왜 여기 혼자 있어요?"라고 물었다. 그의 대답은 이랬다. "나는 가난하고 낙담한 사람이지요. 가족이 전염병에 걸렸고, 아이 하나는 이미 죽었지만, 신의 보살핌인지 나는 아직 병에 걸리지 않았어요." 이에 내가 "당신은 전염병에 걸리지 않았다고요?"라고 묻자, 그는 이렇게 대답했다. "(판자로 둘러막힌, 아주 낮고 작은 집을 가리키면서) 저것이 나의 집이에요. 불쌍한 아내와 아이가 살고 있어요. 그래도 아내와 아이가 병에 걸려 있기 때문에 나는 그들에게 가지 못하지요." 그가 이 말을 할 때, 나는 눈물이 그의 얼굴을 강물처럼 줄줄 흘러내리는 것을 보았다. 마찬가지로 나의 얼굴에도 눈물이 흘러내리고 있었다.

그와 나의 대화는 계속되었다. "당신은 왜 가족들에게 가지 않죠? 어떻게 혈육을 포기할 수 있죠?" "아, 절대로 그러면 안 된답니다! 그들을 포기한 것이 아닙니다. 나는 그들을 위해 최대한 열심히 일하고 있어요. 정말 감사하게도, 나는 그들을 궁핍으로부터 지키고 있어요!"
그때 나는 그가 눈길을 하늘 쪽으로 주는 것을 관찰할 수 있었다. 절대
로 위선적이지 않고, 진지하고 독실하고 선한 남자에게서만 볼 수 있
는 그런 모습이었다. 그의 갑작스런 외침은 그런 처지에서도 자기 가
족이 궁핍하지 않게 되었다고 말할 수 있다는 사실에 대한 감사의 표
현이었다. 그래서 나는 이렇게 말했다. "정직한 사람이군요. 가난한 사
람들이 겪는 고통에 비하면 그건 정말 놀라운 자비이지요. 그런데 당
신은 지금 모든 사람들에게 닥친 무시무시한 재앙을 어떻게 피하고
있어요?" 이 질문에 그는 이렇게 대답했다. "나는 뱃사공이고, 저기 나
의 배가 있어요. 저 배가 집인 셈이지요. 낮엔 배 안에서 일하고, 밤에
잠도 거기서 잡니다. 내가 버는 것은 모두 저 바위 위에 올려놓는답니
다." 그러면서 그는 길 저편의 너럭바위를 가리켰다. 그의 집에서 꽤
멀리 벗어난 곳이었다. "그런 다음에 가족들을 향해 소리를 질러요. 아
내와 아이가 내 소리를 들을 때까지요. 그러면 가족들이 와서 그걸 가
져가지요."

"하지만 뱃사공으로 어떻게 돈을 법니까? 이 시기에 누가 강을 건너
기라도 합니까?" "예, 나에겐 일거리가 있어요. 저기 보이지요? 다섯
척의 배가 닻을 내리고 있어요." 그는 도시 저 아래 쪽 강을 가리켰다.
"저기에 여덟 척 내지 열 척의 배가 서로 묶인 채 닻을 내리고 있는 것
이 보이지요?" "저 배들 안에는 무역상이나 배 주인의 가족이 있어요.
그들은 배 위에서 격리된 상태에서 살고 있지요. 당연히, 전염이 무서
워 그런 거지요. 나는 그들을 대신해 물건들을 갖다 주고, 편지를 전달
하고, 필요한 모든 일을 해줍니다. 그들이 강둑으로 나설 필요가 없을

정도로요. 매일 밤 나는 보트에 탄 채 저 배들 중 하나와 묶지요. 그리곤 홀로 잠을 청합니다. 감사하게도, 지금까지 나는 이렇게 살아 있습니다.""그렇군요. 하지만 당신이 강둑에 나갔다가 온 뒤로도 저 사람들이 당신을 배에 태웁니까? 이곳이 전염이 만연하면서 너무나 끔찍한 곳이 되어 버렸는데도?"

"아니, 그 문제라면, 제가 저 사람들의 배에 오르는 일은 거의 없어요. 내가 갖고 온 것을 옆에 내려놓으면, 그들이 그것을 당겨 올리지요. 저 사람들이 나로 인해 위험해질 일은 전혀 없어요. 나도 강둑의 집에는 어디도 들어가지 않으며, 누구와도 접촉하지 않으니까요. 나의 가족도 만나지 않고 있지요. 단지 나는 그 사람들을 위해 필요한 것을 갖다 주기만 하지요."

"그게 더 위험할 수도 있지요. 당신이 물건들을 다른 사람들로부터 전해 받을 테니까요. 도시의 이쪽 지역은 전염이 아주 심해요. 사람들과 말하는 것조차도 위험하니까요. 그 마을이 런던까지 거리가 조금 있긴 하지만, 그래도 말하자면 런던의 초입인 셈이지요."

"그건 맞는 말씀입니다만, 당신은 나의 말을 정확히 이해하지 못했어요. 나는 이곳 사람들로부터 물건을 사지 않아요. 그리니치(Greenwich)까지 노를 저어 올라가서 거기서 신선한 육류를 사고, 어떤 때는 강 아래로 울위치(Woolwich)까지 노를 저어 가서 사지요. 그런 다음에 내가 알고 있는 켄티시(Kentish) 쪽의 농가로 가서 가금류와 계란, 버터를 구입해서 배에까지 갖다 줍니다. 그 사람들이 돌아가면서 나에게 일을 시키지요. 여기까지 올라오는 경우는 드물어요. 지금은 아내를 불러 가족의 안부를 묻고 간밤에 받은 약간의 돈을 전하려고 온 것이지요."

"정말 불쌍한 사람이로군! 가족들에게 돈을 얼마나 주었어요?"

"4실링 벌었어요. 지금 가난한 사람들이 겪고 있는 고난을 생각하면, 꽤 큰돈이지요. 저 사람들이 나에게 빵 한 자루도 주었어요. 소금에 절인 어물과 신선한 육류도 조금 주었지요. 모두가 그런 식으로 도움을 주고 있습니다."

"그걸 가족들에게 전했어요?"

"아직은. 내가 불렀는데 아내가 아직 나올 수 없다고 대답했어요. 한 삼십 분 후면 그녀가 나올 것입니다. 그래서 지금 그녀를 기다리고 있지요. 너무나 가엾은 여자이지요. 아내는 아주 약해졌어요. 종기가 났는데 터졌으니까 아내는 나을 것으로 기대됩니다만, 아이는 죽을 것 같아 겁이 납니다. 모든 것이 하늘의 뜻이겠지요."

여기서 그는 말을 멈추고 크게 흐느꼈다.

"정직한 친구여, 신의 뜻을 따르고 있다면, 당신은 분명히 성령(聖靈)과 함께하고 있어요. 신은 우리 모두를 정확히 심판하니까요."

"우리 중 누구라도 목숨을 건지게 된다면, 그건 무한한 은총이지요. 그런데 내가 불평을 하다니!"

"어찌 그런 말을? 당신의 믿음에 비하면 나의 믿음은 아무것도 아닌 것 같아요." 이 대목에서 나는 가슴이 얼얼해짐을 느꼈다. 이 가난한 남자가 위험한 상황 속에서 서 있는 토대가 나의 것에 비하면 얼마나 더 단단한가? 그에겐 마음을 흩뜨려 놓을 것이 아무것도 없었으며, 그에겐 돌봐야 할 가족이 있었다. 말하자면 그를 단단히 묶어놓는 가족이 있다는 뜻이다. 그런데 나에겐 그런 것이 하나도 없다. 나의 토대는 단순한 추정일 뿐이며, 그의 토대는 신에 대한 진정한 의지이고 신에게 기대고 있는 진정한 용기이다. 그럼에도 그는 자신의 안전을 위해서 최대한의 주의를 기울이고 있었다.

이런 여러 생각들이 연이어 일어나는 동안에, 나는 그 남자로부터 조금 더 떨어졌다. 내가 그보다 눈물을 더 주체하지 못하는 상황에 빠졌기 때문이다.

대화를 조금 더 하고 있으니, 마침내 그 불쌍한 여인이 문을 열고 "로버트, 로버트!"라고 불렀다. 그가 대답하면서 그녀에게 기다리고 있으면 금방 오겠다고 말했다. 그런 다음에 그는 잔교를 급히 내려가 보트에서 자루를 하나 들고 왔다. 그가 배들로부터 얻은 양식이 담긴 자루였다. 그는 돌아와서 다시 외쳤다. 이어서 그가 나에게 보여준 널따란 바위로 가서 자루를 들고 붓자 온갖 것이 쏟아져 나왔다. 그러고 나서 그는 뒤로 물러섰다.

이어 그의 아내가 어린 아들과 함께 양식을 가지러 오자, 그는 어느 선장이 어떤 것을 주었는지 큰 소리로 알려준 다음에 마지막으로 "그 모든 것은 신이 보내주신 것이니, 신에게 감사하는 마음을 품도록 하시오."라고 덧붙였다. 가엾은 여인은 물건들을 모두 집어 올렸지만 몸이 너무 허약한 까닭에 한번 만에 집으로 다 들고 갈 수 없었다. 짐이 무거웠던 것도 아니었는데. 그래서 그녀는 작은 가방에 든 비스킷을 그 자리에 그대로 두면서 어린 아들에게 다시 올 때까지 그것을 지키도록 했다.

그런 모습을 보면서, 내가 그에게 말했다. "그런데 당신은 주급으로 받은 4실링까지 아내에게 전했습니까?"

"예, 예. 아내가 그것을 챙겼는지 확인할 겁니다." 그러면서 그는 자기 아내를 다시 불렀다. "레이철, 레이철!" 그녀의 이름인 것 같았다. "돈도 챙겼어요?" "네." "얼만가요?" "4실링 1그로트." 그러자 그는 "아, 알겠어요. 주님이 당신과 아이를 잘 보살펴 주실 거요."라고 말한 다음에 몸을 돌려 자리를 떴다.

이 남자의 이야기에 눈물을 주체하지 못했듯이, 나는 기부금으로 그를 돕고 싶은 마음도 억누르지 못했다. 그래서 나는 그를 불렀다. "친구여, 이리 와서 내 말 좀 들어 보시오. 당신이 건강한 몸이라는 것을 내가 믿기 때문에 하는 말이오. 내가 감히 당신을 가까이 하고자 하니 말이오." 그러면서 나는 그때까지 주머니에 넣고 있던 손을 내밀며 말했다. "가서 레이철을 한 번 더 불러서 내가 주는 이 돈으로 그녀를 조금 더 위로해 주시오. 신은 당신처럼 신을 굳게 믿는 가족의 희망을 절대로 저버리지 않을 것이오." 나는 그에게 4실링을 주면서 그것을 바위 위에 놓고 아내를 부르도록 했다.

나는 그 가난한 남자가 품은 감사의 마음을 표현할 단어들을 찾지 못하겠다. 그도 감사를 말로 직접적으로 표현하지 않고 그의 얼굴에 흘러내리는 눈물로 표현했다. 그는 자기 아내를 불러서 신이 그들의 사정을 알고 어느 나그네의 가슴을 움직여 그 돈을 내놓게 했다고 일러주었다. 그는 아내에게 그런 말을 아주 많이 했다. 그 여인도 마찬가지로 나에게만 아니라 하늘에도 감사하는 마음을 몸짓으로 표현하면서 기쁜 마음으로 돈을 집었다. 그 일은 그 해에 내가 남에게 돈을 전한 어떤 자선 행위보다도 더 뿌듯하게 느껴졌다.

그런 다음에 나는 불쌍한 남자에게 전염병이 그리니치까지는 아직 닿지 않았는지 물었다. 그는 2주 전까지는 괜찮았지만 그때엔 그리니치에도 전염병이 돌고 있지 않을까 걱정된다고 했다. 그러나 그가 가는 곳은 뎁트퍼드 브리지(Deptford Bridge) 남쪽, 그러니까 도시의 끝자락이었다. 그는 오직 정육점 한 곳과 식료품점 한 곳에만 갔으며, 거기서 그 사람들이 부탁하는 물건들을 매우 조심스럽게 구입한다는 것이었다.

그래서 나는 그에게 배에 그렇게 철저히 스스로를 격리시키고 있는 사람들이 어쩌다 필요한 물품들을 충분히 비축하지 못하게 되었는지에 대해 물었다. 그러자 그는 그들 중 일부는 물품들을 비축했다고 말했다. 그러나 일부 사람들은 전염병이 악화되는 데 놀라서 엉겁결에 배로 피하게 되었다고 했다. 그때는 이미 물건들을 사기 위해 사람들을 만난다는 것 자체가 매우 위험한 상황이었다. 그래서 그가 배 두 척에서 살고 있는 사람들의 시중을 들게 되었다는 것이다. 그 배가 어느 것인지 그가 나에게 알려주었다. 그 배들에는 건빵과 맥주밖에 없었으며, 따라서 그가 그들을 대신해서 그 외의 모든 것을 사주었다. 나는 그에게 그 배들 외에 그 배들처럼 따로 떨어져 있는 다른 배들이 있는지 물어보았다. 그는 있다고 대답했다. 그리니치 건너편인 그 지점에서부터 라임하우스(Limehouse)와 리드리프(Redriff) 강변까지, 공간이 있는 배들이 강 한가운데에 둘씩 정박해 있었다. 그는 그 배들 중 일부에는 몇 가족이 타고 있다고 일러주었다. 그래서 나는 전염병이 아직 그들에겐 닿지 않았는지 물었다. 그는 선원들이 강변에 내리는 것을 막지 않았던 두세 척의 배를 제외하곤 그럴 것으로 생각한다고 대답했다. 그러면서 그는 선박들이 풀

(Pool)³⁶을 꽉 채우고 있는 장면은 아주 멋지다고 말했다.

밀물이 들어오기 시작하기만 하면 그리니치로 갈 것이라는 말에, 나는 그에게 나를 데리고 갔다가 다시 그곳으로 데려다줄 수 있는지를 물었다. 선박들이 어떤 모습으로 정렬되어 있는지 보고 싶어졌기 때문이다. 그러자 그가 기독교인으로서, 또 정직한 한 사람의 인간으로서 내가 전염병에 걸리지 않았다는 사실을 분명히 밝힌다면 그렇게 하겠다고 대답했다. 그래서 나는 전염병에 걸리지 않았으며, 하느님의 은총으로 목숨을 지키고 있고, 화이트채플에 사는데 너무나 오랫동안 갇혀 지내다보니 갑갑증이 생겨 맑은 공기를 마시러 거기까지 감히 나오게 되었다는 사실을 그에게 강조했다. 또 나는 나의 집에 사는 사람들도 마찬가지로 외출을 하지 않았기 때문에 아무도 병에 걸리지 않았다고 말했다.

나의 말에 그가 이렇게 말했다. "당신은 나와 불쌍한 나의 가족에게 너무나 큰 사랑을 베풀었어요. 그런 당신이 건강한 몸이 아니라면 감히 나의 배를 타겠다고 했겠어요? 그게 곧 나를 죽이고 나의 가족을 파괴하는 것이나 다름없을 텐데요." 불쌍한 이 남자의 말에 가족을 걱정하는 깊은 마음이 저절로 드러났다.

그 점이 나의 마음을 상당히 불편하게 만들었다. 그를 따라 나서고 싶은 마음이 동하지 않았다. 그래서 나는 그에게 나 자신이 이 세상의 누구보다 확실하게 병에 걸리지 않았다는 사실을 확신하고 있고 또 나를 태워주려는 마음을 매우 고맙게 생각하지만, 그를 불편하게 만드

....
36 템스 강 중에서 배들이 외국에 나갔다가 본국으로 돌아와서 강 양쪽으로 쭉 늘어서서 정박하는 지점을 풀이라고 부른다. 풀은 타워 브리지에서부터 '커콜즈 포인트'(Cuckold's Point)와 라임하우스까지 이어진다.

느니 차라리 나의 호기심을 죽이겠다고 말했다. 그는 내가 그리니치까지 가는 것을 포기하도록 내버려 두지 않을 생각이었으며, 지금 그는 자신이 나를 대단히 신뢰한다는 점을 보여주기 위해 나에게 같이 가자고 졸랐다. 그래서 밀물이 그의 배에까지 차올랐을 때, 나는 그의 배에 몸을 실었다. 그는 나를 그리니치까지 데려갔다. 그가 그날 사야 할 물건들을 사는 동안에, 나는 강의 풍경을 한눈에 내려다보기 위해 언덕 꼭대기까지 걸었다. 도시가 발아래로 펼쳐졌다. 좌우로 두 척씩 일렬로 서 있는 수많은 배들은 정말 놀라운 장면이었다. 강폭에 따라 배들이 두 줄 또는 세 줄로 늘어서 있었다. 이런 모습이 사람들이 랫클리프와 리드리프라고 부르는 곳의 집들 사이로 도시까지, 그러니까 사람들이 풀이라고 부르는 곳을 따라 쭉 이어졌을 뿐만 아니라, 언덕에서 아득히 멀리 보이는 템스 강 저 아래 롱 리치(Long Reach)까지 이어지고 있었다.

배의 수를 짐작할 수는 없지만, 돛의 숫자는 몇 백 개가 됨에 분명했다. 나는 그 같은 아이디어에 감탄하지 않을 수 없었다. 선박 관련 일을 하는 사람 1만 명 이상이 여기서 전염병의 횡포를 피한 가운데 아주 안전하게 살고 있었으니 말이다.

나는 그날 짧은 여행에, 특히 그 가난한 남자와 함께 한 여행에 크게 만족한 상태로 나의 거처로 돌아왔다. 나는 또 너무도 황량한 시기에 그렇게 많은 가족들에게 그런 작은 피난처가 주어지고 있다는 사실을 확인한 것에 크게 고무되었다. 나는 또 전염병이 기승을 부릴수록 가족들을 실은 배들은 뭍으로부터 더 멀리 떨어진다는 것을 관찰했다. 들리는 이야기에 따르면, 일부 배들은 바다로 꽤 멀리 나갔다가 북쪽 해안의 안전한 항구와 길로 나갔다고 한다.

그러나 뭍을 떠나 배에서 살았던 사람들도 전염으로부터 완전히 안전하지 않았던 것은 사실이다. 많은 사람들이 죽어서 일부는 관에 담긴 채, 또 일부는 내가 들은 바에 따르면 관도 없이 강물로 던져졌으니 말이다. 이 시신들이 강의 흐름에 따라 떠올랐다가 가라앉곤 하는 모습이 간혹 보였다.

그러나 나는 그런 식으로 전염된 배의 사람들은 지나치게 늦게까지 뭍에 남아 있다가 이미 전염병에 걸린 뒤에야(그들 본인은 자각하지 못하고 있었을지라도) 배로 대피했기 때문이라고 감히 믿는다. 그렇기 때문에 배에 대피해 있는 사람들에게 전염병이 찾아온 것이 아니라, 사람들이 전염병을 안고 배로 왔다고 하는 것이 정확한 표현이다. 아니면 전염병에 감염된 배들은 그 불쌍한 뱃사공이 말한 배들, 말하자면 양식을 충분히 비축하지 못해 필요한 물건을 사러 뭍으로 사람을 보내야 했던 배들이었을 것이다.

12.
위험천만한 환상

 여기서 나는 그 당시에 런던 시민들이 보였던 이상한 기질을, 말하자면 스스로 파괴를 재촉하던 그런 기질에 대해 주목하지 않을 수 없다. 나 자신이 관찰한 바에 따르면, 전염병은 도시의 다른 쪽 변두리에서, 즉 롱 에이커와 드루리 레인 등에서 처음 시작하여 도시 쪽으로 매우 점진적으로, 아주 느리게 다가왔다. 전염병은 12월에 처음 느껴졌고, 이어 2월에 다시 느껴졌으며, 다시 잠잠하다가 4월에 다시 느껴졌다. 그런 식으로 언제나 한 번에 아주 조금씩 느껴졌다.

 그러다가 전염병은 5월까지 중단되었으며, 5월 마지막 주에도 전염병으로 인한 사망자는 17건에 불과했으며 모두가 도시의 그쪽 끝 지역에서 나왔다. 그 사이에, 심지어 한 주에 3,000명 이상이 죽어나가던 때까지도, 탬스 강 양쪽에 위치한 리드리프와 와핑, 랫클리프의 사람들과 서더크 쪽의 주민들은 자신들에겐 전염병이 닥치지 않거나 닥치더라도 그렇게 맹렬하지는 않을 것이라는 환상을 강하게 품고 있었다. 어떤 사람들은 역청과 타르의 냄새를 맡거나 해운과 관련 있는 일에 많이 쓰이는 석유나 로진(rosin)[37], 황 냄새를 맡으면 전염병을 피할 수 있다고 상상했다. 다른 사람들은 전염병이 웨스트민스터와 세인트 자일스와 세인트 앤드류 교구에서 극성을 부리다가 그 지역들로 오지 않고 다시 수그러지기 시작했다는 사실을 근거로 그런 낙관적인 믿음을 품었다. 전혀 근거가 없는 낙관론은 아니었다. 예를 들어 보자.

8월8일-8월15일	사망자 수
세인트 자일스 인 더 필즈	242
크리플게이트	886
스테프니	197
세인트 마가렛(버몬지 구)	24
로서리스	3
전체 사망 건수	4,030

8월15일-8월22일	사망자 수
세인트 자일스 인 더 필즈	175
크리플게이트	847
스테프니	273
세인트 마가렛(버몬지 구)	36
로서리스	2
전체 사망 건수	5,319

....
37 송진 성분에서 테레빈유를 증류하고 남은 수지.

주목할 점이 한 가지 있다. 그 시점에 스테프니 교구의 사망자로 집계된 수치의 대부분은 스테프니 교구 중에서 쇼어디치와 접하고 있는 지역, 그러니까 우리가 지금 스피틀필즈라고 부르는 곳에서 나왔다는 사실이다. 그곳은 스테프니 교구가 쇼어디치 교회 부속 묘지의 담까지 이어지는 곳이다. 이때 전염병은 세인트 인 더 필즈에서 수그러지고, 크리플게이트와 비숍스게이트, 쇼어디치 교구에서 극성을 부렸다. 그러나 스테프니 교구 중에서 라임하우스와 랫클리프 하이웨이를 포함하는 지역과 지금 섀드웰과 와핑 교구가 된 지역, 심지어 런던 타워 옆의 세인트 카타리나(St. Katherine) 교구까지 합해도 8월이 다 갈 때까지 페스트로 죽은 사람은 일주일에 10명이 되지 않았다. 그러나 그곳 사람들은 후에 그에 대한 대가를 톡톡히 치렀다. 이제 나는 그 대가를 차근차근 설명할 것이다.

전염병이 리드리프와 와핑, 랫클리프, 라임하우스 지역을 비켜갈 것처럼 보이자, 그곳 사람들은 방심하면서 시골로 대피하지도 않았고 스스로를 격리시키지도 않았다. 아니, 그곳 사람들은 자신들이 혼돈 상태로부터 아주 멀리 벗어나 있다는 느낌을 받았기 때문에 도시의 친구와 친척까지 집으로 받아들였다. 다른 지역 출신 사람들도 정말로 도시의 그 지역을 안전한 곳으로, 신이 보호하는 장소로 여기며 거기서 피난처를 찾았다.

막상 전염병이 닥쳤을 때, 그들이 다른 지역 사람들에 비해 더 많이 놀라고, 준비가 덜 되어 있고, 무엇을 해야 할지 몰라 더 우왕좌왕했던 이유가 바로 거기에 있었다. 실제로 9월과 10월에 일어난 것처럼, 전염병이 그들 사이에 맹렬히 퍼졌을 때, 시골로 대피하는 것도 불가능했다. 아무도 이방인이 가까이 오는 것을 허락하지 않았을 것이고, 마찬가지로 이방인들이 마을로 들어오는 것도 허락하지 않았기 때문이다. 들리는 바에 따르면, 서리 카운티 쪽 시골을 떠돌던 몇 사람이 숲과 공유지에서 굶어 죽은 상태로 발견되었다. 시골 지역이 런던과 가까운 지역에 비해 숲이 훨씬 더 많고 더 넓었기 때문에, 특히 노르우드(Norwood) 근처와 캠버웰(Camberwell), 덜리지(Dullege), 루섬(Lusum)에서는 절망에 빠진 가난한 사람들을 보아도 전염에 대한 두려움 때문에 아무도 도움의 손길을 펴려 들지 않았다.

도시의 그 지역에 사는 사람들 사이에 전염병이 자신들을 피해갈 것이라는 낙관적인 인식이 퍼지게 된 것은 부분적으로 그들이 피난할 배를 갖고 있었기 때문이기도 했다. 그들이 이런 조치를 일찍이 신중하게 취하면서 스스로 양식을 충분히 비축해 둔 덕분에 물건을 구하러 뭍으로 나갈 필요가 없는 상황이었다면, 배로 피하는 것보다 더 안전한 대피는 없을 것이다. 그러나 상황이 너무나 절박해진 상태에서 사람들이 화들짝 놀라서 먹을 빵조차도 준비하지 못한 채 허겁지겁 배로 달려가게 되었다. 그러다 일부 사람들은 그들을 멀리 밖으로 데려다 주거나 안전하게 물건을 살 수 있는 곳으로 데려다 줄 사람이 전혀 없는 그런 배에 오르기도 했다. 이런 사람들은 뭍에 있는 사람들과 마찬가지로, 배에서 격리된 상태에서 생활하면서도 종종 전염병에 걸렸다.

부유한 사람들이 큰 배로 대피했듯이, 하층 계급에 속하는 사람들은 거룻배와 어선 등으로 피했다. 많은 사람들, 특히 뱃사공들은 자신의 배를 피난처로 정했지만 먹을 양식을 버느라 여전히 강에서도 피곤하게 돌아다녀야 했다. 그러다 보니 전염병이 그들을 공격해 끔찍한 피해를 낳았다. 많은 뱃사공들이 런던 브리지 아래쪽이나 위쪽의 정박지에서 자신의 작은 배 안에서 죽어갔으며, 그런 경우에 시신이 간혹 아무도 건드리려 하지 않을 만큼 부태한 상태로 발견되곤 했다.

정말이지, 도시의 이쪽 끝에서 뱃일을 하며 살던 사람들의 고통은 대단히 비통하고 동정을 살 만했다. 그러나 이때는 모든 사람에게 각자의 안전을 지키는 것이 최우선이었다. 그래서 사람들에겐 다른 사람들의 절망에 동정을 표할 여유가 전혀 없었다. 모두가 죽음이 자신의 집 앞까지 찾아온 것을 보았기 때문이다. 많은 사람들은 심지어 가족에게도 동정심을 느끼지 못했으며, 무엇을 해야 할지, 어디로 대피해야 할지 몰라 당황했다.

이런 절망적인 상황이 사람들로부터 동정심을 앗아가 버렸다. 자신의 생명을 보존하는 것이 급선무였기 때문이다. 자식들은 더없이 깊은 절망에 빠져 비참하게 살다가 부모를 버리고 달아났다. 자식들이 부모를 버리는 것 만큼 빈번하게 일어나지는 않았지만, 일부 지역에서는 부모가 자식들을 버리기도 했다. 정말로, 끔찍한 예들이 있었으며, 특히 절망한 엄마가 정신을 잃고 날뛰다가 자식을 죽이는 사건이 한 주에 두 차례 있었다. 그 중 한 사건은 내가 거주하던 곳에서 그리 멀지 않은 곳에서 일어났다. 이 불쌍한 광인은 자신이 저지른 죄를 충분히 깨달을 수 있을 만큼 오래 살지 못했으며, 따라서 처벌은 불가능한 일이 되었다.

엄격히 따지면 그런 일도 그리 놀라운 것이 아니다. 자신이 곧 죽을 위험에 처하게 되는 경우에 사랑의 감정, 즉 서로에 대한 관심이 완전히 사라져 버리기 때문이다. 나는 지금 대체적으로 말하고 있다. 이유는 그래도 변함없는 사랑과 동정, 의무를 실천하는 예들이 많았고 내가 소문을 통해 알게 된 사례도 몇 가지 있기 때문이기도 하고, 또 나 자신이 특별한 예들의 진실을 보증하는 일을 떠안고 싶지 않기 때문이기도 하다.

한 예를 소개하기 전에, 나는 먼저 현재와 같은 재난의 시기에 대단히 힘겨운 나날을 보내게 되는 사람들이 바로 아이를 가진 여자라는 점에 대해 언급하고 싶다. 임신한 여자들은 고난을 겪는 상황에서 통증이 밀려와도 이런저런 도움을 받지 못했다. 산파나 이웃 여자들이 임신부를 도우러 나서지 않은 것이다.

산파들 대부분, 특히 가난한 사람들을 주로 맡았던 산파들이 죽었으며, 이름 있는 산파들은 전부는 아니라도 대부분 시골로 대피했다. 그래서 산파에게 많은 돈을 지불하지 못하는 가난한 여자가 산파를 부르는 것은 거의 불가능한 일이었다. 가난한 산모가 산파를 얻는다면, 그 산파는 틀림없이 기술이 없거나 무지한 사람이었다.

그 결과, 믿기 어려울 만큼 많은 여자들이 엄청난 곤란을 겪었다. 일부 산모들은 아이를 낳다가 산파 흉내를 내는 사람들의 경솔함과 무지 때문에 몸이 엉망이 되어 버렸다. 감히 말하건대, 무수히 많은 아이들이 산파의 무지에 의해 살해당했을 것이다. 그런 경우에 엉터리 산파들은 산모를 살리기 위해 어쩔 수 없었다는 식으로 쉽게 변명할 수 있었다. 산모와 아이가 동시에 희생되는 경우도 많았다. 특히 산모가 전염병에 걸렸을 경우에, 아무도 출산을 도우러 오지 않았으며, 그러면 가끔 산모와 아이 둘 다 죽었다. 페스트로 죽는 산모가 간혹 있었으며, 그런 경우에 아이는 반쯤 태어났거나 태어나긴 했지만 산모와 분리되지 않은 상태였다. 일부 산모들은 아이를 낳지도 못하고 산고를 겪다가 죽었으며, 이런 예가 너무나 많았기 때문에 그 사건들을 놓고 구체적인 원인을 판단하는 것은 거의 불가능하다.

이런 출산 관련 죽음에 대한 설명은 주간 사망 보고서에 다음 항목들의 숫자에 암시되고 있다(그래도 나는 그 숫자들이 그런 죽음을 온전히 다 전하고 있다고 생각하지는 않는다).

분만 중 사망

사산

생후 1개월 이내 신생아 사망

전염병이 맹렬하게 위세를 떨치던 주들과 전염병이 시작되기 전의 주들을 비교해 보라. 같은 해에 속하는 주라도 괜찮다. 예를 들어 보자.

	분만 중 사망	사산	신생아 사망
1월3일-1월10일	7	1	13
1월10일-1월17일	8	6	11
1월17일-1월24일	9	5	15
1월24일-1월31일	3	2	9
1월31일-2월7일	3	3	8
2월7일-2월14일	6	2	11
2월14일-2월21일	5	2	13

2월21일-2월28일	2	2	10
2월28일-3월7일	5	1	10
	48	24	100
8월1일-8월8일	25	5	11
8월8일-8월15일	23	6	8
8월15일-8월22일	28	4	4
8월22일-8월29일	40	6	10
8월29일-9월5일	38	2	11
9월5일-9월12일	39	23	…
9월12일-9월19일	42	5	17
9월19일-9월26일	42	6	10
9월26일-10월3일	14	4	9
	291	61	80

이 숫자들의 차이가 의미하는 바를 제대로 이해하려면, 당시에 현장에 있었던 우리들의 평범한 의견에 따르면, 8월과 9월에 도시에 있었던 사람들의 숫자는 1월과 2월에 도시에 있었던 사람들의 숫자에 비해 3분의 1도 되지 않았다는 점이 고려되어야 한다. 한마디로, 이 3가지 이유로 사망한 건수를 1년 전과 비교하면 다음과 같다.

	1664년	1665년
분만 중 사망	189	625
사산	458	617
	647	1,242

사람들의 숫자를 고려하면, 이 차이는 더욱 두드러지게 된다. 이 시기에 도시 안에 있었던 사람들의 숫자를 정확히 파악할 수 있다고 말할 생각은 없지만, 앞으로 단계적으로 추정치를 제시할 것이다. 지금 내가 하는 말은 앞에서 말한 가난한 사람들의 비참한 상황을 설명하고 있다. 그렇다면 '성경'의 표현 방식을 빌려, '아이를 가진 자들에게, 그리고 그 시절에 아이에게 젖을 물린 자들에게 화있을진저!'라고 말할 수 있다.

나 자신이 이런 일을 실제로 겪은 가족들과 교류한 것은 아니지만, 비참한 인간들의 외침은 멀리서도 들리게 마련이다. 임신부들의 불행은 어느 정도 짐작이 가능하다. 아이를 낳다가 죽은 여자들이 9주 동안에 291명에 이른다. 사람들의 숫자가 3배 정도 되었던 시기에 아이를 낳다가 죽은 여자들이 48명에 지나지 않았으니, 전염병이 극성을 부리던 시기에 임신부들이 겪었던 불행은 충분히 짐작된다. 비율을 따지며 계산하는 것은 독자의 몫으로 넘기도록 하자.

아이에게 젖을 먹였던 여자들의 비참도 아기를 낳는 여자들의 비참에 버금갔다는 데는 의문의 여지가 없다. 주간 사망 보고서는 이 부분에 대해 거의 아무런 이야기를 들려주지 않고 있음에도 불구하고, 그것을 바탕으로 추산이 가능하다. 굶어죽은 아이가 평소보다 더 많았지만, 이건 아무것도 아니었다.

불행은 첫째, 아이들이 어머니가 죽고 다른 가족들마저 죽는 바람에, 다시 말해 젖을 줄 사람이 없어서 굶어죽는 것이었다. 이런 경우에 아이는 죽은 가족들 옆에 나란히 죽어 있었다. 나의 의견을 말한다면, 나는 수백 명의 불쌍한 유아들이 그런 식으로 죽었다고 믿고 있다. 둘째, 굶어죽지 않고 유모를 통해서 병균의 공격을 받는 불행이 있었다. 어머니가 '유모'인 경우에도 어머니가 전염되었으면서도 그 같은 사실을 몰랐던 탓에 모유로 아이에게 병균을 옮길 수 있었다. 그렇게 되면 아이가 엄마보다 먼저 죽었다.

나는 이 도시에 다시 전염병이 돌 경우에 대비해 이 충고를, 말하자면 아이를 가졌거나 아이에게 젖을 먹이는 여자들은 어떤 수단을 써서라도 그 지역에서 벗어나게 해야 한다는 가르침을 기록으로 남기지 않을 수 없다. 그런 여자들이 감염 현장을 특별히 떠나야 하는 이유는 감염될 경우에 그들의 불행이 다른 사람들의 불행보다 월등히 더 커지기 때문이다.

이 대목에서 나는 전염병에 걸려 죽은 엄마나 유모의 젖을 빨던 아이에 관한 이야기를 들려줄 수 있다. 내가 살던 교구의 한 어머니는 아이의 상태가 좋지 않아서 약제사를 불러오도록 했다. 이야기에 따르면, 약제사가 어머니를 찾았을 때, 그녀는 아이에게 젖을 주고 있었으며 겉보기엔 아주 괜찮아 보였다. 그러나 약제사는 그녀 가까이 다가갔다가 아기에게 물리고 있는 젖가슴에 전염병 증후가 있는 것을 보았다. 그는 깜짝 놀랐지만, 가엾은 여자를 놀라게 만들고 싶지 않아서 아이를 달라고 했다. 약제사는 아이를 받아서 요람에 넌 뒤에 아이의 옷을 벗기다가 아이에게서도 증후를 발견했다. 그런데 이 아이와 어머니는 약제사가 아이의 아버지에게 둘의 사정에 대해 털어놓은 뒤 약을 지어주기 위해 자기 집에 도착하기도 전에 세상을 떠났다. 그러나 아이가 어머니에게 병을 전염시켰는지, 어머니가 아이에게 병을 전염시켰는지는 확실하지 않지만, 후자일 가능성이 훨씬 더 크다.

마찬가지로, 아이가 전염병으로 죽은 유모 곁을 떠나 부모에게 오는 경우에 어머니는 뜨거운 모정으로 아이를 기꺼이 받아들여 자신의 가슴에 품는데, 이때 어머니는 병에 전염되고 결국엔 죽은 아이를 팔에 안은 채 아이와 함께 죽곤 했다.

모성애 강한 어머니가 자신을 희생시키며 보살핀 끝에 마침내 병을 이겨낸 아이의 모습을 그윽한 눈길로 보면서 아이 앞에서 죽어가거나 간혹 아이로부터 전염병을 얻어 죽어가는 장면 앞에서는, 더없이 둔감한 사람도 가슴이 뭉클해져 오는 것을 느끼지 않을 수 없다.

이스트 스미스필드(East Smithfield) 길에 사는 상인이 그런 예이다. 첫 아이를 가져 배가 산더미처럼 불렀던 이 상인의 아내가 산통을 시작했다. 그는 그녀를 도와줄 산파나 간호사를 고용할 수 없었다. 그가 두고 있던 하인 2명은 모두 그녀를 피해 달아났다. 그는 실성한 사람처럼 이 집 저 집 돌아다녔지만 아무런 도움을 얻지 못했다. 그가 얻을 수 있었던 도움이라곤 고작 전염병에 감염되어 봉쇄된 어느 집을 지키던 감시원이 아침에 간호사를 보내주겠다는 약속뿐이었다. 가난한 남자는 찢어지는 가슴을 안고 집으로 돌아가 자신이 산파 역할을 하면서 아내를 최대한으로 도와 아이를 끄집어냈으나 아이가 죽고 말았다. 그의 아내는 약 한 시간 동안 산통을 겪으면서 그의 팔에 안겨 죽었다. 그는 죽은 아내의 시신을 아침까지 꼭 끌어안고 있었다. 감시원은 약속한 대로 간호사를 데리고 그의 집을 찾아 이층으로 올라가다가 남자가 죽은 아내를 팔에 안고 앉아 있는 것을 발견했다. 그 남자도 슬픔을 이기지 못하고 몇 시간 만에 죽고 말았던 것이다. 그에겐 전염의 징후가 전혀 없었으니, 그는 단순히 슬픔의 무게에 눌려 깊이 가라앉으며 사그라졌던 것이다.

가족의 죽음 앞에서 슬픔을 이기지 못해 멍하게 돌아버린 사람에 관한 이야기도 있다. 또 정신을 짓누르는 압박에 심하게 압도당한 탓에 머리가 몸 안으로 가라앉아 버린 사람에 관한 이야기도 있었다. 이 사람의 머리는 양 어깨 사이로 깊이 내려앉은 상태였으며, 따라서 그의 정수리는 어깨뼈 높이와 거의 비슷했다. 이 사람은 목소리와 감각을 점점 잃고 있었고, 먼 곳만 보는 그의 얼굴은 쇄골 위에 얹혀 있었으며, 다른 사람이 손으로 받쳐주지 않는 이상 똑바로 들지 못했다. 불쌍한 남자는 다시는 제정신을 찾지 못했으며, 그 상태로 근 1년 동안 고통을 겪다가 죽었다. 그는 눈을 한 번도 치켜뜨거나 구체적인 대상을 바라보지 못했다.

이런 일에 대해서는 대략적으로 요약하는 그 이상으로 세세하게 전하지 못한다. 왜냐하면 그런 일이 일어난 가족이 간혹 몽땅 전염병에 희생되는 바람에 구체적인 것에 대한 이야기를 듣는 것 자체가 불가능했기 때문이다. 그러나 사람들의 눈과 귀에 제시되는, 그런 종류의 예는 무수히 많았다. 앞에서 이미 암시한 바와 같이, 거리를 걸을 때에도 그런 모습이 눈에 들어왔다. 오히려 이런 종류의 사연이 없는 가족에 대한 이야기를 들려주는 것이 더 어려운 일이다.

그러나 나는 지금 전염병이 도시의 동쪽 끝 지역에서 극성을 부리던 시기에 대해 말하고 있다. 말하자면, 그쪽 지역의 사람들이 어쩌다가 자신들은 그 저주를 피할 수 있다고 오랫동안 자만하게 되었는지, 그리고 전염병이 실제로 닥쳤을 때 그들이 얼마나 놀랐는지에 대해 말하고 있는 것이다. 전염병은 그들에게 마치 무장한 사람처럼 들이닥쳤다. 이 이야기는 나에게 와핑에서부터 어디로 가야 할지 또 어떻게 해야 할지를 모르는 가운데 떠돌아 다녔던 그 불쌍한 세 남자들의 사연을 다시 떠올리게 한다. 앞에서 언급한 바 있는, 비스킷 굽는 사람과 돛 만드는 사람, 소목장이 말이다. 그들은 모두 와핑이나 그 근처 출신이었다.

나 자신이 관찰한 바와 같이, 그 지역은 졸릴 만큼 안전해 보였기 때문에, 그곳 사람들은 다른 곳의 사람들과 달리 스스로의 힘으로 꾸려나가는 습관도 들이지 않았을 뿐만 아니라 자신들이 안전하다는 것에 대해, 안전이 자신들과 함께한다는 사실에 대해 뽐내고 있었다. 그리고 많은 사람들이 도시로부터, 또 감염된 교외로부터 와핑, 랫클리프, 라임하우스, 포플러 같은 안전한 곳으로 달아났다.

도시와 교외의 사람들이 이런 곳으로 이동한 것이 틀림없이 그런 이동이 없었을 경우보다 전염병을 훨씬 더 빨리 몰고 왔을 것이다. 나는 전염병이 처음 나타났을 때 사람들이 도시를 버리고 달아나는 것에 대해, 그리고 피난할 곳을 가진 사람들이 모두 적시에 그것을 이용하면서 대피하는 것에 대해 찬성하지만, 그럼에도 나는 그런 사람들이 모두 피난을 떠나고 나면 뒤에 남아 전염병을 견뎌내야 하는 사람들은 자신이 있는 자리에서 꼼짝하지 말아야 하며 도시 이 쪽에서 다

른 쪽으로 이동하는 일은 없어야 한다는 말을 꼭 덧붙여야 한다. 이유
는 그 이동이 전체의 파멸과 불운을 부르며, 그 사람들이 전염병을 옷
에 묻혀 이 집에서 저 집으로 퍼뜨리게 되기 때문이다.

뭣 때문에 개와 고양이를 모두 죽이라는 명령이 내려졌겠는가? 개
와 고양이가 가축이고 이 집에서 저 집으로, 또 이 길에서 저 길로 곧
잘 돌아다니기에 전염병에 감염된 육체들의 '증발'을 옮길 수 있기 때
문이 아니겠는가. 털에 묻혀 다닐 수도 있었으니 말이다. 그래서 전염
이 시작될 때 시장과 치안 판사들이 내과 의사들의 조언에 따라 모든
개와 고양이를 즉시 죽이라는 명령을 내렸고, 그 명령을 집행하기 위
해 관리까지 임명하지 않았는가.

그들의 설명을 믿는다면, 얼마나 많은 수의 개와 고양이가 죽었을지
도무지 믿기지 않는다. 나는 그들이 4만 마리의 개와 그보다 다섯 배
는 더 많은 고양이를 염두에 두고 말했다고 생각한다. 당시에 고양이
한 마리를 두지 않은 집은 거의 없었고, 일부 집들은 고양이를 몇 마
리나 두고 있었으며, 대여섯 마리를 둔 집도 가끔 있었다. 생쥐와 쥐를
죽이는 데도 쥐약과 독약 등 온갖 것이 동원되었으며, 엄청난 수의 쥐
가 파괴되었다.

나는 이 재앙이 처음 닥쳤을 때 사람들이 처해 있었던 무방비 상태
에 대해 종종 깊이 생각해 보았다. 재앙에 이어 우리에게 온갖 혼란이
닥친 것은, 그래서 엄청나게 많은 사람들이 그 재난에 희생된 것은 공
적으로나 개인적으로 적절한 조치와 관리 방법이 제때 취해지지 않았
기 때문이라는 생각이 들었다. 적절한 조치만 취해졌더라면, 하늘은
스스로를 돕는 자를 돕는다고 했듯이, 재앙은 피할 수 있었을 것이다.

후손들은 적절히 생각한다면 이 재앙으로부터 경고의 소리를 들을 수 있을 것이다. 그러나 이 부분에 대해서는 나중에 다시 이야기하기로 한다.

13.
세
남
자
이
야
기

　나는 앞에서 말한 3명의 남자들에 관한 이야기로 돌아간다. 그들의 이야기는 도덕적인 가르침으로 넘친다. 그들의 행동과 그들이 만난 사람들의 행동은 그런 시기가 다시 올 경우에 모든 가난한 사람들과 여자들이 따를 수 있는 본보기이다. 이 이야기를 기록하는 일에 그 외의 다른 목적이 전혀 없더라도, 나는 그것이 많은 사람들의 귀감이 될 수 있다는 사실 자체를, 나의 설명이 사실과 정확히 부합하는지 여부를 떠나서, 매우 정의로운 목적으로 여기고 있다.

　그들 중 둘은 형제이며, 형제 중 하나는 군인 출신이지만 지금은 비스킷을 만들고 있으며, 다른 하나는 뱃사람이었으나 절름발이가 되어 지금은 돛을 만들고 있다. 다른 한 사람은 소목장이이다. 비스킷을 만드는 일을 업으로 삼고 있는 형 존이 어느 날 돛을 만드는 동생 토머스에게 이렇게 말했다. "톰, 우리는 어떻게 될까? 도시 안에서 전염병이 점점 더 극성을 부리면서 이쪽으로 오고 있잖아. 어떻게 해야 하지?"

이에 토머스는 "솔직히 말해서, 어떻게 해야 할지 모르겠어. 전염병이 와핑까지 들어오면, 하숙집에서 쫓겨날 텐데."라고 말했다. 그래서 그들은 그 문제에 대해 미리 이야기하기 시작했다.

존: 하숙집에서 쫓겨날 거라고? 톰! 네가 그런 처지에 놓인다면, 누가 너를 받아줄지 모르겠네. 왜냐하면 요즘 사람들은 서로를 너무나 무서워하고 있거든. 다른 곳에서 숙소를 찾는 것은 불가능해.

토머스: 내가 지금 머무르고 있는 집의 사람들은 선하고 교양 있는 사람이며 나에게도 충분히 친절하게 대하고 있지만, 내가 매일 밖으로 일하러 나가는 것에 대해 신경을 쓰고 있어. 그게 위험할 수 있거든. 그들은 스스로 집을 봉쇄하고 아무도 가까이 오지 못하도록 해야 하는 것이 아닌가 하고 고민하고 있어.

존: 그들이 용감하게 도시에 남기로 작정한다면, 틀림없이 그렇게 하는 것이 옳은 조치야.

토머스: 주인이 주문 받은 돛을 곧 다 끝낼 것 같은데, 그러면 나도 집 안에 틀어박혀 지낼 생각이야. 상당히 오랫동안 일거리도 없을 거니까. 지금 거래가 전혀 이뤄지지 않고 있어. 어딜 가나 노동자들과 하인들이 해고당하고 있어. 그래서 나도 나 자신을 기꺼이 봉쇄하려고 하지만, 집 주인이 내가 자기 집에 남는 것에 동의할 것인지 장담하지 못하겠어.

존: 그러면 어떻게 할 건데? 나는 또 어떻게 해야 하지? 나도 너만큼 사정이 좋지 않잖아. 내가 묵고 있는 곳의 사람들은 하녀만 빼고 모두 시골로 들어갔어. 하녀도 다음 주에 집을 잠그고 갈 계획이거든. 그래

서 나는 너보다 먼저 세상 속으로 들어가야 해. 어디로 가야 하는지 알기만 한다면, 나도 떠날 마음의 준비가 되어 있는데.

토머스: 처음에 우리가 멀리 가지 않은 것은 판단 착오였어. 그땐 어디든 갈 수 있었거든. 지금은 이동하는 것 자체가 불가능해. 감히 도시밖으로 나가려 하다가는 굶어죽고 말 거야. 식량을 얻지 못할 테니까. 돈이 있어도 양식을 구하지 못할 것이며, 사람들이 자신들의 마을로 들어가는 것을 막을 거야. 그러니 그곳 사람들의 집으로 들어가는 것은 꿈도 꾸지 못해.

존: 설상가상으로, 나에겐 돈도 거의 없어.

토머스: 그 문제라면, 그럭저럭 꾸려나갈 수 있을 거야. 나에게 많지는 않지만 약간의 돈이 있으니까. 그러나 길을 이동하는 것이 불가능하다고 했잖아. 우리가 사는 거리에 살던, 가난하고 성실한 두 사람이 여행을 시도했다는 것을 알고 있어. 바넷(Barnet)인가 웻스톤(Whetstone)인가에서 사람들이 그들에게 계속 가면 총을 쏘겠다고 협박했어. 그래서 그들은 낙담한 상태에서 돌아왔어.

존: 나라면 사람들의 위협에도 불구하고 앞으로 계속 걸어갔을 거야. 돈을 줬는데도 음식을 팔지 않으면, 나는 그 사람들의 면전에서 물건을 챙겼을 거야. 내가 돈을 지불하는 한, 법적으로 사람들은 나의 길을 방해할 수 없어.

토머스: 형은 지금 마치 북해 연안의 저지대에 주둔하는 군인처럼 말하고 있지만, 이건 심각한 문제야. 사람들이 이런 시기에 건강하다는 확신이 서지 않는 사람을 멀리하는 것은 너무나 당연해. 그런 사람들에게 약탈을 해서는 안 되지.

존: 아니야, 넌 그 문제를 오해하고 있고, 또 나를 오해하고 있어. 난 어떤 사람도 약탈하지 않아. 하지만 도로에 접한 마을이 내가 대로를 통과하지 못하도록 막고 돈을 내는데도 양식을 주길 거부한다면, 그것은 그 마을이 나를 굶어죽게 할 권리를 갖고 있다는 것이나 마찬가지야. 절대로 그럴 수는 없어.

토머스: 그러나 그 사람들은 형이 왔던 곳으로 다시 돌아가는 자유를 부정하지는 않아. 그러니 그 사람들이 형을 굶게 하는 것은 아니지.

존: 하지만 내가 떠나온 도시도 똑같은 이유로 내가 돌아가는 것을 거부할 것이며, 그러면 사람들이 자신들의 틈에서 내가 굶어 죽도록 하는 것이나 마찬가지야. 게다가 내가 내 뜻대로 여행하는 것을 금지할 법은 세상에 없어.

토머스: 그렇지만 길을 가면서 마을마다 사람들과 논쟁을 벌이는 것은 너무 힘든 일이야. 가난한 사람들에겐 좋지 않은 일이야. 특히 지금 같은 고난의 시기엔 더욱 힘들어.

존: 우리의 처지는 다른 어떤 사람보다도 더 나빠. 다른 데로 가지도 못하고, 여기에 머물 수도 없으니. 나는 사마리아의 나환자들이 이런 말을 할 때의 심정과 똑같은 심정이야. 그들도 "여기 머물면 우린 틀림없이 죽어."라고 했잖아. 너나 나나 집도 없고, 다른 사람의 집에도 묵을 수 없으니. 이런 때엔 길에서 지내는 것도 불가능해. 어쩌면 당장 시체 수레에 실리는 편이 더 나을지도 몰라. 우리 둘이 여기 있으면 틀림없이 죽게 돼. 그래도 다른 곳으로 가면 죽지는 않아. 나는 다른 곳으로 피신하기로 마음을 정했어.

토머스: 그렇다면 어디로 갈 것이며, 거기서 뭘 할 거야? 갈 수 있는

곳만 있다면, 나라고 왜 안 떠나겠어? 그렇지만 우리에겐 아는 사람도 없고, 친구도 없어. 우리는 여기서 태어났고, 여기서 죽어야 해.

존: 이봐, 톰. 이 도시만 아니라 왕국 전체가 나의 고국이야. 넌 불이 나도 집을 빠져나가선 안 된다고 말하는 거나 다를 바가 없어. 내가 태어난 도시라도 그곳이 전염병에 감염되면 거길 떠나야 해. 나는 잉글랜드에서 태어났으며, 내가 할 수만 있다면 잉글랜드 안에서 살 권리가 있어.

토머스: 그러나 형은 모든 부랑자는 잉글랜드 법에 따라 붙잡혀 그 전의 합법적인 거주지로 보내진다는 것을 잘 알잖아.

존: 그런데 그 사람들이 왜 나를 부랑자로 보지? 나는 합법적으로 여행하길 원할 뿐인데.

토머스: 합법적인 여행의 근거로 뭘 제시할 건데? 그 사람들은 말에 넘어가지 않아.

존: 목숨을 구하기 위해 피난하는 것이 합법적인 행위가 아닌가? 그리고 그들도 그것이 사실이라는 것을 알지 않겠어? 그들도 우리한테 속이고 있다는 식으로 대들지 못할 거야.

토머스: 그러나 그들이 통과시켜 준다고 한들, 우리가 어디를 간단 말인가?

존: 어디든 괜찮아. 목숨을 구할 수 있는 곳이라면. 그건 우리가 도시를 벗어나면서 생각해도 충분해. 난 끔찍한 이곳을 벗어날 수만 있다면, 어디든 상관없어.

토머스: 우리는 아마 극한 상황으로 내몰리게 될 건데, 어떻게 될지 모르겠어.

존: 톰, 그 상황에 대해 조금 생각해 보자.

이때가 7월 초였다. 전염병이 도시의 서쪽과 북쪽 지역까지 다가왔지만, 앞에서 말한 바와 같이 와핑의 모든 지역과 리드리프와 랫클리프, 라임하우스, 포플러까지, 요약하면 허미티지(Hermitage)부터 강의 양쪽인 뎁트퍼드와 그리니치까지, 그리고 허미티지부터 그 아래 블랙월까지는 아직 전염병으로부터 완전히 자유로웠다. 스테프니 교구 전체에서도 전염병으로 죽은 사람이 한 명도 없었으며, 화이트채플 로드의 남쪽 면에서도 아직 그런 희생자가 없었다. 그럼에도 바로 그 주에 주간 사망 보고서의 사망자 건수는 1,006명에 달했다.

형제가 다시 만난 것은 2주일 뒤의 일이었다. 그때엔 상황이 조금 달라져 있었다. 전염병이 아주 널리 퍼졌으며, 희생자의 숫자도 크게 증가했다. 주간 사망 보고서의 숫자는 2,785건으로 크게 높아졌다. 그럼에도 그때도 강의 양쪽은 꽤 건강한 상태였다. 그러나 리드리프에서 몇 사람이 죽기 시작했으며, 랫클리프 하이웨이에서도 대여섯 명이 죽었다. 그때 돛 만드는 사람이 놀란 표정을 지으며 형인 존을 급히 찾았다. 그가 숙소를 비워달라는 최종 통보를 받은 터라 자기 앞가림을 할 수 있는 시간이 이제 겨우 1주일밖에 남지 않았기 때문이다. 그의 형 존도 마찬가지로 좋지 않은 처지였다. 그도 하숙집에서 쫓겨난 것이나 다름없었기 때문이다. 그는 비스킷 제조업자인 주인에게 사정을 해서 작업장에 딸린 별채에서 비스킷 자루나 빵 자루들이 놓인 곳에 짚을 깔고 잠을 자는 처지였다.

여기서 그들은 (모든 일자리가 다 사라지고, 일이나 임금이 전혀 없게 될 것이라는 점을 확인하면서) 끔찍한 전염에서 벗어날 수 있는 최선의 길을 찾기로 결심했으며, 모두 가능한 한 최대한으로 아끼면서 자신들이 갖고 있는 것으로 버티면서 일을 구할 수 있으면 일의 종류나 장소를 가리지 않기로 했다.

그들이 이 같은 결심을 훌륭하게 실행에 옮기려고 생각하고 있는 동안에, 돛을 만드는 일을 하는 사람과 매우 친했던 다른 한 남자가 이 계획을 알게 되어 형제의 동의를 받고 일행에 끼게 되었다. 이리하여 그들은 출발 준비를 했다.

그들이 가진 돈의 액수는 서로 같지 않았다. 그럼에도 현재 돈을 가장 많이 갖고 있던 돛 만드는 사람은 신체적 불구가 있는데다가 시골에서 노동을 통해 기대할 수 있는 것이 가장 작았기 때문에 각자 가진 돈을 모두 공동 기금에 넣는 것에 동의했다. 조건은 세 사람이 앞으로 버는 돈은 금액과 상관없이 아무런 불평 없이 모두 공동 기금에 넣는 다는 것이었다.

그들은 짐을 최대한 줄이기로 했다. 이유는 가능한 한 가장 안전한 곳까지, 그러니까 아주 먼 곳까지 걸어서 갈 생각이었기 때문이다. 그들은 여행할 길을 최종적으로 결정하기 전에 여러 가지를 깊이 고려했다. 그럼에도 그들은 좀처럼 마음을 정하지 못했으며, 그래서 그들이 출발하려는 아침까지도 목적지가 정해지지 않은 상태였다.

마침내 돛 만드는 사람이 행선지를 암시하면서 이렇게 말했다. "첫째, 날씨가 매우 덥기 때문에 북쪽으로 가야 해. 그래야만 태양이 얼굴과 가슴에 따갑게 내리쬐지 않을 테니까. 그렇지 않으면 태양이 우리를 뜨겁게 질식시킬 수 있어. 잘은 모르지만, 전염 매체가 공중에 있을 경우에는 피를 따뜻하게 유지하는 것이 좋지 않다는 말도 있어. 그 다음으로, 나는 출발할 때 바람과 반대 방향으로 가는 것에 찬성이야. 그러면 바람이 도시의 공기를 우리 등 뒤로 몰고 오지 않기 때문이지.” 이 두 가지 사항에 대해 의견의 일치가 이뤄졌다. 그래야만 그들이 북쪽으로 출발할 때 바람이 남쪽에 있지 않을 것이다.

이어 군인 출신으로 비스킷 굽는 일을 하는 존이 의견을 내놓았다. “첫째, 길을 가다가 숙소를 구할 생각은 하면 안 돼. 노천에서 밤을 보내는 것은 아주 힘든 일일 거야. 날씨는 따뜻하지만 공기가 축축해. 지금과 같은 시기엔 건강에 배로 신경을 써야 해. 그러니 아우 톰은 닻을 만드는 실력으로 작은 텐트를 어렵지 않게 만들 수 있을 거야. 그러면 매일 밤 텐트를 치고 걷는 일은 내가 책임질 테니까. 그러면 잉글랜드의 여관들이 부럽지 않을 거야. 텐트를 치고 잘 수 있다면, 일도 훨씬 더 잘 풀릴 거야.”

소목장이가 여기에 반대 의견을 제시하며 그 일을 자신에게 맡기라고 했다. 그는 손도끼와 나무망치만으로, 텐트 못지않게 만족스런 집을 매일 짓겠다고 말했다.

군인 출신과 소목장이는 그 일을 놓고 잠시 언쟁을 벌였지만, 최종적으로 군인이 텐트를 만드는 것으로 합의를 보았다. 텐트에 대한 유일한 반대는 그것을 언제나 짊어지고 다녀야 하기 때문에 날씨가 더운 상황에서 그들의 짐이 아주 커진다는 점이었다. 그러나 돛을 만드는 사람에게 굴러온 행운 덕분에 그 문제가 쉽게 해결되었다. 돛을 만드는 일 뿐만 아니라 로프 만드는 일도 했던 그의 주인에게 부리지 않던 작은 말이 있었는데, 이 주인이 정직한 세 남자를 도우려는 마음에서 짐을 싣고 다니도록 말을 그들에게 주었던 것이다. 또 이 주인은 직원이 출발하기 전에 3일 동안 일을 해 준 데 대한 대가로, 범선의 밑에서 세 번째 마스트에 다는 돛을 하나 주었다. 낡긴 했지만 텐트를 만들기에는 충분했다.

군인 출신인 존인 텐트 만드는 방법을 가르쳐 주었으며, 그들은 그의 지시에 따라 금방 텐트를 만들고 폴과 가로대까지 준비했다. 이리하여 그들은 여행에 필요한 것을 갖추었다. 3명의 남자와 텐트 하나, 말 한 필, 총 한 정. 군인은 무기를 갖추지 않고는 출동하지 않는 법이니까. 지금 그는 자신이 더 이상 빵 굽는 사람이 아니며 기병이라고 말했다.

소목장이는 돌아다니다가 자신의 생존뿐만 아니라 그들의 생존을 위해서도 일거리가 생기면 언제든 일을 할 수 있도록 작은 연장 도구를 챙겼다. 그들이 가진 돈은 모두 공동 기금으로 들어갔고, 그들은 이제 여정에 올랐다. 그들이 아침에 여행을 시작할 때, 바람은 뱃사람이 주머니 나침반을 근거로 말한 바에 따르면 북서쪽에서 불어오는 것 같았다. 그래서 그들은 북서쪽으로 떠나기로 결정했다.

그러나 그때 한 가지 문제가 그들의 길을 가로막고 나섰다. 그들이 와핑의 이쪽 끝에서, 그러니까 허미티지 근처에서 출발했을 때, 전염병이 런던의 북쪽에서 쇼어디치와 크리플게이트 교구에서만큼 맹렬했기 때문에, 그쪽으로 가까이 가는 것이 안전하지 않다고 생각되었다. 그래서 그들은 랫클리프 하이웨이를 따라 동쪽으로 랫클리프 크로스(Ratcliff Cross)까지 갔으며, 그곳에서 마일 엔드까지 올라가기가 겁이 나서 왼쪽에 있던 스테프니 처치를 버리기로 했다. 마일 엔드까지 가지 않은 이유는 그런 경우에 교회 부속 묘지를 지나쳐야 하고, 서쪽에서 부는 것 같던 바람이 전염병이 창궐하던 도시 쪽에서 정통으로 불어왔기 때문이다. 그래서 그들은 스테프니를 벗어나 먼 길을 돌아서 포플러와 브롬리까지 가기로 하고 바우에서 큰길로 들어섰다.

이쯤에서 바우 브리지에 배치된 감시원이 그들을 심문할 수 있었지만, 그들은 길을 가로질러, 바우 읍의 이쪽 끝에서 올드 포드(Old Ford)로 이어지는 좁은 길로 들어감으로써 심문을 피한 뒤에 올드 포드 쪽으로 계속 나아갔다. 어딜 가나 순경들은 사람들이 지나가지 못하도록 막는 것보다는 사람들이 자신들의 마을의 주거지를 점유하지 못하도록 막는 일에 신경을 썼던 것 같다. 이것은 그 시기에 새롭게 돌던 소문, 그러니까 런던의 가난한 사람들이 전염병 때문에 절망한 상황에서 일자리가 없어 굶주리게 되자 빵을 얻기 위해 무기를 들고 소요 사태를 일으켰다는 소문 때문이었다. 가난한 사람들이 밖으로 뛰쳐나와 온 도시를 돌아다니며 빵을 얻기 위해 약탈을 벌이고 있다는 내용이었는데, 전혀 터무니없어 보이지는 않는 소문이었다.

이것은 단지 소문이었을 뿐이며, 그것이 소문에 그쳤다는 것은 너무나 다행한 일이었다. 그러나 그런 소문이 생각만큼 현실과 거리가 먼 것은 아니었다. 왜냐하면 몇 주일 후에 가난한 사람들이 재앙 때문에 더욱더 깊은 절망에 빠짐에 따라 들판과 마을로 뛰쳐나가 닥치는 대로 파괴하려 들기 직전의 상태에 놓였기 때문이다.

앞에서 관찰한 바와 같이, 가난한 사람들이 그런 소요 사태를 일으키지 못하도록 막은 것은 다른 것이 아니었다. 바로 전염병이었다. 전염병이 너무나 사납게 날뛰었기 때문에, 가난한 사람들이 수천 명씩 무리를 지어 폭도가 되어 들판으로 나가지 못하고 수천 명씩 무더기로 무덤으로 간 것이다. 폭도가 협박을 시작했던 곳인 세인트 세펄처 (St. Sepulcher)와 클라큰웰, 크리플게이트, 비숍스게이트, 쇼어디치 교구 부근에서, 전염병이 너무나 거세게 번진 탓에 그 병이 절정에 이르기 전인 8월 첫 3주 동안에 5,361명이나 죽어 나갔으니 말이다. 그때도 와핑과 래드클리프, 로서리스 근처 지역은 앞에서 설명한 바와 같이 전염병의 영향을 거의 받지 않거나 아주 가볍게 받고 있었다. 그래서 한마디로 요약하면 앞에서도 말한 바와 같이, 시장과 치안 판사들의 훌륭한 관리가 사람들의 분노와 절망이 폭발해 소요를 일으키는 일이 없도록, 다시 말해 가난한 사람들이 부자들을 약탈하는 일이 없도록 막는 데 큰 기여를 했음에도 불구하고, 실은 시체 수레가 소요 사태 예방에서 시장과 치안 판사들보다 더 큰 역할을 했다. 앞에 말한 다섯 개 교구에서만 20일 사이에 5,000명 이상이 죽었으니까. 당시에 전염병에 걸려 있었던 사람의 숫자는 아마 그 수치의 3배는 되었을 것이다. 일부는 회복되었지만, 아주 많은 사람들이 매일 병에 걸려 나중에 죽었다. 주간 사망 보고서가 5,000명 죽은 것으로 보고하면, 나는 언제나 실제 수치는 배는 된다고 믿었다. 보고서가 정확하다고 믿을 근거가 전혀 없고, 당시 상황도 주간 사망 보고서가 절대로 정확할 수 없는 조건이었다.

그러나 여기서 내가 말하던 그 여행자들로 돌아가도록 하자. 여기서 그들은 심문만 받았을 뿐이었다. 그들은 도시가 아니라 시골에서 오는 것처럼 보였다. 그래서 사람들이 그들을 편하게 대한다는 사실을 그들도 확인할 수 있었다. 그들이 만나는 사람들은 그들에게 말도 걸었고, 순경과 교도관들이 있던 선술집으로 불러 술과 음식을 주기도 했다.

이런 술과 음식은 그들의 기운을 크게 돋우고 용기를 불어넣어 주었다. 여기서 그들의 머리에 어떤 아이디어가 떠올랐다. 앞으로 검문을 당하면 런던에서 왔다고 하지 않고 에식스(Essex) 카운티에서 왔다고 하는 게 낫겠다는 판단이었다.

이런 사소한 기만으로, 그들은 올드 포드에서 만난 순경으로부터 아주 큰 호의를 끌어냈다. 순경이 그들에게 에식스에서 와서 그 마을을 통과했다는, 그러니까 그들이 런던에 있지 않았다는 증명서까지 주었으니 말이다. 그 증명서는 시골 사람들이 대체로 받아들이는 런던의 의미에서 본다면 거짓이지만, 엄격히 따지면 진실이다. 그들이 살았던 와핑 또는 랫클리프는 런던 시 또는 리버티의 일부가 전혀 아니기 때문이다.

해크니 교구의 햄릿들 중 하나인 호머튼(Homerton)의 순경에게 제출했을 때에도 증명서는 그들에게 대단히 이롭게 작용했다. 그 증명서는 그들에게 그곳을 자유롭게 통과하는 것을 보장해 주었을 뿐만 아니라 치안 판사가 발행하는 위생 증명서까지 얻게 해 주었다. 그곳의 치안 판사는 순경으로부터 신청서를 받자마자 별다른 이견을 제기하지 않고 증명서를 내주었으며, 그래서 그들은 길게 나뉘어져 있던 해크니 타운(당시에 이 타운은 몇 개의 분리된 햄릿들로 이뤄져 있었다)을 통과해 계속 여행할 수 있었으며, 그러다 스탬퍼드 힐(Stamford Hill) 위의 북쪽으로 난 큰길에 닿았다.

이때쯤 그들은 지치기 시작했으며, 그래서 해크니에서 시작한 뒷길에서, 그러니까 이 뒷길이 큰길로 이어지기 전의 지점에서 첫 날 밤을 텐트를 치고 야영을 하며 보내기로 했다. 그들은 외양간 또는 외양간처럼 생긴 건물을 발견한 다음에 안에 아무도 없다는 사실을 확인하고는 텐트를 머리 부분이 외양간에 닿도록 쳤다. 그들이 텐트를 그런 식으로 친 이유는 그날 밤 바람이 매우 거셌고, 또 그들이 텐트를 관리하는 일뿐만 아니라 그런 식의 숙박에도 아직 익숙하지 않았기 때문이다.

여기서 그들은 잠자리에 들었다. 그러나 진지하고 침착한 사람인 소목장이는 첫 날 밤에 이런 식으로 축 늘어져서 잔다는 사실을 못마땅하게 여기던 터라 잠을 이루지 못했으며, 조금 더 뒤척이며 잠을 자려다가 뜻대로 되지 않자 아예 일어나서 총을 잡고 보초를 서며 동료들을 지키기로 작정했다. 그래서 그는 총을 쥔 채 외양간 입구까지 갔다오기를 반복했다. 외양간은 길 가까운 들판에 서 있었지만 울타리 안에 있었다.

그가 정찰 활동을 하고 그리 시간이 많이 지나지 않았을 때, 사람들이 가까이 다가오는 소리가 들렸다. 숫자가 많은 것 같았다. 그의 판단에, 사람들은 곧장 외양간 쪽으로 오고 있었다. 그는 즉각 동료들을 깨우지 않았는데, 몇 분 더 지나니 사람들의 소리가 더 커졌다. 비스킷 만드는 사람이 그를 불러 무슨 일인지 물으며 재빨리 뛰어나갔다. 돛을 만드는 절름발이인 다른 사람은 대단히 피곤했던 탓에 여전히 텐트 안에 누워 있었다.

그들이 예상한 대로, 그들이 귀로 듣고 있던 그 사람들은 곧장 외양간으로 왔다. 그때 우리의 여행자들 중 한 사람이 보초를 서는 군인처럼 "거기 누구요?"라고 위협적인 말투로 물었다. 그 사람들은 즉각 대답하지 않았지만, 그들 중 한 사람이 뒷사람에게 말하는 소리가 들렸다. "아이고! 정말 실망이네. 우리 앞에 먼저 사람이 와 있어. 외양간을 차지하고 있어."

그 사람들은 다소 놀란 듯 거기서 멈춰 섰으며, 모두 열세 명 정도 되었고, 여자도 몇 명 끼어 있었다. 그들은 서로 어떻게 할 것인지 의논했으며, 그들의 대화를 통해서 우리의 여행자들은 곧 그들도 마찬가지로 불쌍하고 절망한 사람들이라는 사실을 알 수 있었다. 피난처와 안전을 찾아 헤매던 사람들이었던 것이다. 게다가, 우리의 여행자들은 그 사람들이 다가와서 방해하지 않을까 걱정할 필요도 없었다. "거기 누구요?"라는 소리가 들리자마자, 여자들이 깜짝 놀라며 "저 사람들 가까이 가지 말아요. 병에 걸린 사람들일지도 모르잖아요."라고 말했기 때문이다. 남자들 중 한 사람이 "말이나 해봅시다."라고 말하자, 여자들이 "절대로 그러지 마세요. 우리가 신의 가호로 여기까지 달아났는데, 여기서 위험한 행동을 하지 말아요. 제발!"이라며 남자들을 가로막고 나섰다.

이것을 근거로, 우리의 여행자들은 그 사람들이 자신들처럼 목숨을 건지기 위해 피난하고 있는, 선하고 분별 있는 사람들이라는 것을 알 수 있었다. 그들은 이 같은 사실에 고무되었다. 그래서 존이 동료인 소목장이에게 말했다. "그들을 최대한 격려하도록 하지요." 이어 존이 그들을 향해 "말 좀 들어보시오."라고 외쳤고, 소목장이가 그들을 향해 이렇게 말했다. "내 말 좀 들어보세요, 선하신 분들이여! 당신의 대화를 통해서 당신들도 우리와 마찬가지로 무서운 적을 피해 달아나고 있다는 것을 알게 되었어요. 우리를 무서워하지 마세요. 우리는 3명의 불쌍한 남자들일 뿐입니다. 당신들이 전염병에 걸리지 않았더라도 우리 때문에 피해를 입을 일은 없습니다. 우리는 외양간 안에 있지 않고 바깥의 작은 텐트 안에 있어요. 아니면 당신들을 위해서 텐트를 치울 수도 있어요. 텐트는 다른 곳에 다시 치면 되니까요." 이 말에 리처드라는 이름의 소목장이와 그쪽 남자들 중 한 사람인 포드라는 남자 사이에 논의가 시작되었다.

포드: 당신들이 전부 건강한 사람이라는 사실을 우리에게 보증할 수 있습니까?

리처드: 물론이지요. 당신들은 불편해 하거나 위험에 처했다고 생각할 이유가 없어요. 그러나 우리는 당신들이 위험을 무릅쓰길 바라지 않아요. 우리가 외양간을 전혀 이용하지 않았다는 사실을 밝혀둡니다. 그리고 우리는 외양간으로부터 철수할 생각입니다. 그러면 당신들도 안전하고 우리도 안전할 테니까요.

포드: 매우 친절하고 관대하시군요. 하지만 당신들이 건강하고 전염병으로부터 자유로운 상태인데, 우리가 먼저 자리를 잡은 당신들에게 비켜달라고 요구해야 하는 이유가 있을까요? 괜찮으시다면, 외양간에 들어가서 좀 쉬고 싶어요. 그래도 당신들을 방해하지는 않을 거요.

리처드: 하지만 당신들은 수가 우리보다 훨씬 더 많아요. 당신들도 모두 건강한 상태라고 당신이 나에게 보증해 주면 좋겠습니다. 당신들이 우리에게 끼칠 수 있는 위험도 우리가 당신들에게 끼칠 수 있는 위험만큼이나 크니까요.

포드: 아주 적은 수이긴 하지만, 신의 가호로 일부 사람들이 피난하고 있어요. 우리 운명이 어디까지인지는 아직 모르지만, 여기까지 우리는 목숨을 지킬 수 있었어요.

리처드: 당신들은 도시 어느 지역에서 왔죠? 당신이 살던 곳까지 전염병이 퍼졌습니까?

포드: 너무나 끔찍하고 무섭게 덮쳤지요. 그렇지 않았다면 우리는 지금처럼 달아나지 않았겠지요. 그러나 우리 뒤에 남은 사람들 중엔 살아남을 사람이 거의 없을 것입니다.

리처드: 어디서 왔습니까?

포드: 우리 대부분은 크리플게이트 교구에서 왔습니다. 두세 사람만 클라큰웰 교구에서 왔는데, 크리플게이트와 가까운 곳이랍니다.

리처드: 거길 벗어난 이후로는 어떻게 지냈어요?

포드: 떠나온 지는 벌써 좀 됐어요. 우리는 이슬링턴의 이쪽 끝에서 가능한 한 함께 지냈습니다. 거기서 우리는 사람이 살지 않는 낡은 집에서 잘 수 있었어요. 침구와 취사 도구 몇 가지가 있었지요. 그러나 전염병이 이슬링턴까지 퍼졌고, 우리가 거처하고 있던 집의 옆집도 전염되어 봉쇄되었어요. 그래서 우리는 놀라서 황급히 떠났답니다.

리처드: 이제 어느 길로 갈 예정인가요?

포드: 운명이 이끄는 대로 갈 생각입니다. 우리는 어디로 가야 하는지 모릅니다만, 신을 우러러보는 우리를 신이 틀림없이 이끌어 줄 것입니다.

두 사람은 더 이상 논의를 하지 않았으며, 그들 모두는 외양간까지 와서 약간의 어려움을 겪으며 안으로 들어갔다. 외양간 안에는 건초밖에 없었지만, 건초의 양은 충분했다. 그들은 최대한 편한 자세로 휴식을 취했지만, 우리의 여행자들은 그들이 잠자리에 들기 전에 어느 여자의 아버지로 여겨지는 늙은 남자가 일행과 함께 기도를 올리며 신의 축복과 안내를 간구하는 소리를 들었다.

일년 중 낮이 가장 길 때였다. 소목장이 리처드가 밤의 전반부에 보초를 섰기 때문에, 군인 출신인 존이 그와 교대했다. 존은 아침에 그 자리를 지켰으며, 그들은 서로에 대해 알기 시작했다. 그들은 이슬링턴을 떠날 당시에 북쪽으로 하이게이트(Highgate)까지 갈 뜻이었지만 홀러웨이(Holloway)에서 정지해야 했던 것 같다. 그곳의 사람들이 그들에게 통과를 허용하지 않았을 것이며, 그래서 그들은 동쪽으로 들판과 언덕을 넘어서 보디드 리버(Boarded River)[38]로 빠져나왔으며, 그리함으로써 그들은 마을들을 피하면서 왼쪽으로는 혼시(Hornsey)를, 오른쪽으로는 뉴잉턴(Newington)을 떠나서 그쪽의 스탬퍼드 힐 근처에서 큰길로 들어갔다. 한편, 3명의 여행자들은 반대편에서 그 길로 접어들었다. 지금 그 집단은 늪지대의 강을 건너서 에핑 포리스트(Epping Forest)로 나아갈 생각을 품고 있었다. 거기서 그들은 휴식을 취할 길을 발견할 수 있기를 바라고 있었다. 그들은 가난하지 않은 것 같았으며, 적어도 궁핍한 정도는 아니었다. 그들은 두세 달 동안은 적당히 살아갈 수 있을 만큼은 갖고 있었다. 그러면 추운 날씨가 전염을 저지하거나, 만약에 살아 있는 사람이 거의 없어서 전염될 사람이 없게 된다면, 적어도 전염병의 난폭성은 누그러질 것이었다.

이것은 우리의 여행자 3명의 운명과 많이 비슷했으며, 그 사람들이 여행 준비를 더 잘 갖추었고, 훨씬 더 멀리까지 가는 것을 목표로 잡고 있었다는 차이밖에 없었다. 우리의 여행자 3명은 하루의 여정보다 더

....

38 1613년에 런던에 식수를 공급하기 위해 만든 인공 수로를 말한다. 정식 이름은 뉴 리버이다.

먼 길을 갈 계획을 하지 않았다. 그래야만 그들이 이틀이나 사흘마다 런던에서 일어나는 일에 관한 소식을 들을 수 있을 터였다.

그러나 여기서 우리의 여행자들은 예상하지 않은 불편을 겪고 있다는 사실을 발견했다. 그들이 끌고 다니는 말이 안기는 불편이었다. 말을 이용해서 짐을 옮기다 보니, 그들은 길을 벗어날 수 없었다. 반면에 다른 무리의 사람들은 들판이든 길이든, 오솔길이 있든 없든, 길이 있든 없든 가리지 않고 자신이 원하는 대로 갈 수 있었다. 그들은 필요한 물건을 구해야 하는 때나 정말로 심각한 어려움에 처한 경우를 제외하곤 굳이 마을을 통과하거나 마을 가까이 갈 필요도 없었다.

그러나 우리의 여행자 3명은 반드시 길로 가야 했으며, 그렇지 않을 경우에 그들은 울타리가 처진 들판을 지나가면서 담을 무너뜨리는 등 시골에 큰 피해를 안기게 되어 있었다. 그들은 가능하다면 이런 일은 극구 피하길 원했다.

우리의 여행자 3명은 이 일행과 합류하기로 마음을 먹고 그들과 대화를 조금 한 뒤에 북쪽으로 향하려던 애초의 계획을 접고 그들을 따라서 에식스로 들어가기로 했다. 그래서 그들은 아침에 텐트를 걷어 말에 싣고는 일행과 함께 길을 떠났다.

그들은 강에 닿았으나 나룻배로 강을 건너는 데 어려움을 겪었다. 뱃사공이 그들을 두려워했기 때문이다. 그러나 멀찍이 서서 몇 마디 말을 나눈 뒤에, 나룻배의 사공은 평소에 배를 대는 곳에서 멀리 떨어진 지점에 자기 배를 갖다 대기로 합의했다. 배를 거기에 두고 가면 그들이 배를 타고 강을 건너기로 했다. 뱃사공은 그들에게 배를 강 건너편에 두고 가라고 했다. 그러면 그가 또 다른 배를 타고 그곳으로 가서 배를 끌고 오겠다는 것이었다. 그러나 뱃사공은 8일 넘도록 배를 건너 편에 그대로 두었던 것 같다.

여기서, 그들은 뱃사공에게 미리 돈을 주고 식량과 물을 챙겼다. 뱃 사공은 식량과 물을 배에 남겨두고 그곳을 떠났다. 그런데 우리의 여 행자들은 말을 싣는 문제 때문에 굉장히 난처한 입장에 처했다. 배가 작아 말을 태우기에 적절하지 않았기 때문이다. 그래서 그들은 말의 등에 실린 짐을 다 풀고 말이 헤엄쳐서 건너도록 하는 수밖에 없었다.

그들은 강에서 숲 쪽으로 향했는데, 월샘스토우(Walthamstow)라는 곳에 닿았을 때, 그 시기에 어디서나 벌어지고 있었듯이, 그 마을의 사 람들이 그들의 길을 가로막고 나섰다. 순경들과 파수꾼들이 그들을 멀 찍이 떼어놓은 채 그들과 협상을 벌였다. 일행은 자신들에 대해 예전 과 똑같이 설명했지만, 그곳 순경들과 파수꾼들은 일행의 말을 조금도 신뢰하지 않았다. 이 일행과 비슷한 행색의 두세 무리가 이미 그쪽 길 로 와서 비슷한 핑계를 댔지만, 그들이 통과한 마을의 주민 몇 명이 전 염병에 걸렸다는 것이었다. 그리고는 마을 사람들이 그 길을 거의 이 용하지 않았는데, 나중에 보니 그 무리 중 몇 명이 전염병 때문이었는 지 아니면 단순히 절망과 궁핍 때문이었는지 모르지만 어쨌든 들판에 죽어 있더라는 것이었다.

그것이 월샘스토우의 사람들이 이방인을 매우 조심스럽게 다루는 이유였고 또 그들이 모르는 사람들을 받아들이지 않기로 결정한 이유 였다. 그러나 소목장이 리처드와 또 다른 집단 중 한 사람이 순경들에 게 말한 바와 같이, 그것은 그들이 길을 가로막고 서서 사람들이 마을 을 통과하지 못하도록 막을 이유가 아니었다. 그들에게 아무것도 요구하지 않고 단지 길을 가기만을 원하는 사람들을 말이다. 그곳 사람들이 그들을 무서워한다면 그냥 집에 들어가서 문을 잠그고 집 안에만 있으면 될 일이었다. 그들은 길을 지나가는 사람들에게 무례하게 대할 필요도 없이 그저 자기 할 일만 하면 되었다.

그래도 순경들과 파수꾼들은 합리적인 설득에 넘어가지 않고 계속 완강한 모습을 보이면서 어떤 말도 귀담아 들으려 하지 않았다. 그래서 그들과 대화했던 두 사람은 어떻게 할 것인지 논의하기 위해 동료들에게로 돌아갔다. 대체로 대단히 실망스런 상황이었으며, 그들은 한동안 어떻게 해야 할지 몰라 당황했다. 그러다가 마침내 군인 출신으로 비스킷 만드는 기술을 가진 존이 잠시 생각하더니 "나머지 협상은 내게 맡겨요."라고 말했다.

그는 순경들 쪽으로 나가지 않고 소목장이 리처드에게 나뭇가지를 잘라서 최대한 총 모양으로 다듬으라고 부탁했다. 시간이 얼마 지나지 않아 리처드는 머스킷총을 대여섯 개 만들었다. 멀리서 보면 진짜 총처럼 보였을 것이다. 총의 발사장치가 있는 부분을 옷가지와 헝겊으로 덮도록 했다. 군인들이 비가 올 때 발사장치가 녹슬지 않도록 그 부분을 둘러싸듯이. 또 나머지 부분은 흙을 묻혀서 나뭇가지의 색깔을 숨겼다. 그 사이에 나머지 사람들은 존의 지시에 따라 두세 명씩 짝을 지어 서로 멀찍이 앉아 불을 피웠다.

나머지 사람들이 이러고 있는 동안에, 존과 다른 두세 명의 남자들은 마을의 남자들이 세워놓은 장애물이 보이는 좁은 길에 텐트를 치고 거기에 진짜 총을, 그러니까 그들의 유일한 총을 맨 보초를 세웠다. 이 보초는 어깨에 총을 맨 채로, 마을 사람들이 볼 수 있도록 앞뒤로 움직이고 있었다. 존은 또 바로 옆에 있는 울타리의 문에 말을 묶었으며, 바싹 마른 나뭇가지를 몇 개 묶어서 텐트 옆에 불을 피웠다. 그래서 마을 사람들은 불과 연기를 볼 수 있었을 뿐 거기서 그들이 하고 있는 것은 보지 못했다.

그곳 사람들은 꽤 오랫동안 그들의 동향을 면밀히 살폈으며, 따라서 일행의 숫자가 아주 많다고 짐작하지 않을 수 없었다. 이제 그곳 사람들의 마음이 불편해지기 시작했다. 이유는 일행이 길을 통과하는 문제 때문이 아니라, 그들이 그곳에 머물 것 같았기 때문이다. 무엇보다도 그들이 말과 무기까지 갖고 있는 것처럼 보였기 때문이다. 텐트에 말한 마리와 총 한 정이 있는 것으로 확인되었을 뿐만 아니라, 좁은 길옆의 울타리 안에 있는 사람들도 머스킷총을 메고 있는 것처럼 보였으니까. 이런 장면에 그곳 사람들은 크게 놀라며 경계심을 품었으며, 그래서 그들은 치안 판사에게 가서 어떻게 해야 하는지 물었던 것 같다. 치안 판사가 그들에게 어떤 조언을 했는지 모르지만, 밤이 가까워질 때쯤 그들이 장애물 쪽에서 텐트의 보초를 향해 소리를 질렀다.

이에 존이 "뭘 원하지요?"라고 대답했다[39].

그러자 순경이 "거기서 뭐 하려는 거요?"라고 물었다. 이에 존은 "무엇을 하냐고요? 당신들은 우리가 뭘 하기를 원하는데요?"라고 다시 물었다.

순경: 왜 안 가는 거죠? 거기 머무는 이유가 뭐죠?

존: 당신들이 우리가 국왕의 대로를 걷지 못하도록 막으면서 우리

----

39 존은 텐트 안에 있었던 것 같다. 그는 그 외침을 듣자마자 밖으로 나와서 총을 어깨에 메고 자신이 장교의 지시에 따라 보초를 서고 있는 것처럼 그들에게 대답했다(이 각주는 다니엘 디포가 남긴 것이다).

의 길을 막는 이유가 뭡니까?

순경: 전염병 때문이라는 사실을 알려주지만, 우리가 이유까지 밝혀야 할 의무는 없지요.

존: 우리는 모두 건강하고 전염병으로부터 자유로운 상태라고 이미 밝혔어요. 그래도 당신들은 우리의 대답에 만족하지 못한 채 이렇게 대로에서 우리를 막고 있어요.

순경: 우리에겐 전염병을 차단할 권리가 있어요. 우리의 안전 때문에 어쩔 수 없지요. 게다가, 이것은 국왕의 대로가 아니라, 그냥 묵인하에 쓰이고 있는 길일 뿐입니다. 보시다시피 여기는 문이랍니다. 이곳을 통과하는 사람은 통행료를 내야 하지요.

존: 우리도 당신만큼 우리의 안전을 추구할 권리가 있어요. 당신은 우리가 목숨을 구하기 위해 대피하고 있다는 사실을 잘 알고 있어요. 그런 우리를 정지시키는 것은 대단히 비기독교적이고 불공평한 처사이지요.

순경: 당신들은 왔던 곳으로 되돌아갈 수 있어요. 우리는 당신들이 그렇게 하는 것을 막지 않아요.

존: 우리가 그렇게 하지 못하도록 막는 것은 당신보다 더 강력한 적이지요. 그렇지 않으면 여기까지 오지도 않았을 거요.

순경: 그러면 다른 길로 가면 되지요.

존: 아, 그건 안 됩니다. 당신 교구의 사람들 모두가 잠시 피했다가 우리가 가고 난 뒤에 다시 나오면 될 텐데도 우리를 여기서 정지시켰기 때문에, 우리는 그걸로 만족하는 수밖에 없지요. 보시다시피 우리는 여기서 야영하면서 살 것이오. 우리는 당신들이 식량을 공급해줄

것이라고 기대하고 있어요.

순경: 당신들에게 양식을 공급하라고! 그건 도대체 무슨 뜻인가요?

존: 그러면 우리가 굶어죽도록 내버려 둘 작정이오? 우리를 여기에 정지시킨 사람이 당신들이니 우리를 부양해야 할 것 아니오?

순경: 우리가 부양하게 된다면, 형편없는 대접을 받게 될 텐데.

존: 우리를 놓아준다면야 당연히 우리 형편은 더 낫겠지.

순경: 당신들이 힘으로 숙박을 요구하고 나서지는 않겠지요?

존: 아직 당신들을 난폭하게 대한 적이 없어요. 그런데 왜 당신은 우리와 폭력을 연결시킵니까? 나는 군인 출신이라 절대로 굶어죽지 않아요. 우리가 양식이 부족해서 어쩔 수 없이 돌아가게 될 것이라고 판단한다면, 그건 오산입니다.

순경: 당신들이 우리를 위협하고 있기 때문에, 우리는 당신들을 상대할 만반의 준비가 되어 있지요. 카운티의 힘을 총동원해도 좋다는 명령을 받아 놓은 상태지요.

존: 협박하고 있는 쪽은 우리가 아니고 당신들입니다. 당신들이 나쁜 생각을 품고 있으니 우리가 당신들에게 시간을 주지 않더라도 우리를 탓하지 마시오. 우리는 몇 분 후에 길을 다시 떠날 거요.[40]

순경: 당신들은 우리에게 뭘 요구하죠?

존: 마을을 통과하게 해 달라는 것 외에 당신에게 아무것도 요구하지 않았어요. 우리는 당신들 중 어느 누구에게도 피해를 입히지 않을 것이고, 당신들은 우리에 의해서 어떤 상처나 손실도 입지 않았을 것

....

40 이 통보가 순경과 그와 함께 있던 사람들을 깜짝 놀라게 만들었으며, 그 즉시 그들은 태도를 바꾸었다(이 각주는 다니엘 디포가 남긴 것이다).

입니다. 우리는 도둑이 아니라 절망에 빠진 불쌍한 사람들이며, 런던의 끔찍한 전염병을 피해 달아나고 있지요. 매주 수천 명씩 삼키는 전염병 말입니다. 우리는 당신들이 어떻게 그렇게 무정할 수 있는지 의아할 뿐입니다.

순경: 우리를 지키려면 어쩔 수 없지요.

존: 뭐라고! 이런 절망적인 상황에 동정심을 버린다고!

순경: 당신 왼쪽에 있는 들판을 지나 마을 저쪽 뒤로 가겠다면, 당신들에게 문을 열어줄 생각이 있어요.

존: 기병들[41]이 있어서 그 쪽으로는 짐을 옮기지 못합니다. 그 쪽은 우리가 가고자 하는 길과 연결되지 않아요. 당신은 왜 자꾸 우리가 길을 벗어나도록 하려는 거죠? 게다가 당신은 우리를 이곳에 하루 종일 붙잡아 놓고도 먹을 것을 하나도 주지 않았어요. 내 생각에 당신들이 우리에게 뭔가를 내놓아야 할 것 같군요.

순경: 다른 길로 가겠다면, 먹을 것을 조금 보내지요.

존: 그 길로 가면 카운티의 모든 마을들이 우리의 길을 가로막고 나설 것입니다.

순경: 그 마을들이 당신들에게 음식을 제공한다면, 그것도 그리 나쁜 일도 아니지 않아요? 텐트도 있으니 숙박은 필요 없을 테고.

존: 음식을 어느 정도 보낼 건가요?

순경: 몇 명이죠?

존: 우리 일행이 다 먹을 만큼 충분한 양을 원하지는 않아요. 우리는 3개의 군대로 나뉘어져 있습니다. 20명의 남자와 6명 내지 7명 정

----
41 그들에겐 말이 한 필 뿐이었다(이 각주는 다니엘 디포가 남긴 것이다).

도의 여자가 사흘 먹을 빵을 보내주고 당신이 말하는 들판의 길을 알려주면, 우리는 마을 사람들이 우리를 두려워하도록 만들고 싶지 않아요. 우리가 당신들만큼 전염병으로부터 깨끗함에도 불구하고, 우리는 당신의 지시에 따라 우리의 길에서 벗어날 것입니다.[42]

순경: 당신이 이끄는 다른 사람들도 소란을 피우지 않을 것이라고 보증할 수 있습니까?

존: 물론이지요. 믿어도 좋습니다.

순경: 또 당신들 중 어느 누구도 우리가 놓아둘 양식 그 너머로는 한 발짝도 더 오지 않도록 해야 합니다.

존: 그런 일은 절대로 없을 것입니다.

그래서 마을 사람들은 그 장소로 빵 스무 덩어리와 소고기 서너 덩어리를 보내고 그들이 통과할 문을 열었다. 그러나 그 사람들 중에 그들이 통과하는 것을 지켜볼 만큼 용기 있었던 사람은 한 사람도 없었다. 밤이었기 때문에, 마을 사람들이 지켜보았다 하더라도 그들의 숫자가 얼마나 작은지 알지 못했을 것이다.

이것은 군인 출신이었던 존의 계략이었다. 그러나 그들의 출현이 그 카운티에 너무나 큰 공포를 안겼기 때문에, 그들의 숫자가 실제로 200명 내지 300명이나 되었더라면 카운티 전체가 그들을 가로막고 나서면서 그들을 감옥에 보내거나 그들을 공격했을지도 모를 일이었다.

그들은 이 상황을 곧 이해하게 되었다. 왜냐하면 그들이 이틀 뒤에

....

42 이 대목에서 존은 남자 한 사람을 불러서 리처드 대위와 그의 병사들에게 그들이 가려던 길 옆의 좁은 길로 행진해서 숲에서 합류하도록 명령하라고 지시했다. 이 모든 것은 거짓이었다. 그들에겐 리처드 대위도 없었고 군대도 없었다(이 각주는 다니엘 디포가 남긴 것이다).

기병과 보병의 무리가 머스킷총을 무장한 세 무리의 사람들을 쫓고 있는 것을 발견했기 때문이다. 이 사람들이 런던에서 빠져나와서 시골 사람들에게 전염병을 퍼뜨릴 뿐만 아니라 시골을 약탈하며 돌아다니고 있다는 것이었다.

자신들의 행동이 낳은 결과를 지켜보면서, 그들은 자신들이 위험에 처해 있다는 사실을 금방 깨달았다. 그래서 그들은 군인 출신인 존의 조언에 따라 다시 찢어지기로 결정했다. 존과 그의 동료 두 사람은 말을 끌고 월섐(Waltham) 쪽으로 떠나고, 다른 사람들은 두 무리로 나뉘어 어느 정도 흩어진 채 에핑 쪽으로 향했다.

첫 번째 밤에 그들은 모두 숲에서 야영을 했다. 서로 그리 멀리 떨어지지 않았지만 텐트를 치지는 않았다. 그곳의 사람들이 그들을 발견하지 못하도록 하기 위해서였다. 한편, 리처드는 도끼와 손도끼를 갖고 나뭇가지들을 잘라서 오두막집 비슷한 것을 3개 지었다. 그 안에서 그들은 최대한 편안하게 야영을 했다.

그들은 월섐스토우에서 구한 식량으로 그날 밤 식사를 푸짐하게 즐겼으며, 다음 식사는 신의 뜻에 맡겼다. 그들은 군인 출신인 존의 행동을 아주 높이 평가하면서 그를 기꺼이 리더로 받아들였다. 그의 처신은 매우 훌륭해 보였다. 존은 그들이 이제는 런던에서 충분히 멀리 떨어진 곳에 와 있다고 말했다. 또 지금 당장은 시골에 신세를 질 필요가 없기 때문에, 그들은 자신들이 시골을 전염시키지 않아야 하는 것 못지않게 시골이 자신들에게 전염병을 옮기지 않도록 세심하게 신경을 써야 한다는 점을, 또 돈이 많지 않기 때문에 최대한 검소하게 지내야 한다는 점을 강조했다. 그는 또 사람들이 시골에 해로운 짓을 하지 않기 위해선 자신들이 처한 상황을 최대한 이해해야 한다는 점을 강조했다. 그들은 모두 그의 지시를 따랐으며, 그래서 그들이 지은 3채의 집도 그대로 두고 에핑 쪽으로 떠났다. 캡틴(이제 모두가 그를 이런 호칭으로 불렀다)과 두 명의 동료 여행자들은 월샘으로 향하려던 계획을 접었으며, 그래서 모두가 함께 길을 떠났다.

그들은 에핑 근처에서 걸음을 멈추고 나무가 듬성듬성 서 있는 숲에서 적절한 장소를 찾았다. 큰길과 아주 가깝지도 않고 북쪽으로 멀리 떨어지지도 않은 곳이고, 나직한 나무들이 밀집되어 있는 곳이었다. 여기서 그들은 작은 야영장을 마련했다. 야영장은 목수와 그의 보조자들이 잘라낸 막대기들을 땅에 원형으로 박아서 만든 대형 오두막 3개와 여자들이 따로 누울 작은 오두막 1개, 말을 넣을 오두막 1개로 이뤄져 있었다. 대형 오두막은 땅에 박은 막대기들의 끝을 꼭대기에 모두 모아 묶은 뒤에 옆면을 모두 나뭇가지로 채웠기 때문에 바람이 통하지 않아 따뜻했다.

공교롭게도 이튿날인가 이틀 후인가 에핑의 장날이었다. 그래서 캡틴 존과 다른 남자들 중 한 사람이 시장으로 가서 양식을, 그러니까 빵과 양고기와 소고기를 샀다. 그리고 여자 두 사람은 서로 일행이 아닌 것처럼 따로 가서 양식을 더 샀다. 존은 시장에서 산 물건을 말에 싣고 왔다. 목수는 자신이 갖고 다니던 연장으로 사람들이 앉을 벤치와 의자, 식탁을 만들었다.

그들은 이틀 또는 사흘 동안은 사람들의 눈에 띄지 않았다. 그러나 그 후론 마을에서 많은 사람들이 그들을 보러 왔으며, 급기야 시골 전체가 그들에게 경계심을 품게 되었다. 사람들은 처음에 그들 가까이 오기를 두려워하는 것 같았으며, 그들도 그 사람들이 자기들로부터 멀리 떨어져 있기를 바랐다. 월샘에도 전염병이 돌고 있고, 에핑에도 2, 3일 전에 전염병이 닥쳤다는 소문이 돌았기 때문이다. 그래서 존은 그 사람들을 향해 이쪽으로 오지 말라고 소리를 질렀다. "여기 있는 우리 모두는 건강하고 깨끗한데, 당신들이 우리들에게 전염병을 퍼뜨리는 것도 원하지 않고 당신들로부터 우리가 전염병을 퍼뜨렸다는 소리를 듣고 싶지도 않기 때문이오."

이 일이 있은 뒤에, 교구 관리들이 그들에게 와서 멀찍이 서서 대화하면서 그들이 어디서 왔는지, 그들이 어떤 권한으로 거기에 터를 잡았는지 알고 싶어 했다. 존은 아주 솔직하게 대답했다. 자신들이 전염병이 런던으로 퍼질 경우에 닥칠 불행을 미리 예견하고 목숨을 부지하기 위해 런던을 탈출한 불쌍한 사람들이며, 대피할 지인이나 친척이 한 사람도 없기 때문에 처음에 이슬링턴에 자리 잡았다가 그곳마저도 전염병에 감염되자 더 멀리 달아나게 되었으며, 에핑의 사람들이 마을로 들어오는 것을 거부할 것이라고 미리 짐작하고 마을 사람들이 그들 때문에 피해를 입게 될 것이라고 두려워하도록 만드느니 차라리 절망적인 상황을 감수하고 들판과 숲에 그렇게 텐트를 치게 되었다는 식으로 설명한 것이다.

에핑의 사람들은 처음에 그들에게 거칠게 나오면서 떠나줄 것을 요구했다. 이곳은 그들이 있을 곳이 절대로 아니며, 그들은 건강하다고 주장하지만 자신도 모르는 사이에 전염병에 감염되어 있을 수 있으며, 그런 경우에 시골 전체를 감염시킬 수 있으며, 그들 때문에 현지 사람들이 고통을 겪을 수는 없다는 것이었다.

존은 그들과 아주 오랫동안 매우 차분하게 논쟁을 벌이면서 그들에게 여러 가지를 말해 주었다. 런던이 에핑의 주민들과 주변의 모든 시골 사람들이 생계 수단을 벌었던 곳이라는 점을, 특히 그들이 자신들의 땅에서 나는 산물을 런던에 팔 수 있었기에 농장 임차료를 낼 수 있었다는 점을 강조했다. 그렇기 때문에 자신들이 지금까지 너무나 많은 것을 얻었던 런던 주민들에게 그렇게 잔인하게 구는 것은 너무도 매정한 짓이고, 그들도 훗날 자신들이 끔찍한 전염병을 피해 온 런던 시민들을 야박하게 대했다는 사실을 떠올리며 스스로 부끄러워할 것이고, 런던 전역에 에핑 사람을 증오하는 분위기가 퍼짐에 따라 그들이 시장에 올 때마다 군중이 거리에서 그들에게 돌을 던지게 될 것이라고 일렀다. 더 나아가, 그들도 아직 전염병을 피할 수 있다는 보장이 없고, 들리는 바에 따르면 월샘엔 이미 전염병이 돌고 있는데 그들도 전염병이 닥칠까 두려워 달아나는 경우에 들판에서 잠을 청하는 자유마저 거부당하게 되면 그것이 정말 가혹한 짓이라는 사실을 깨닫게 될 것이라는 식으로 설득했다.

그러자 에핑 사람들은 다시 그들이 전염병에 걸리지 않았다고 말하지만 그걸 뒷받침할 증거가 없지 않느냐고 물었다. 또 월샘스토우에 떠돌이들이 많았는데 그곳의 떠돌이들도 그들처럼 건강하다고 주장하고 마을을 약탈하겠다고 위협하면서 교구 관리들이 허락하든 않든 상관없이 자신의 길을 가겠다고 버텼다는 소문이 돌았다. 떠돌이들은 200명에 가까웠으며 저지대의 군인들처럼 무기와 텐트를 갖고 있었으며, 그들이 무기를 보여주고 군인의 말투로 말하면서 마을로부터 양식을 강탈했다고 했다. 그들 중 몇 명은 럼퍼드(Rumford)와 브렌트우드(Brentwood)로 갔으며, 그들이 머물던 시골은 그들에 의해 전염되었으며, 전염병은 그들이 간 두 곳의 큰 마을로도 퍼졌으며, 그래서 그곳 사람들이 평소처럼 감히 시장에 가지 못한다는 것이었다. 에핑 사람들은 그들이 그 집단의 일부일 가능성이 매우 높다는 식으로 걱정했다. 만약 그것이 사실이라면 그들은 카운티 감옥에 갇혀야 하고, 그들이 입힌 피해와 공포에 대해 보상할 때까지 거기에 감금되어 있어야 한다는 것이었다.

이에 대해 존은 충실히 대답했다. 먼저 다른 사람들이 한 짓은 자신들과 아무런 관계가 없으며, 자신들은 모두 같은 집단이고, 자신들의 숫자가 그곳 사람들이 본 때보다 많았던 적은 절대로 없었다는 점을 강조했다. 이어 그들은 두 개의 별도 집단이었다가 도중에 서로 합쳤으며, 원하는 사람이 있으면 누구에게나 자신들에 대해 설명하고 자신들의 이름과 거주지를 밝힐 준비가 되어 있으며, 자신들이 일으키는 무질서에 대해서는 언제든 책임을 질 것이며, 자신들은 고통스럽게 살아가는 것도 감수할 준비가 되어 있으며, 원하는 것은 건강한 숲에서 숨을 쉴 작은 공간을 갖는 것뿐이라는 뜻을 전했다. 그런 숲을 다른 곳에서 발견할 수 있다면, 그들은 거기에 머물지 않고 철수할 것이라는 점도 덧붙였다.

마을 사람들은 이렇게 말했다.

"그러나 우리는 이미 가난한 사람들에 따른 부담을 대단히 많이 지고 있어요. 부담을 더 늘이면 안 돼요. 당신들이 우리 교구와 주민들에게 부담을 안겨주지 않을 것이라는 보증이 없지요. 마찬가지로 당신들은 위험하지 않다는 것을, 전염되지 않았다는 것을 보증하지 못해요."

이에 존은 이렇게 대답했다.

"당신들에게 부담을 안겨주는 문제에 대해 말하자면, 우리는 그런 일이 없기를 바라고 있어요. 만약 지금 우리에게 필요한 양식을 줌으로써 우리를 고난에서 구해준다면, 우리는 매우 감사하게 생각할 것입니다. 집에서 살 때 우리 모두가 구호를 받지 않고 살았듯이, 우리가 신의 은총으로 안전하게 우리의 가족과 집으로 돌아가고 런던 시민들이 건강을 회복한다면, 그때 은혜를 꼭 갚을 것입니다.

우리가 여기서 죽는 경우에 대해 말하면 이렇습니다. 우리 중 누군가가 죽는다면, 우리 모두가 한꺼번에 죽는 경우를 제외하곤 살아남은 자가 죽은 자를 묻을 것이기 때문에 당신들에게 전혀 부담을 안기지 않을 것입니다. 마지막 남은 사람은 자신을 묻을 수는 없으니 그 사람만은 당신들의 부담이 될 것 같습니다. 그래도 그 사람은 매장에 드는 돈을 충분히 남길 것입니다.

한편, 만약 당신이 동정심을 완전히 거부하면서 우리에게 조금도 도움을 베풀지 않는다면, 우리는 다른 사람들로부터 폭력적으로 물건을 약탈하거나 훔치지 않을 것이지만, 우리가 가진 적은 돈을 다 쓰고 굶주림에 죽어갈 때면 무슨 일이 벌어질지 아무도 모르지요."

존이 이런 식으로 합리적으로, 또 부드럽게 말하면서 마을 주민들을 설득시키자, 주민들은 돌아갔다. 주민들은 그들이 머무는 데 동의하지 않았지만 그들을 괴롭히지는 않았다. 불쌍한 사람들은 소란을 피우지 않고 사나흘 더 그곳에서 지냈다. 그 사이에 그들은 마을 외곽에 식량을 파는 집이 있다는 사실을 알게 되었다. 이 집을 향해 그들은 멀리서 필요한 물건을 어디다 갖다 달라고 외쳤으며 그때마다 돈을 매우 성실하게 지불했다.

이 시기에 마을의 젊은 사람들이 자주 꽤 가까운 거리까지 다가와서 가만히 서서 그들을 바라보았으며 가끔은 일정 거리를 두고 말을 걸기도 했다. 안식일에는 불쌍한 사람들이 후미진 곳으로 물러나 앉아서 함께 신을 숭배하고 찬송가를 부르는 것이 특별히 관찰되었다.

이런 일들과 꽤 차분하고 무해한 행동을 본 그곳 주민들이 그들을 좋은 쪽으로 평가하기 시작했다. 마을 사람들은 그들을 동정하며 그들에 대해 매우 좋게 말하기 시작했다. 그 결과, 비가 거세게 내리던 어느 날엔 이웃에 살던 어떤 신사가 그들에게 밀짚 12단이 든 작은 수레를 보내주었다. 오두막 지붕을 덮고 바닥에 깔아서 그들이 마른 상태에서 지내도록 하기 위해서였다. 그리 멀지 않은 어느 교구 목사도 그들에게 밀 두 부셸[43]과 하얀 콩 한 부셸을 갖다 주었다.

틀림없이, 그들은 이 같은 도움에 매우 감사했으며, 특별히 짚은 그들에게 매우 큰 위안이 되었다. 왜냐하면 솜씨 좋은 목수가 여물통처럼 사람들이 드러누울 수 있는 틀을 마련하고 거길 나뭇잎으로 채우고 또 텐트를 찢어 지붕을 덮었을지라도, 이 밀짚이 오기 전까지 그들은 축축하고 건강에 좋지 않은 상태로 누웠기 때문이다. 밀짚이야말로 그들에게, 존의 표현을 빌리면, 평화로웠던 시절에 깃털 침대 이상이었다.

이 신사와 목사는 떠돌이들에게 자선을 베푸는 예를 보여주었으며, 그러자 다른 사람들도 재빨리 신사와 목사의 뒤를 따랐다. 그들은 그곳 사람들로부터, 주로 주변 시골에 사는 신사들로부터 매일 이런저런

....
43 과일이나 곡물의 양을 재는 중량 단위로 약 36리터이다.

호의를 받았다. 어떤 사람은 그들이 필요로 하던 의자와 탁자 같은 것을 보내주었고, 또 어떤 사람은 담요와 양탄자, 침대보를 보내주었다. 그 외에 그릇을 보낸 사람도 있었고, 음식을 장만하는 데 필요한 주방 용기를 보낸 사람도 있었다.

그들의 목수는 이런 선한 관습에 고무 받아 며칠 만에 서까래와 지붕, 위층까지 갖춘 그럴 듯한 큰 집을 하나 지었으며, 그 집에서 그들은 따뜻하게 지냈다. 9월이 시작되면 날씨가 축축하고 춥기 시작할 터였다. 그러나 이 집은 매우 두꺼운 지붕과 옆면을 밀짚으로 덮었기 때문에 추위를 물리칠 수 있었다. 그들의 목수는 또 한쪽 벽을 흙으로 만들어 굴뚝까지 달았으며, 일행 중 다른 한 사람은 엄청난 수고를 한 끝에 굴뚝으로 연기를 뽑아낼 환기 구멍까지 만들었다.

여기서 그들은 9월 초까지 거칠긴 해도 그럭저럭 편안하게 살았다. 그런데 그때 나쁜 소문이 들려왔다. 사실인지 아니지는 모르지만, 한쪽으로는 월샘 애비(Waltham Abbey)에서, 다른 한쪽으로는 럼퍼드와 브렌트우드에서 극성을 부리던 전염병이 에핑으로, 우드퍼드로, 그리고 우드퍼드 포리스트에 있던 마을들 대부분에게로 다가오고 있다는 것이었다. 사람들의 말에 따르면, 전염병이 주로 도붓장수들에 의해, 그리고 식량을 갖고 런던을 오가던 사람들에 의해 퍼뜨려졌다고 한다.

만약 이 말이 사실이라면, 그 뒤에 잉글랜드 전역에 걸쳐 널리 받아들여지고 있었지만 나 자신의 지식으로는 증명할 수 없었던 소문, 말하자면 식량을 런던으로 싣고 나간 사람들은 절대로 병에 걸리지 않았거나 시골로 전염병을 옮기지 않았다는 소문과 분명히 모순되었다. 내가 알기로는, 둘 다 거짓이었다.

런던을 오갔던 사람들이 기적적이라고 할 수 없어도 예상 밖으로 오랫동안 살았을 수 있고, 많은 사람들이 런던을 오갔지만 전염병에 걸리지 않았을 수 있다. 그리고 그 같은 사실이 런던의 가난한 사람들에게 큰 격려가 되었다. 시장으로 식량을 갖고 왔던 사람들이 놀랄 정도로 목숨을 길게 부지하지 못했거나 적어도 합리적으로 기대할 수 있는 그 이상으로 보존되지 못했다면, 가난한 사람들이 정말로 비참한 상황에 빠졌을 테니까 말이다.

그러나 지금 이곳으로 피난온 사람들이 심하게 흔들리기 시작했다. 그도 그럴 것이 그들 주변의 마을들이 정말로 감염되었기 때문이다. 그들은 필요한 물건을 사러 나가는 일 자체를 꺼릴 정도로 사람을 믿지 못하기 시작했으며, 이 같은 사실이 그들을 아주 괴롭게 만들었다. 왜냐하면 지금 그들에겐 시골의 자비로운 신사들이 내놓은 것들 외에는 가진 것이 거의 또는 전혀 없는 상태였기 때문이다. 그러나 그들에게 정말 다행하게도, 이전에 아무것도 보내지 않던 시골의 다른 신사들이 그들에 대한 소식을 듣고 간혹 그들에게 필요한 것들을 공급해주었다. 어느 신사는 커다란 돼지를 보내주었고, 다른 한 신사는 양을 두 마리 보내주었으며, 또 다른 신사는 송아지를 한 마리 보내주었다. 요약하면, 그들이 충분한 고기를 갖게 되었고 가끔은 치즈와 우유를 갖게 되었다는 뜻이다. 그들에겐 빵이 간절했다. 신사들이 곡식을 보내주었을 때, 그들은 그것을 갈아 빵을 구울 수 없었으며, 그래서 자신들에게 들어온 밀 두 부셸을 옛날의 이스라엘 사람들처럼 갈아서 빵으로 만들지 않고 말린 곡식으로 먹어야 했기 때문이다.

마침내 그들은 곡식을 우드퍼드 근처의 풍차 방앗간으로 실어 나를 수단을 발견했으며, 거기서 그들은 곡식을 갈았다. 이어서 비스킷을 만드는 기술을 가진 사람이 속이 우묵하게 들어간 화로를 만들어 비스킷 케이크를 맛 있게 구워냈다. 그리하여 그들은 마을의 지원 없이도 살아갈 수 있는 조건을 갖추었는데, 그것은 정말 다행한 일이었다. 곧 시골이 완전히 전염되었으며, 그들과 가까운 마을에서만 120명 정도가 전염병으로 죽었다는 소문이 돌았다. 그건 그들에게 정말 끔찍한 일이었다.

이 때문에 사람들은 회의를 소집했고, 이제 마을들은 그 사람들이 자신들 가까운 곳에 정착하는 것에 대해선 걱정할 필요가 없게 되었다. 정반대로, 주민들 중에서 가난한 축에 속하는 몇몇 가족이 집을 버리고 숲으로 들어가 그 사람들과 똑같이 오두막을 지었다. 그러나 그렇게 마을을 빠져나온 사람들 중 몇 명이 오두막이나 움막에서도 전염병에 걸리는 것이 관찰되었다. 이유는 분명했다. 그들이 밖으로 나왔기 때문이 아니었다. 몇 가지 이유가 있었다. 첫째, 그들이 적절한 때에 빠져나오지 않았기 때문이다. 말하자면, 그들은 이웃 사람들과 자유롭게 대화하면서 전염병을 자신들이 새로 옮겨간 곳까지 데리고 갔다는 뜻이다. 둘째, 그들이 마을을 안전하게 빠져나왔으면 다시 마을에 들어가서 병에 걸린 사람들과 섞이지 않도록 조심해야 하는데 그 부분을 소홀히 했을 수 있다.

그러나 어떤 이유로든 전염병이 마을 안에만 도는 것이 아니라 우리의 여행자들과 가까운 숲의 텐트와 오두막에도 돌고 있다는 사실이 확인되었을 때, 그들은 다시 두려움에 떨며 야영지를 옮기는 문제를 놓고 깊이 생각하기 시작했다. 그들이 거기에 계속 머물 경우에 그들의 생명이 위험에 빠질 게 확실했기 때문이다.

그들이 그렇게 따뜻하게 대접받던 곳을, 그들에게 따스한 인정과 자비를 베풀었던 곳을 어쩔 수 없이 떠나야 한다는 사실 앞에서 크게 상심한 것은 조금도 이상하지 않았다. 그러나 그들이 지금까지 어렵게 지켜왔던 생명이 위태로울 수 있는 상황에 처했으니 그곳을 고집할 수 있는 입장도 절대로 아니었다. 그들은 해결책을 찾지 못했다. 그러나 존은 현재의 불행을 타파할 수 있는 한 가지 길에 대해 생각하고 있었다. 즉, 그들이 절망에 빠져 있을 때 도움의 손길을 내밀었던 신사에게 먼저 사정을 알리고, 그에게 도움과 조언을 청한다는 것이었다.

선하고 인정 많은 신사는 전염병이 극성을 부리는 경우에 어디로도 대피하지 못하는 상황이 발생할 수 있다는 점을 걱정하며 그들에게 그곳을 떠날 것을 권했다. 그러나 그들이 어디로 가야 하는지에 대해선 그도 마찬가지로 방향을 제시하지 못했다. 마침내 존은 치안 판사인 그 신사에게 앞으로 그들이 만나게 될 다른 치안 판사들에게 제시할 위생 증명서를 만들어줄 수 있는지를 물었다. 그런 서류만 있으면 그들이 어떤 운명을 맞든 런던을 오랫동안 벗어나 있었던 지금은 거절당하지 않을 수 있을 터였다. 그 신사의 신앙심이 즉시 존의 요구를 받아들이도록 했다. 그는 그들에게 위생 증명서를 만들어 주었다. 이후로 그들은 원하는 곳으로 자유롭게 여행할 수 있었다.

그리하여 그들은 위생 증명서를 얻게 되었다. 그들이 에식스 카운티의 마을에서 오랫동안 거주하면서 40일 이상 어떤 대화도 하지 않은 채 격리된 상태로 지내면서 증세를 보이지 않음으로써 검증 과정을 충분히 거쳤기 때문에 모두가 매우 건강한 상태이며 어디든 안전하게 받아들여질 수 있다는 점을 암시하는 서류였다.

이 증명서를 얻은 뒤 그들은 내키지 않았지만 어쩔 수 없이 그곳을 떠났다. 존은 고향에서 멀리 벗어나고 싶지 않은 마음이 강해서 월샘 쪽의 늪지대 쪽으로 방향을 잡았다. 그러나 여기서 그들은 어떤 사람을 만났다. 강에서 강을 오르내리는 거룻배들을 위해 수위를 높일 목적으로 만든 보를 지키던 사람이었다. 이 사람이 미들섹스와 허트퍼드셔(Hertfordshire) 쪽에, 강을 끼고 있거나 강과 가까운 모든 마을들로 전염병이 퍼졌다는 절망적인 이야기로 그들을 경악하게 만들었다. 말하자면, 월샘과 월샘 크로스, 엔필드(Enfield), 웨어(Ware), 그리고 그 길의 모든 마을이 감염되었다는 뜻이었다. 사실은 그렇지 않은데 그 사람에게 속는 결과가 될 수도 있지만, 당연히 그 길로 가는 것이 꺼려질 수밖에 없었다.

그 사람의 말이 그들을 떨게 만들었고, 그들은 숲을 가로질러 럼퍼드와 브렌트우드 쪽으로 이동하기로 결정했다. 그런데 그 길에 런던에서 피난 온 사람들이 다수 있다는 소리가 들렸다. 럼퍼드 인근까지 펼쳐지는 헤놀트 포리스트(Henalt Forest)라 불리는 숲에 그런 사람들이 있다는 것이었다. 그 사람들은 주거 공간이나 생계 수단이 전혀 없는 마당에 구호의 손길마저도 없었기 때문에 숲과 들판에서 너무나 힘들게 살아가고 있을 뿐만 아니라 극한 상황에 내몰리면서 카운티에 폭력을 행사하고 강탈과 약탈을 하고 가축을 죽이기도 한다는 소문이 돌았다. 다른 사람들은 길가에 오두막을 지어 살면서 구걸하거나 끈덕지게 구호품을 요구하고 있었기 때문에, 카운티는 매우 불편한 상태에서 그들 중 일부를 받아들이지 않을 수 없었다.

처음에는 이 같은 사실이 그들에게 카운티의 자선과 친절을 기대할 수 있겠구나, 하는 희망으로 다가왔다. 전에는 현지 사람들이 그들을 가로막고 나섰는데, 여기선 그렇지 않다니 말이다. 그런 한편으로, 그 것은 그들이 가는 곳마다 의심의 대상이 되면서 그들과 비슷한 처지에 있는 사람들로부터 폭력을 당할 위험에 처할 수 있다는 것을 암시하기도 했다.

여러 가지 사항을 고려한 끝에, 그들의 캡틴 존은 다시 이전에 그들을 구해 주었던 그 선한 은인에게 가서 자신들의 문제를 솔직히 털어놓으면서 조언을 청했다. 그러자 은인은 그들에게 이전의 장소로 다시 돌아가든가, 아니면 길에서 조금 더 멀리 벗어나 적절한 장소를 찾으라고 조언했다. 그들은 '성(聖) 미가엘축일'[44]로 다가서고 있는 계절을 넘기기 위해 오두막보다 집을 원했다. 그래서 그들은 예전에 오두막 또는 작은 거주지로 사용되었던 낡은 집을 발견했으며, 농장 주인으로부터 그것을 사용해도 좋다는 허락을 받아냈다.

손재주 뛰어난 소목장이의 지시에 따라, 사람들은 낡은 집을 수리하는 작업에 착수해 며칠 만에 날씨가 궂을 때면 모두가 피할 수 있는 그런 근사한 집으로 바꿔놓았다. 거기엔 낡은 굴뚝과 오븐까지 있었는데, 그들은 그것까지 쓸 수 있도록 수리했으며, 지붕을 길게 이어 헛간도 만들었다. 그들은 집을 모두가 다 함께 살 수 있는 공간으로 바꿔놓았다.

그들은 창의 덧문과 마루, 문 등을 만들 판지가 필요했는데, 앞에서 말한 신사들이 그들을 도와주었으며, 그로 인해 그곳 시골 사람들이

----

44 9월 29일.

그들을 편하게 대하게 되면서 그들이 모두 건강한 사람이라는 사실이 주변 사람들에게 알려지게 되었다. 이젠 모두가 아낄 것이 있으면 무엇이든 아껴서 그들을 도우려 나섰다.

여기서 그들은 영원히 야영을 하면서 더 이상 이동하지 않기로 결정했다. 그들은 시골 사람들이 어딜 가나 런던에서 온 사람들을 끔찍이 무서워한다는 사실을 분명히 확인했으며, 그래서 그들이 다른 곳으로 간다 하더라도 체류 허락을 받기까지 엄청난 어려움이 따르는 것은 너무나 확실했다. 그들이 이곳에서 받았던 친절한 대접과 지원 같은 것은 절대로 기대할 수 없었다.

그들은 그때까지 시골 신사들과 주변 사람들로부터 많은 지원과 격려를 받았을지라도 지금은 큰 곤경에 처해 있었다. 10월과 11월을 거치면서 날씨가 춥고 습해졌기 때문이다. 그들은 그런 고난에 익숙하지 않은 사람들이었다. 그래서 그들은 팔다리가 얼어붙는 느낌을 받고 통증을 느꼈지만 전염병에 걸린 것은 절대로 아니었다. 어려운 시기를 넘기고 그들은 12월쯤 도시로 돌아갔다.

14.
가난한 사람들

내가 이 이야기를 이렇게 장황하게 늘어놓는 데는 그만한 이유가 있다. 특히 전염병이 수그러들자마자 도시로 돌아간 수많은 사람들에게 일어난 일들을 설명하기 위해서다. 이미 말한 바와 같이, 시골에 피난처를 갖고 있던 수많은 사람들은 은신처로 대피했다. 그래서 전염병이 앞에서 이야기한 바와 같이 무서운 기세로 퍼질 때, 시골에 친구를 두지 않은 중류층 사람들은 피난처를 구할 수 있는 온갖 지역으로 달아났으며, 대피할 돈이 없었던 사람들도 그럴 여유가 있었던 사람들과 마찬가지로 다양한 곳으로 달아났다. 돈을 가진 사람은 다른 사람들의 도움 없이도 충분히 살아갈 수 있었기 때문에 언제나 최대한 멀리 도망갔다. 그러나 가진 것이 없는 사람들은 엄청난 고난을 겪었으며, 어쩔 수 없이 종종 시골에 부담을 지우지 않을 수 없었다. 이것은 곧 시골이 그들을 매우 불편하게 여기면서 가끔 그들을 체포하기도 했다는 의미였다. 시골의 사람들은 그때까지도 런던에서 피난 온 사람들을 다루는 방법을 몰랐으며, 처벌도 극구 꺼렸다. 그들은 피난민들이 이곳저곳으로 떠돌도록 만들었으며, 그러다 보면 피난민들은 런던으로 돌아가지 않을 수 없었다.

나는 존과 그의 형제에 관한 이야기를 알게 된 이후로 여러 방향으로 조사한 결과 앞에 설명한 것처럼 절망에 빠져 무작정 시골로 대피한 가난한 사람들이 아주 많다는 것을 확인할 수 있었다. 그들 중 일부는 허름한 헛간이나 외양간, 별채에서 살면서 그곳 시골의 후한 인심의 덕을 많이 볼 수 있었다. 특히 자신들의 상태에 대한 설명을 명쾌하게 제시할 수 없었던 경우에도, 구체적으로 말하면 자신들이 늦게 런던을 빠져 나오지 않았다는 사실을 증명하지 못하는 경우에도 시골 사람들로부터 도움을 받을 수 있었다. 그러나 다른 많은 사람들은 들판과 숲에 작은 오두막과 피난처를 짓거나, 비바람을 막을 수 있는 곳이면 동굴이든 뭐든 가리지 않고 거기서 은둔자처럼 살았다. 틀림없이, 그런 사람들은 극도의 고통을 겪었으며, 그 결과 그들 중 많은 사람들이 위험을 무릅쓰고 다시 원래의 자리로 돌아가지 않을 수 없었다. 그래서 그런 작은 오두막이 종종 빈 상태에서 발견되었으며, 시골 사람들은 거기에 살던 사람이 전염병에 걸려 거기 누워 있다고 짐작하면서 가까이 가지 않았다. 정말로, 그런 곳엔 사람들이 오랫동안 가지 않았다. 불행한 떠돌이들 중 일부는 도움의 손길을 받지 못해서 그런 식으로 홀로 죽어 가기도 했을 것이다. 실제로 어느 텐트 또는 오두막에서 한 남자가 죽어 있는 것이 발견되었다. 바로 옆에 있던 들판의 문에는 칼로 비뚤비뚤한 글씨로 다음과 같은 글이 새겨져 있었다. 이

글을 근거로, 다른 사람이 달아났든가 아니면 한 사람이 먼저 죽었고 다른 사람이 먼저 죽은 그 사람을 최대한 성의껏 묻었을 것이라는 짐작이 가능하다.

어찌 이런 불행이!
우리 둘은 다 죽고 말 것이니.
비통하고 비통하도다.

강에서 선박과 관련 있는 일을 하는 사람들이 현실을 버텨내던 방식에 대해선 이미 설명한 바 있다. 아득히 멀리 보이는 풀에서부터 아래쪽까지 배들이 쭉 꼬리에 꼬리를 물고 줄을 지어 정박되어 있었다. 강 저 아래 그레이브센드(Gravesend)까지, 아니 그 너머까지도 배들이 그런 식으로 정렬되어 있다고 했다. 바람과 기후를 고려해 안전하게 타고 있을 수 있는 곳이면 어디에나 배가 자리 잡고 있었다. 배 안에서 사는 사람들이 신선한 식량과 가금류, 돼지, 송아지 등을 사기 위해서 자주 강가에 내려 시골의 읍과 마을, 농가에 갔는데도, 풀이나 저 위쪽의 뎁트퍼드 리치(Deftford Reach)에 정박되어 있던 배들을 제외하곤, 배에까지 전염병이 퍼졌다는 소리는 아직 들리지 않았다.

마찬가지로, 나는 런던 브리지 위 쪽 강의 뱃사공들이 강 위쪽으로 최대한 멀리 올라갔다는 것을 알 수 있었다. 그들은 가족 모두를 배에 태웠으며, 배에 차양을 치고 그 위를 강의 수초로 덮었다. 배 바닥은 잠자리를 위해 밀짚을 깔았다. 이런 것들을 갖춘 배들이 늪지대의 강가를 따라 쭉 늘어서 있었으며, 그 중 일부 배들은 돛으로 작은 텐트를 만들었으며, 그 배의 사람들은 낮에는 강가에서 텐트 아래에서 누워 지내다가 밤에 배 안으로 들어가곤 했다. 내가 들은 바로는, 이런 식으로 강가는 보트와 사람들이 끝없이 이어졌다. 그들이 먹을 것을 갖고 있거나 시골에서 구할 수 있었던 동안에는 그런 풍경이 펼쳐지고 있었다. 정말로 신사를 포함한 모든 시골 사람들은 그들에게 편의를 제공하는 일에 적극적이었다. 그럼에도 시골 사람들은 그들을 마을과 집으로 받아들일 생각은 전혀 하지 않았으며, 그렇다고 그런 시골 사람들을 탓할 수도 없는 노릇이었다.

내가 아는 사람 중에 전염병이 너무나 끔찍하게 찾아왔던 불행한 사람이 있었다. 그의 아내와 자식들은 모두 죽었고, 그 자신과 두 하인은 살아남았으며, 죽은 가족들을 정성껏 보살폈던 가까운 친척인 늙은 부인도 살아남았다. 절망에 빠진 이 남자는 주간 사망 보고서에 아직 나타나지 않던 타운 근처의 마을로 가서 빈 집을 하나 발견해서 소유자가 누군지 알아본 뒤에 그 집에 들어갔다. 며칠 뒤에 그는 수레를 하나 얻어서 거기에 물건을 싣고 그 집으로 옮겼다. 그때 마을 사람들은 그가 수레를 끌고 오는 것에 반대했지만, 그는 언쟁을 벌이고 다소 폭력적으로 맞서면서 수레를 그 집 문까지 끌고 갔다. 거기서 순경이 다시 그를 가로막으면서 물건들을 집 안으로 들이지 못하게 했다. 그래서 그 사람은 물건들을 풀어서 문 앞에 놓았다.

그러자 사람들은 수레에 그 사람을 싣고 치안 판사 앞으로 갔다. 말하자면, 사람들이 그에게 치안 판사에게 갈 것을 요구했고, 그가 그 요구를 따랐다는 뜻이다. 치안 판사는 그에게 수레로 다시 물건들을 싣고 가라고 명령했고, 그는 이 명령을 따르길 거부했다. 그러자 판사는 순경에게 수레꾼들을 불러서 물건들을 다시 싣고 원위치에 갖다 놓든가 아니면 추가 지시가 있을 때까지 창고에 보관하라고 지시했다. 만약 그 사람이 물건들을 다시 싣고 가는 데 동의하지 않으면, 문 앞에 있는 것들을 갈고리로 끌어내서 길에서 불에 태우게 되어 있었다.

이에 불쌍한 그 남자는 깊이 절망하면서 물건들을 다시 싣고 갔으나 이번에는 자신의 처지에 깊이 낙담한 나머지 울음과 한숨을 그치지 못했다. 그래도 해결책은 없었다. 자신의 목숨을 지켜야 한다는 절박감이 사람들로 하여금 그렇게 야비하게 행동하도록 만들었다. 그런 상황이 아니라면, 그곳 사람들도 절대로 그렇게 대하지 않았을 것이다. 이 불쌍한 남자가 살았는지 죽었는지 나는 모르지만, 그가 그때 전염병에 걸려 있었다는 소문이 돌았다. 아마 시골 사람들이 그에게 모질게 군 행위를 정당화하기 위해 그런 소문을 퍼뜨렸을 수도 있다. 그러나 그 사람이나 그의 물건 중 어느 하나, 혹은 둘 다가 위험한 가능성도 없지 않다. 그의 가족 전부가 얼마 전에 전염병으로 죽었으니까.

런던에 인접한 마을들의 거주자들이 절망에 빠져 전염을 피해 온 가난한 사람들을 냉정하게 대했다는 비판을 많이 들었던 것으로 나는 알고 있다. 들려오는 소문에 따르면, 대단히 가혹한 행위가 많이 저질러졌지만, 나는 또 그곳 사람들도 자신에게 위험이 따르지 않아서 사랑과 도움의 손길을 펼 여유가 있을 때에는 가난한 외지 사람들을 기꺼이 도우려 했다는 사실도 강조해야 한다. 그러나 모든 마을이 정말로 자신들의 생명이 걸린 문제에서 심판관이 되었기 때문에, 극한 상황으로 내몰리면서 낯선 곳으로 달아났던 가난한 사람들이 종종 학대당했으며, 그러다 보니 어쩔 수 없이 피해 나왔던 런던으로 다시 돌아가야 했다. 이 때문에 시골 마을들을 원망하는 소리가 높았으며 그곳 사람들을 성토하는 목소리가 대단히 널리 퍼져 있었다.

그런 식으로 나쁜 소리를 들어가면서 다소 주의를 기울였음에도 불구하고, 런던에서 10마일(혹은 20마일) 안에 있는 중요한 타운들 중에서 전염에서 자유로워서 희생자가 나지 않았던 타운은 하나도 없었다. 통계를 보면 다음과 같다.

엔필드	32명	억스브리지	117명
혼시	58	허트퍼드	90
뉴잉턴	17	웨어	160
토턴햄	42	하드슨	30
에드몬턴	19	월샘 애비	23
바넷 앤드 해들리	19	에핑	26
세인트 앨밴스	121	뎁트퍼드	623
왓퍼드	45	그리니치	231
엘섬 앤드 루섬	85	킹스턴	122
크로이던	61	스테인스	82
브렌트우드	70	처트시	18
럼퍼드	109	윈저	103
바킹 애벗	200	브렌트퍼드	432

또 다른 무엇인가가 시골로 하여금 런던 시민들에게, 특히 가난한 사람들에게 더욱 엄격하게 대하도록 했을 수 있다. 그것에 대해선 앞

에서 이미 암시한 바가 있다. 즉, 전염병에 감염된 사람들에게 다른 사람들을 전염시키려 드는 사악한 경향이 있는 것 같다는 점이다.

그 원인을 놓고 의사들 사이에 논쟁이 계속되고 있다. 일부 의사들은 그것이 그 병의 본질에 속한다고 주장한다. 병에 걸린 사람들이 일종의 분노를 느끼면서 자기와 같은 인간을 증오하게 된다는 것이다. 병 자체에만 아니라 병에 걸린 사람의 본성에도 폭발되기를 원하는 어떤 적의가 있는 것 같다는 뜻이다. 이 적의가 전염병에 걸린 사람이 악의를 품거나 사악한 눈길로 보도록 만든다는 것이다. 이 같은 주장을 펴는 의사들은 미친개를 예로 들며 쉽게 설명한다. 미친개도 그 전까진 더 이상 순할 수 없는 개였음에도 미치는 순간부터 날뛰면서 옆에 오는 사람을 누구든 물어버릴 것이다. 그때는 주인도 눈에 보이지 않는다.

또 다른 의사들은 그 원인을 자신이 다른 인간들보다 비참한 것을 참아내지 못하는 인간 본성의 타락에서 찾았다. 인간에겐 모든 인간이 자기만큼 불행하거나 나쁜 처지에 있어야 한다는 무의식적 소망이 있다는 뜻이다.

또 다른 의사들은 그건 단지 일종의 절망의 몸부림일 뿐이라고 말한다. 그런 절망에 빠진 사람은 자신이 하는 행동에 대해 알지 못하거나 보지 못하고 있으며, 따라서 자기 옆에 있는 다른 사람들뿐만 아니라 자기 자신의 위험 또는 안전에도 무관심하다는 것이다. 정말로, 인간들이 자기 자신을 포기해야 하는 상황에 처함에 따라 다른 사람들의 안전이나 위험에 대해 관심을 쏟지 못하게 되는 때에 다른 사람들의 안전에 무관심해지는 것은 그다지 이상한 일이 아니다.

그러나 나는 이 중대한 논쟁을 매우 다른 각도에서 보면서 그것이 사실이 아니라는 입장을 취하고 있다. 그 같은 주장은 실제로 일어난 사실을 바탕으로 한 것이 아니며, 도시 밖의 마을들에 거주하는 사람들이 자신들을 둘러싸고 퍼지고 있던 온갖 나쁜 소문들을 정당화하기 위해 그곳으로 몰려든 런던 시민들에게 불리한 쪽으로 제기한 불평이라는 것이 나의 기본적인 입장이다. 당시에 그런 불평을 통해서 양측은 서로에게 상처를 입힌 것으로 전해진다. 말하자면, 런던 시민들은 전염병이 바짝 뒤쫓는 절망적인 상황에서 피난 간 자신들을 받아주지 않고 물건들을 갖고 다시 돌아가도록 강요한 시골 사람들이 악랄하고 매정했다고 불평했다. 반면에 시골의 거주자들은 피난민들에 따른 부담이 너무 무겁다고 불평했으며, 또 런던 시민들이 현지 사람들의 뜻을 무시하고 마을로 침입했으며 일부 시민들은 병에 전염된 상태에서도 다른 사람들을 배려하지 않았을 뿐만 아니라 심지어 전염까지 시키려 든다고 비난했다. 이 불평 중 어느 것도 사실이 아니며, 감정이 실린 표현일 뿐이다.

런던 사람들이 강압적으로 구호품을 요구할 뿐만 아니라 약탈과 강탈을 위해 도시를 빠져나오고 있다는 식으로 시골 사람들이 받아들이도록 할 만한 일이 자주 있었던 것은 사실이다. 런던 사람들이 병에 걸린 상태에서도 아무런 통제를 받지 않고 거리를 돌아다닌다거나, 병에 걸린 사람들이 다른 사람들을 전염시키지 않도록 주택을 봉쇄해야 하는데도 그런 조치를 소홀히 하고 있다는 소문이 돌았다.

한편, 런던 시민들을 공평하게 대하자면, 그들은 내가 앞에서 언급한 특별한 경우를 제외하곤 그런 짓을 절대로 하지 않았다. 오히려 모든 것이 너무나 조심스럽게 다뤄졌으며, 도시 전체와 교외에서 시장과 행정 장관, 치안 판사, 교구 위원들의 보살핌에 의해 질서가 너무나 잘 지켜졌다. 그래서 런던은 훌륭한 행정과 탁월한 질서로 세계의 모든 도시들에게 귀감이 될 수 있었다. 전염병이 창궐하던 시기에도, 말하자면 사람들이 경악하며 더없이 깊은 정말에 빠져 있을 때도 마찬가지였다. 이에 대해 나는 특별히 논할 생각이다.

주로 치안 판사들의 신중함 덕분에 일어났던 한 가지 사항을 특별히 언급해야 한다. 그들이 주택 봉쇄라는 어려운 일을 수행하면서 보인 중용의 정신이 바로 그것이다. 앞에서 언급한 바와 같이, 주택 봉쇄가 불만의 중요한 원인이었던 것은 사실이다. 당시 사람들 사이에 그것이 불만을 일으키는 유일한 요소였다고 나는 감히 말할 것이다. 왜냐하면 건강한 사람을 병든 사람과 같은 집에 격리시키는 것은 매우 끔찍한 조치로 여겨졌기 때문이다. 그리고 그런 식으로 감금된 사람들의 불만은 매우 비통했다. 그들의 불평은 거리까지 들렸으며, 분명히 동정을 자주 불러일으켰지만 가끔은 분노를 불러일으키기도 했다. 그들에겐 친구들과 창을 통해 말하는 외에 달리 대화할 수 있는 길이 없었으며, 그들의 신세 한탄은 듣는 이의 가슴을 찢어 놓았으며 때마침 길을 가던 타인들의 가슴까지 뭉클하게 하기도 했다. 그들의 불평이 종종 그들의 문 앞에 배치된 감시원들의 엄함과 오만에 관한 것이었기 때문에, 감시원들은 뻔뻔스럽게 대꾸하면서, 창가에 서서 집 안의 환자와 대화하는 사람을 화나게 만들곤 했다.

봉쇄된 집 안에 있는 환자를 이런 식으로 경멸스럽게 대하다가 죽음을 당한 경비원이 예닐곱 명은 되었다. 그러나 내가 구체적으로 확인한 바가 없기 때문에 감시원들이 살해당했다고 할 수 있는지 정확히 모르겠다. 감시원들은 합법적인 권력에 의해 명령 받은 자리에서 근무 중이었던 것은 사실이며, 업무를 수행 중인 공적 관리를 살해하는 것은 법률 용어로 살해라 불린다. 그러나 감시원들이 치안 판사의 지시로 감시하고 있는 사람들에게 해를 입히거나 그런 사람들을 학대할 권한을 갖는 것은 아니기 때문에, 그들이 격리된 환자를 학대하는 것은 공무가 될 수 없다. 국가에 고용된 사람으로서가 아니라 사인(私人)으로서 행동하다가 부적절한 행동으로 인해 불행을 겪게 된다면, 그 불행은 그 사람 자신의 머리에 떨어지는 것일 뿐이었다.

정말로 감시원들은 본인이 저주의 소리를 들을 만한 짓을 했는지 여부를 떠나서 사람들의 저주를 너무나 많이 받았기 때문에 그들에게 어떤 불행이 닥치더라도 아무도 동정을 표하지 않았다. 모두가 감시원이라면 그런 불운을 겪어도 싸다는 식으로 말했다. 내가 기억하기로 봉쇄된 자신의 집을 지키던 감시원에게 한 행위로 인해, 적어도 상당한 정도의 처벌을 받은 사람은 한 사람도 없었던 것 같다.

그렇게 봉쇄된 집에서 탈출하기 위해 동원된 계략들이 얼마나 다양했는지 모른다. 감시원들은 속거나 제압당했으며, 그러면 집에 갇혀 있던 사람들은 집을 뛰쳐나갔다. 이런 일에 대해선 이미 말한 바가 있기 때문에 여기선 더 이상 논하지 않을 것이다. 그러나 나는 치안 판사들이 많은 경우에 절제하는 태도를 보이며 가족들의 고통을 덜어주려고 노력했다고 생각한다. 특히 병든 사람이 격리 병원이나 다른 곳으로 이동하기를 원하는 경우에 그 과정을 도와주었으며, 봉쇄된 가족 중에서 건강한 사람이 전염병에 걸리지 않은 것이 확실한 경우에 봉쇄된 집에서 빠져나와 별도의 집에서 일정 기간 격리된 채 살 수 있도록 했다.

전염된 가난한 가족들에게 필요한 물품을, 말하자면 약뿐만 아니라 양식을 공급하는 문제에 대한 치안 판사의 관심은 지대했다. 이런 경우에 치안 판사들은 임명된 관리들에게 필요한 명령을 내리는 것만으로 만족하지 못했으며, 행정 장관들은 직접 말을 타고 그런 집을 찾아가 창문에 서서 환자를 포함한 가족들이 보살핌을 잘 받고 있는지를 살피고, 필요한 물건이 있는지를 묻고, 그곳을 담당하고 있는 관리들이 원하는 것을 가져다주거나 편지 같은 것을 잘 전달해 주는지를 물었다. 이때 격리된 환자가 긍정적으로 대답하면, 모든 것이 괜찮게 돌아갔다. 그러나 환자의 입에서 필요한 물건의 공급이 원활하지 않다거나 관리가 의무를 제대로 수행하지 않는다거나 환자를 예의 바르게 대하지 않는다는 식의 불만이 나오면, 그 관리는 대체로 배제되고 다른 관리가 그 일을 맡게 되었다.

환자들의 불평이 부당할 수 있는 것은 사실이다. 그래서 관리가 치안 판사에게 자신에 대한 불평이 부당하며 사람들이 자신을 모함하고 있다는 점을 확신시키기만 하면, 관리는 일을 계속 수행하고 반대로 봉쇄된 집의 사람들이 야단을 들었을 것이다. 그러나 그 문제를 특별히 깊이 조사하려 들 필요가 없었다. 두 당사자들이 창문을 사이에 두고 거리와 집 안에서 서로 대화를 하다 보니, 상대방의 말을 제대로 듣고 대답을 제대로 하기가 힘들었다. 그래서 치안 판사들은 일반적으로 봉쇄된 집의 사람의 손을 들어주면서 감시원을 바꾸는 쪽을 택했다. 그것이 피해를 최소화하고 나쁜 결과를 최소화할 수 있는 길이기 때문이었다. 감시원이 오히려 환자에게 당하고 있다는 사실이 확인되는 경우에, 치안 판사는 감시원에게 같은 성격의 다른 일자리를 줌으로써 충분히 보상할 수 있다. 그러나 환자의 가족이 상처를 입었다면, 그것을 보상할 길은 절대로 있을 수 없다. 환자의 경우에 그런 상처가 목숨과 연결되기 때문에 돌이키는 것이 불가능하기 때문이다.

앞에서 언급한 탈출의 예들 외에도, 감시원과 봉쇄된 불쌍한 가족 사이에는 이런 일들이 너무나 다양하게, 또 빈번하게 일어났다. 감시원들은 어떤 때는 자리를 지키지 않았고 어떤 때는 술에 취해 있었으며 또 어떤 때는 봉쇄된 가족들이 찾을 때 잠을 자고 있었다. 그런 식으로 근무를 태만히 하다 걸린 감시원들은 당연히 엄하게 처벌을 받았다.

그러나 이런 여러 가지 일들이 매끄럽게 잘 돌아간다 하더라도 건강한 사람들을 병든 사람들과 함께 가두는 주택 봉쇄는 그 자체로 여간 불편한 것이 아니었으며 어떤 때는 비극적인 결과를 낳기도 했다. 그러나 그것은 법으로 정해진 조치였으며, 주된 목표는 공익에 두고 있었다. 그래서 주택 봉쇄 조치로 인해 개인이 입는 피해는 공익을 위해 감수해야 하는 것으로 여겨졌다.

주택 봉쇄가 전반적으로 전염병의 차단에 기여했는지는 이날까지도 의문스럽다. 정말이지, 나는 그 같은 조치가 전염병 퇴치에 기여했다고 말할 수 없다. 왜냐하면 전염된 주택이 제아무리 철저히, 또 효과적으로 봉쇄되었다 할지라도, 전염병이 창궐하는 상태에서는 그 어떤 것도 전염병보다 더 빨리 달리지 못하기 때문이다.

15.
무증상 감염

전염된 사람들이 그야말로 효율적으로 격리된다면, 그들로 인해 건강한 사람들이 전염될 가능성은 전혀 없다. 건강한 사람이 병든 사람 가까이 갈 수 없기 때문이다. 그러나 실제 사정은 이랬다(이 점에 대해서는 여기서 언급하는 것으로 끝낸다). 전염은 도무지 이해되지 않는 방식으로, 겉보기에 전염되지 않은 것 같은 사람들에 의해 일어났다. 누가 누구를 전염시키는지, 누가 누구에게 전염되는지 아무도 몰랐던 것이다.

화이트채플의 어느 집이 전염된 하녀 한 사람 때문에 봉쇄되었다. 이 하녀는 겉으로 드러난 증상은 없고 반점만 있었으며 이 반점도 곧 없어졌다. 그럼에도 이 집의 사람들은 40일 동안 바깥 공기를 쐬거나 운동할 자유를 전혀 누리지 못했다. 신선한 공기의 결핍과 두려움, 분노, 짜증, 그리고 그런 부당한 대우에 따르는 온갖 부작용들이 한꺼번에 작용하면서 그 가족의 안주인이 발열 증세를 보였다. 그러자 검사관이 그 집에 와서 안주인이 전염병에 걸렸다고 결론을 내렸다. 의사들이 전염병이 아니라고 주장했음에도 불구하고, 감시관의 의견이 받아들여졌다. 그래서 그 가족은 감시관의 보고에 따라 다시 격리되어야 했다. 앞서 취해진 격리 조치의 해제를 겨우 며칠 남겨놓은 시점에.

이로 인해 가족들은 다시 방에만 갇혀 지내야 했으며, 이 같은 사실이 가족들에게 너무나 큰 분노와 슬픔을 안겨주었다. 신선하고 자유로운 공기를 마실 기회를 빼앗기면서, 이제는 가족 대부분이 병들었다. 한 사람은 이런 이상 증세를 보이고, 다른 사람은 또 다른 이상 증세를 보였다. 주로 괴혈병 증세였다. 한 사람만 심한 배앓이를 보였다. 그러다가 격리를 몇 차례 연장한 끝에 그 사람들을 해제시키기 위해 최종적으로 검사관과 함께 그 집을 찾은 사람들이 전염병을 달고 와서 그 집의 가족 모두에게 옮겼다. 그 결과, 가족들은 그들에게 그 전부터 있었던 전염병 때문이 아니라 그들을 보호해야 할 사람들이 부주의하게 퍼뜨린 전염병 때문에 모두 죽고 말았다. 이런 일은 다반사로 일어났으며, 주택 봉쇄에 따를 수 있는 최악의 결과 중 하나였다.

이때쯤 나에게 약간 곤란한 일이 생겼다. 나중에 확인된 바와 같이, 그 일이 나를 어떠한 재앙에도 노출시키지 않았음에도 불구하고, 처음에 나는 그 일 때문에 크게 고민했으며 정신적으로 많은 방해를 받았다. 포트소컨(Portsoken) 구(區)의 행정 장관이 나를 내가 살던 구역 안의 집들을 조사하는 검사관들 중 한 사람으로 지명한 것이었다.

우리가 살던 교구는 넓었으며, 검사관이 18명이나 되었다. 명령서는 우리를 검사관이라 불렀고, 사람들은 우리를 방문자라고 불렀다. 나는 그런 일을 면하기 위해 온갖 노력을 기울이면서 행정 차관과 논쟁을 벌이기도 했다. 특히, 나는 나 자신이 주택 봉쇄에 절대적으로 반대한다는 점을 강조하면서 나의 판단에 반하는 일에 나를 도구로 쓰기가 참으로 힘들 것이라고 주장했다. 그리고 나 자신이 그 일의 목적에 부합한다고 진정으로 믿지 않는다는 점도 강조했다. 그러나 내가 그런 노력을 통해 끌어낼 수 있었던 결과는 시장이 임명하는 검사관은 원래 2개월 동안 활동해야 하지만 나는 그 일을 3주일 동안만 맡는다는 것뿐이었다. 거기에도 조건이 있었다. 3주일 후에는 남은 시간 동안에 다른 사람이 나를 대신하도록 해야 한다는 것이었다. 요약하면, 그 같은 조치는 나에게 매우 작은 혜택에 불과했다. 다른 사람이 그런 일자리를 맡도록 설득하는 것이 여간 어려운 일이 아니었기 때문이다.

주택을 봉쇄하는 조치가 한 가지 효과를 낳는 것은 분명하다. 나도 그 효과가 중요하다고 판단한다. 말하자면, 그 같은 격리 조치가 병에 걸린 사람들을, 그러니까 그렇게 하지 않았다면 병균을 지닌 채 위험하게 온 거리를 돌아다니며 말썽을 부렸을 사람들을 가둘 수 있는 효과를 두고 하는 말이다. 그런 환자들은 의식이 흐린 상태에 있을 때 특히 더 위험한 태도를 보였을 것이다. 그들은 격리될 때까지 마을의 집을 돌아다니며 구걸 행위를 하거나 자신이 전염병을 갖고 있다고 말하거나 종기에 바를 헝겊을 달라는 등, 정신이 혼란스런 상태에서 떠오르는 온갖 말을 하고 다녔을 것이다.

(그 이야기가 사실이라면) 불행했던 어느 귀부인, 그러니까 유력한 시민의 아내는 올더스게이트 스트리트에서 바로 그런 사람에게 살해당했다. 그 사람은 틀림없이 미친 상태에서 노래를 부르며 길을 걷고

있었다. 사람들은 단지 그가 술에 취했을 뿐이라고 말했지만, 그 사람 본인은 자신이 전염병에 걸렸다고 말했다. 그런데 그 사람의 말이 진실이었던 것 같다.

그 사람은 이 귀부인을 만나자 키스를 하려 들었다. 그녀는 깜짝 놀랐으며, 그가 무례한 사람이었기 때문에 그로부터 멀리 달아났다. 그러나 거리가 한산했다. 그녀를 도와줄 수 있을 만한 거리에는 사람이 하나도 없었다. 그래서 그녀는 자신이 그에게 붙잡히겠다는 느낌을 받았을 때 뒤로 몸을 돌려 아주 세게 그를 밀어붙였다. 그러자 힘이 없었던 그가 뒤로 밀려났다. 그러나 너무나 불행하게도 그녀가 너무 가까이 있었던 탓에 그가 그녀를 잡아당겨 그녀 위에 올라타고는 키스를 했다. 최악의 상황이었다. 그는 키스를 끝낸 뒤에 자신은 전염병에 걸렸는데 그녀는 왜 병에 걸리지 않았느냐는 식으로 투덜댔다. 아이까지 있는 젊은 여인은 그 전에 이미 충분히 놀란 상태였지만, 그녀는 그가 전염병에 걸렸다고 하는 소리를 듣고는 비명을 지르다가 그만 기절을 하고 말았다. 조금 있다가 회복되긴 했지만, 그 발작으로 인해 그녀는 며칠 뒤에 죽고 말았다. 그녀가 전염병에 걸렸는지 여부에 대해선 들은 바가 없다.

전염병에 걸린 또 다른 사람은 평소에 잘 알고 지내던 어느 시민의 집을 찾아가 문을 두드렸다. 그러자 하인이 그를 집 안으로 들어오게 했으며, 그 사람은 주인이 위층에 있다는 소리를 듣고 위층으로 올라가 온 가족이 저녁을 먹고 있던 방으로 들어갔다. 그곳 사람들은 돌아가는 사태를 모른 채 다소 놀라며 자리에서 일어나기 시작했으나, 그는 그 사람들에게 앉아 있으라고 말하면서 단지 작별 인사를 하러 왔을 뿐이라고 했다. 그러자 그들이 그에게 "어디로 가시는데요?"라고 물었다. 이에 그는 "영원히 가는 겁니다. 병에 걸렸으니까 내일 밤에 죽을 겁니다."라고 말했다.

그 순간 그곳 사람들이 겪었을 경악을 묘사하는 것은 어려운 일일지라도, 그들이 경악했다는 사실만은 쉽게 믿을 수 있다. 여자들과 주인의 어린 딸들은 죽을 만큼 놀라서 자리에서 벌떡 일어나 한 사람은 이쪽 방으로 다른 사람은 저쪽 방으로, 또 다른 사람들은 아래층과 위층으로 달아났다. 그들은 각자 방문을 잠그고 앉아서 창문에 대고 마치 제정신이 아닌 사람처럼 도와달라고 외쳤다. 놀람과 동시에 분노를 느끼면서도 다른 가족들보다 조금 더 차분할 수 있었던 주인은 흥분 상태에 빠져 있던 그 사람을 아래층으로 던질 작정이었으나, 바로 그때 그 남자의 상태와 그를 건드리는 데 따를 위험에 생각이 미치면서 그만 공포가 그의 정신을 사로잡고 말았다. 그는 경악한 사람처럼 가만히 서 있었다. 이런 혼란이 벌어지는 동안에, 병에 걸린 불쌍한 남자는 육체만 아니라 뇌도 병에 걸려 있었기 때문에 마찬가지로 놀란 사람처럼 서 있었다. 그러다 마침내 그가 몸을 돌리고 아주 태연한 표정을 지으며 말했다. "다들 왜 그러시죠? 나 때문에 정신이 나간 건가요? 그렇다면 집에 가서 죽도로 하지요." 그러면서 그는 즉시 아래층으로 내려갔다.

그를 집 안으로 들였던 하인이 촛불을 들고 그의 뒤를 따라 아래로 내려가면서 그를 앞질러 문을 열지 않으려 조심했다. 그래서 하인은 계단에 서서 그 사람이 무슨 짓을 하는지 살폈다. 그 남자는 아래로 내려가서 문을 열고 밖으로 나서면서 뒤로 문을 확 닫았다. 시간이 조금

지나면서 가족이 놀란 상태에서 회복했으며, 나쁜 결과가 나타나지 않았기 때문에 그들은 그 일에 대해 만족스런 맘으로 이야기할 수 있게 되었다. 그 남자는 사라졌지만, 그들이 그때 겪은 충격에서 회복하는 데는 며칠이 걸렸다. 그들은 방에 다양한 연기와 향, 역청, 화약, 황 냄새를 피우지 않고는 집 안을 돌아다니지 못했다. 또 모두가 따로 움직였으며, 옷을 빼는 등의 조치를 취했다. 그 불쌍한 남자가 살았는지 죽었는지는 기억나지 않는다.

병에 걸린 사람들이 주택 봉쇄를 통해 격리되지 않는다면, 열이 최고조에 오른 많은 환자들이 정신이 혼미해져서 거리를 끊임없이 돌아다니면서 만나는 사람들에게 온갖 종류의 폭력을 행사하게 될 것이 틀림없다. 이는 아마 미친개가 거리를 돌며 만나는 사람마다 물려고 드는 상황과 비슷할 것이다. 또 나는 병에 걸린 사람들이 병세가 아주 나쁜 상태에서 다른 사람들과 접촉할 경우에 이 사람도 치료 불가능한 병에 감염되어 증상을 보일 것이라는 점에 대해서도 의문을 제기할 수 없다.

전염병에 걸린 어떤 사람이 자기 몸에 난 종기 3곳의 고통을 이기지 못하고 속옷 바람으로 침대를 박차고 일어나서 구두를 신고 코트를 걸치고 밖으로 나가려다가 자신을 막고 서며 코트를 빼앗으려던 간호사를 밀치고 쓰러뜨린 뒤에 셔츠 차림으로 거리를 달려 곧장 템스 강으로 뛰어들었다는 소문이 들렸다. 간호사가 그의 뒤를 쫓으며 감시원에게 막아달라고 외쳤으나, 감시원은 그를 잡는 것 자체를 무서워하며 그가 그냥 나가도록 내버려 두었다. 그러자 그는 스틸야드(Stillyard) 잔교까지 냅다 달려가 셔츠를 벗어던지고 강으로 몸을 던졌으며 수영을 잘 했기 때문에 강 건너편까지 갔다. 강물은 밀물 때가 되어 서쪽으로 흐르고 있었으며, 그는 팰컨(Falcon) 잔교 가까운 곳에 닿아서 거기에 사람이 아무도 없고 또 밤이었기 때문에 발가벗은 상태로 꽤 오랫동안 그곳을 돌아다녔다. 물이 최고 수위에 오를 즈음, 그는 다시 강으로 뛰어 들어 스틸야드 잔교로 돌아와서 집까지 길을 달려 문을 두드리고는 계단을 올라가 침대 속으로 들어갔다. 그런데 이 끔찍한 시도가 그의 병을 낫게 했다. 말하자면 그의 팔과 다리의 맹렬한 움직임이 종기가 난 신체 부위, 즉 팔과 사타구니 아래 부분을 쭉 펴게 만들었으며, 그것이 종기가 익어 터지도록 만들었던 것이다. 또 강물의 냉기가 그의 피 속의 열기를 누그러뜨렸던 것이다.

여기서 나는 다른 이야기들뿐만 아니라 이 이야기도 내가 직접 본, 그래서 내가 진실성을 보증할 수 있는 그런 사실로서 들려주는 것이 아니라는 점을 덧붙여야 한다. 특히, 기이한 모험을 통해서 병이 나았다는 남자의 이야기는 사실이 아닐 것이라고 나는 생각한다. 그러나 그 이야기는 정신 착란 상태에 빠져 있는 낙담한 사람들이 그 당시에 자주 겪은 절망이 어떤 것인지를 잘 보여줄 것이다. 그런 사람들이 주택 봉쇄에 의해 감금되지 않았다면, 그런 일은 훨씬 더 잦았을 것이다. 주택 봉쇄라는 잔인한 방법을 통해서 얻을 수 있는 유일한 이점이 있다면 나는 이것을 최고의 이점으로 뽑는다.

한편, 주택 봉쇄라는 조치 자체에 대한 불평과 불만은 아주 격했다. 고통의 포악함과 피의 열 때문에 판단력을 잃고 방 안에 갇혀 지내거나 자해를 막기 위해 침대와 의자에 묶여 있던 사람들의 애처로운 외침은 길을 가던 사람들의 심장을 마구 후벼 팠을 것이다. 그런 식으로 강제로 격리된 환자들은 자신이 감금된 데 대해 무시무시한 소리로 불만을 표시했다. 그렇게 묶여 있지만 않았다면 벌써 오래 전에 죽었을 텐데, 자기 마음대로 죽는 것조차 허용되지 않는다는 식이었다.

병에 걸린 사람들이 그런 식으로 거리를 돌아다니는 것은 아주 꼴사나웠으며, 치안 판사들은 그런 일을 막으려고 최선을 다했다. 그러나 그런 일이 주로 밤에 일어나고 언제나 갑자기 일어나기 때문에, 관리들은 쉽게 막지 못했다. 설령 그런 일이 낮에 일어났다 하더라도, 그것을 막는 일을 맡은 관리들도 그들을 섣불리 막고 나서지 못했다. 그들이 심하게 전염되어 있을 게 너무나 확실하고, 따라서 전염 가능성이 아주 높기 때문이다. 그런 환자와 접촉하는 것은 대단히 위험한 일이었다.

한편, 환자들은 대체로 자신이 하는 짓을 모르는 상태에서 달리다가 쓰러져 뻣뻣하게 굳으며 죽어가거나, 정신력이 다 소진해 쓰러졌다가 반시간 또는 한 시간 후에 죽곤 했다. 이건 너무나 슬픈 이야기이며, 그 반시간 또는 한 시간 동안 그들은 틀림없이 완전히 맑은 정신으로 돌아가서 자신이 처한 조건을 깊이 느끼면서 온 가슴으로 울음과 비탄을 쏟아냈다. 주택 봉쇄 명령이 엄격히 집행되기 전까지, 이런 사례가 많았다. 처음에 감시원들은 사람들을 집 안에 격리시키는 일에 그다지 엄격하지 않았다. 말하자면, 그들이 근무를 태만히 하거나, 의무를 다하지 않거나, 감시해야 할 사람을 밖으로 보낸 일로 엄하게 처벌을 받기 전까지는 주택 봉쇄에 적극적이지 않았다는 뜻이다. 그러나 그들은 자신들의 행동을 감시하는 관리들이 일을 제대로 하지 않는 감시원들을 처벌하는 것을 본 뒤로 주택 봉쇄에 보다 엄격해졌으며, 따라서 사람들도 더 엄격하게 감금되었다. 격리 대상이 된 사람들은 감시원들의 적극적인 태도를 아주 나쁘게 받아들였으며, 감시원들에 대한 그들의 불만은 말로 형언하기 어렵다. 그러나 다른 조치가 제때 취해지지 않았고 주택 봉쇄가 이미 늦어버린 상태가 아니라면, 그 같은 조치는 절대적으로 필요하다.

이 특별한 조치(병에 걸린 사람을 앞에 설명한 것처럼 격리시키는 조치)가 그때 행해지지 않았다면, 런던은 세상에서 가장 끔찍한 곳이 되었을지도 모른다. 잘은 모르지만, 집에서 죽은 환자들의 숫자만큼 많은 사람들이 아마 거리에서 죽었을 것이다. 이유는 그 병이 절정에 이를 때 환자들이 정신이 혼미해지며 헛소리를 하고, 그때 환자들을 침대에 있도록 할 수 있는 길은 강제가 아니고는 절대로 없기 때문이다. 손발이 묶이지 않은 많은 환자들이 문으로 나가는 것이 허용되지 않을 때 창문 밖으로 몸을 날렸다.

이런 재앙의 시기에, 특정한 어떤 사람이 다양한 가족들 안에서 일어난 특이한 온갖 사건들을 아는 것이 불가능한 이유는 사람들 사이에 대화가 있을 수 없었기 때문이다. 특히, 정신이 혼미한 상태에서 템스 강에서, 그리고 해크니 옆의 늪지대에서 발원하는 강, 그러니까 사람들이 일반적으로 웨어 강이나 해크니 강이라고 부르는 강에서 자살한 사람의 숫자는 이날까지도 알려져 있지 않다고 나는 믿는다. 주간 사망 보고서에 기록된 숫자를 보면, 그 강에서 자살한 사람들의 숫자는 아주 적었으며, 그 사망자들마저도 스스로 몸을 던진 사람들인지 아니면 다른 원인으로 죽은 사람들인지 알 수 있는 길이 없다. 그러나 나는 나 자신이 알고 있거나 관찰할 수 있는 범위 안에서도 그 해에 물에 빠져 죽은 사람의 숫자가 주간 사망 보고서에 기록된 수치보다 월등히 더 높다고 믿는다. 이유는 실종된 사람들 중에서 시신이 아직 발견되지 않은 사람들이 많기 때문이다. 물론 다른 방법으로 자살을 한 사람도 있다. 화이트크로스 스트리트 근처의 누구는 침대에 불을 질러 자살을 했다. 어떤 사람은 그 불을 지른 사람이 환자라고 말하기도 하고, 또 어떤 사람은 그를 돌보던 간호사의 배신이었다고 했지만, 그가 전염병에 걸렸다는 데엔 모두가 동의했다.

그 시기에 도시에 화재가, 적어도 꽤 큰 화재가 전혀 일어나지 않았다는 사실은 아무리 생각해도 신의 자비였던 것 같다. 그렇지 않고 큰 화재가 일어났더라면, 도시는 꽤 끔찍한 상황에 처했을 것이다. 사람들은 불이 도시를 삼키는 것을 지켜보면서도 어떻게 손을 쓸 엄두를 내지 못했든가, 아니면 전염의 위험에 신경을 쓰지 못한 채 무리를 지으며 허둥댔을 것이다. 사람들이 불을 끄기 위해 들어가고 있는 집이 전염병으로부터 안전한 곳인지, 그들이 옮기는 물건들은 안전한지, 그들이 서로 섞이고 있는 사람들은 안전한지, 그런 것을 따지고 있을 여유가 없었을 것이다. 크리플게이트 교구에서 일어난 불과, 즉시 꺼진 두세 건의 작은 불을 제외한다면, 그해 한 해 동안 큰 화재는 하나도 없었다.

올드 스트리트(Old Street)의 끝자락 근처의 고스웰 스트리트(Goswell Street)로부터 세인트 존 스트리트(St. John Street)로 이어지는, 스완 앨리라 불리는 곳에 있는 어떤 집에 대한 이야기를 들려주고 싶다. 그 집 가족이 모두 병에 전염되어 죽은 끔찍한 불행을 맞았다. 마지막 사람은 바닥에 죽어 있었으며, 짐작하자면 그 여자는 불 앞에 누워 있다가 죽은 것 같다. 불이 원래 있던 장소에서 넘어지면서 나무로 된 집 일부를 태우고 시신 바로 앞까지 타다가 저절로 꺼졌다(그녀는 거의 속옷 차림이었다). 나무로 만든 집이었는데도 나머지는 타지 않았던 것이다. 이 이야기가 어느 정도 진실인지 모르지만, 런던은 이듬해에 화재로 심각한 피해를 입게 되었어도 그해엔 그런 종류의 재난은 거의 없었다.

정말로, 사람들이 극심한 고통에 시달리는 경우에 정신 착란을 쉽게 일으키고, 또 고통에 빠진 사람들이 혼자 있을 때 자포자기적인 짓을 많이 한다는 점을 고려한다면, 그런 종류의 재난이 더 이상 없었다는 사실은 매우 이상했다.

감염된 주택들이 철저하게 감시를 받고 모두가 봉쇄되고 있는데 어떻게 그렇게 많은 감염자들이 거리를 돌아다닐 수 있는가, 하는 질문이 나에게 종종 던져졌다.

이 질문 앞에서 나는 이런 대답이 아닌 다른 것을 알지 못한다는 점을 고백한다. 말하자면, 런던처럼 넓고 인구가 많은 도시에서 주택이 전염되는 즉시 그 같은 사실을 발견하는 것도 불가능하고, 전염된 집을 모두 봉쇄하는 것도 불가능했으며, 그래서 전염된 집에 사는 사람이라는 사실이 알려지지 않은 이상, 사람들은 마음대로 거리를 돌아다닐 자유를 누렸다는 것이다.

몇몇 의사가 시장에게 밝힌 대로, 전염의 맹위가 극에 달하는 시점에, 사람들은 병세가 너무나 빨리 악화되어 아주 빨리 죽었으며, 그때엔 누가 병에 걸렸고 누가 건강한지를 조사하며 다니거나 병에 걸린 사람들을 엄격히 격리하는 것 자체가 불가능했으며 또 특별한 의미를 지니지 못했다. 거리에 있는 집 거의 모두가 전염되었으며, 많은 곳에서 한집에 거주하는 모든 사람이 병에 걸려 있었기 때문이다. 설상가상으로, 집들이 전염되었다는 사실이 알려질 시점에는 그곳 사람들의 대부분은 죽었을 것이고 나머지 사람들은 봉쇄될 것을 두려워해 이미집을 벗어났을 것이다. 그렇기 때문에 그런 집들을 감염된 집으로 분류하고 봉쇄하는 것은 별다른 의미를 지니지 못했다. 가족이 감염되었다는 것이 확실히 알려질 때면 이미 감염이 그 집을 초토화시킨 뒤일것이기 때문이다.

합리적인 사람이라면 이를 근거로 전염병의 전파를 막는 것은 치안판사의 능력 밖이거나 인간의 정책이 이룰 수 있는 목표가 아니며, 따라서 집을 봉쇄하는 방법은 전염병 차단이라는 목표에는 대단히 부족하다는 점을 충분히 이해할 수 있다. 정말로, 주택을 봉쇄하는 조치에는 봉쇄당하는 가족들이 겪어야 하는 비통함을 정당화할 만큼 공익에이로운 구석도 전혀 없는 것 같다. 그리고 지금 나는 그런 엄격한 조치를 실행하도록 공공에 의해 검사관으로 임명된 상태에서 주택 봉쇄조치가 그 목적에 부합하지 않는다는 점을 보여주는 예를 자주 발견했다.

예를 들어, 내가 방문자 또는 검사관으로서 전염병에 감염된 가족들을 조사하는 의무를 지고 있는 까닭에 페스트가 닥친 것 같은 집을 찾아가면 가족 중 일부는 이미 달아나고 없었다. 치안 판사들은 이 점을안타까워하며 검사관들이 검사나 조사를 태만히 한다고 비판하곤 했다. 그러나 그것은 집들이 밖으로 알려지기 오래 전에 전염되었다는것을 의미할 뿐이다. 지금은 나 자신이 원래 맡아야 하는 2개월에 비하면 반 정도밖에 되지 않지만 어쨌든 위험한 일을 맡고 있기 때문에, 그 짧은 기간도 집을 두드려 묻거나 이웃 사람들에게 듣는 것이 아니고는 어떤 가족의 진정한 상태를 알 수 있는 길은 절대로 없다는 점을 깨닫기에는 충분한 시간이다.

모든 집을 조사하기 위해 들어가는 문제에 대해 말하자면, 그것은 어떤 권력도 거주자들에게 강요할 수 없는 부분이거나 어떤 시민도 떠안을 수 없는 일이다. 왜냐하면 그런 행위 자체가 우리를 전염과 죽음에 노출시키고, 따라서 우리 자신뿐만 아니라 우리의 가족들의 파괴를 부를 수 있기 때문이다. 만약 그런 살벌한 일을 의무적으로 해야 한다면, 성실한 시민은 도시에 남으려 하지 않을 것이다.

이웃이나 그 집의 가족에게 묻는 방법 외에 사정을 확실히 알 수 있는 길은 없으며, 또 그 방법이 믿을 만한 것이 못된다는 점을 고려한다면, 이 문제는 앞에서 설명한 것처럼 불확실한 상태로 남을 수밖에 없었다.

가족의 가장은 자기 가족에게 전염병이 발병하면(말하자면, 전염병의 증후가 나타나면) 행정 명령에 따라서 그 같은 사실을 발견한 때로부터 2시간 안에 자신이 사는 곳의 검사관에게 그 사실을 알려야 한다. 그러나 각 가정의 가장들에겐 이 원칙을 피하거나 신고를 하지 않고도 둘러댈 이유가 아주 많았다. 그러다 보니 가장들은 아픈 가족과 건강한 가족을 가리지 않고 집을 떠날 뜻이 있는 가족이 모두 집을 탈출하고 난 뒤에야 검사관에게 알렸다.

일이 이런 식으로 진행되기 때문에, 집을 봉쇄하는 것은 전염병을 저지하는 수단으로는 믿을 만한 방법이 절대로 되지 못했다. 내가 다른 곳에서 말한 바와 같이 전염된 집을 빠져나간 많은 사람들이 자신은 정말 건강하다고 생각하고 있을지 몰라도 실제로 전염병을 옮기고 있었기 때문이다. 이들 중 일부는 길을 걷다가 쓰러져 죽었다. 그런데 그들이 총알에 맞듯이 갑자기 전염병의 공격으로 죽은 것이 아니라, 오래 전부터 피 속에 전염병을 갖고 있었다. 전염병은 그 사이에 그 사람의 생기를 몰래 빨아 먹고 있었으며, 그 사람의 심장을 치명적인 힘으로 공격할 때에야 겉으로 나타났다. 그러면 환자는 즉시 기절하며 쓰러지거나 뇌졸중을 일으키며 죽었다.

의사들 중 일부도 거리에서 죽은 사람들이 마치 번개에 맞아 죽는 사람처럼 쓰러지는 그 순간에 병의 공격을 받는다고 한동안 생각했다. 그러나 의사들은 훗날 자신의 의견을 바꿔야 하는 이유를 발견했다. 길거리에서 쓰러진 사람들이 죽은 뒤에 부검을 한 결과, 그들의 몸에 전염병의 표시가 있거나 오래 전부터 병에 걸렸다는 점을 뒷받침할 다른 증거들이 나왔기 때문이다.

이것은 종종 검사관이 전염병이 어느 집에 들어갔는지 여부에 대해 정확히 알지 못하는 이유였다. 그래서 전염병이 확인되어 그 집을 봉쇄할 때에는 이미 때가 늦은 뒤였다. 가끔은 집을 떠난 사람들이 모두 죽은 뒤에야 그 집이 감염되었다는 사실이 확인되기도 했다.

페티코트 레인(Petticoat Lane)에서는 두 집이 나란히 감염되어 몇 명이 아팠지만, 가족들이 이상 상태를 너무나 완벽하게 숨긴 탓에 나의 이웃이었던 검사관은 그 집 사람들이 모두 죽었기 때문에 수레를 보내야 한다는 통보를 받기 전까지는 감염 사실에 대해 까맣게 모르고 있었다. 두 가족의 가장들은 서로 머리를 맞대고 검사관이 오면 서로 아무 일이 없으며 모두가 건강하다는 식으로 대답하기로 계략을 짰다. 두 집의 감염 사실은 죽음이 그 사실을 더 이상 비밀로 지킬 수 없게 만들고 시체 수레가 밤에 두 집으로 불려오고 나서야 드러나게 되었다. 그러나 검사관이 순경에게 두 집을 봉쇄할 것을 지시했을 때, 거기엔 죽어가고 있던 세 사람, 그러니까 이쪽 집의 두 사람과 다른 쪽 집의 한 사람과 각 집의 간호사 한 사람씩 외에는 아무도 없었다. 이 간호사들은 사람들이 이미 5명을 묻었고, 그 집은 9일 내지 10일 전에 전염되었으며, 여럿이었던 나머지 가족들은 모두 달아났다고 털어놓았다. 당연히 달아난 가족 중에는 병에 걸린 사람도 있었고 그렇지 않은 사람도 있었으며 확실하지 않은 사람도 있었다.

같은 거리의 또 다른 집에서도 이와 비슷한 일이 일어났다. 이 집의 가장은 가족이 전염되었지만 봉쇄 조치를 매우 꺼려했다. 그래서 그는 더 이상 전염 사실을 숨길 수 없게 되자 자기 자신을 봉쇄해 버렸다. 말하자면, 그는 자신의 집 대문에 "주님이시어 저희에게 자비를 베푸소서!"라는 글과 함께 빨간 십자가를 걸었던 것이다. 그것을 본 검사관은 순경이 다른 검사관의 지시로 그런 조치를 취했을 것이라고 짐작하면서 그 가장에게 보기 좋게 속아 넘어갔다. 당시에 구역마다 그런 검사관이 2명 있었으니까. 이것은 곧 그 가장이 자신의 집이 전염되었음에도 불구하고 계략이 발각될 때까지 그 집을 마음대로 들락거릴 수 있었다는 뜻이다. 발각된다 한들 하인들과 가족들 중 건강해 보이는 사람들은 모두 도망간 뒤의 일일 테고, 결과적으로 그들은 전혀 봉쇄되지 않았던 것이다.

이런 것들이 내가 이미 말한 바와 같이 집을 봉쇄함으로써 전염병의 전파를 차단하는 문제를 대단히 복잡하게 만들었다. 만약 사람들이 자신의 집을 봉쇄하는 것을 전혀 원망스런 일로 생각하지 않는다면, 그리고 자신의 집이 전염되었다는 사실을 인지하는 즉시 그 같은 사실을 정직하게 치안 판사에게 통보한다면, 당연히 그런 조치의 효과는 크게 달라질 것이다. 그러나 가장들로부터 이런 것을 기대하기도 어렵고 또 검사관들이 집에 깊숙이 들어가서 조사하는 것도 마찬가지로 기대하기 어렵기 때문에, 주택 봉쇄 조치의 이점은 아주 약하다. 전염 사실을 숨기지 못하는 가난한 사람들의 집이나 전염에 따르는 공포와 놀람 때문에 발견되는 사람들의 집을 제외하고는 제때 봉쇄되는 집은 거의 없을 것이다.

나는 약간의 돈을 들여서 위험한 나의 일을 대신해 줄 사람을 찾게 되자마자 검사관 역할을 그만두었다. 그래서 나는 원래 정해졌던 2개월 동안 검사관 일을 하지 않고 3주일 만에 끝냈다. 때가 전염병이 도시의 이쪽 가장자리에서 맹위를 떨치기 시작하던 8월이었다는 점을 고려한다면, 그 기간은 짧았어도 꽤 힘든 시간이었다.

이 일을 수행하는 동안에도 나는 사람들을 자신의 집에 봉쇄시키는 조치에 대한 나의 의견을 이웃들에게 숨기지 않았다. 환자의 집을 봉쇄하는 조치는 본래의 목적을 이루지 못하며, 병에 걸린 사람들이 거리를 날마다 배회하도록 만들었다. 우리의 공통된 의견은 전염병이 찾아온 집의 경우에 건강한 사람을 병든 사람으로부터 분리시키는 것이 대부분의 경우에 훨씬 더 합리적이라는 것이다. 아픈 사람과 함께 봉쇄되어도 괜찮다고 밝히면서 아픈 사람과 함께 남기를 원하는 경우를 제외하곤 아무도 아픈 사람과 같이 있지 못하도록 하는 것이 합리적이라는 것이 우리의 일치된 의견이었다.

건강한 사람을 아픈 사람으로부터 분리시킨다는 우리의 계획은 감염된 집들에 한해서만 적용되었으며, 아픈 사람을 격리시키는 것은 절대로 격리가 아니다. 움직이지 못하게 된 사람도 제정신을 차리고 있고 분별력이 있는 한 불평하지 않을 것이기 때문이다. 정말로, 아픈 사람은 정신이 혼미해질 때엔 감금된 상태의 잔인성을 참지 못하고 소리를 지를 것이시만, 건강한 사람을 배제시키는 문제에 대해서라면, 우리는 그것이 대단히 합리적이고 정당하다고 생각했다. 건강해 보이는 사람은 자기 자신을 위해서도 아픈 사람과 분리되어야 하고, 다른 사람들의 안전을 위해서도 한동안 격리된 상태에서 실제로 건강한지, 정말로 다른 사람들을 전염시키지 않는지를 확인해야 한다. 이것을 확인하는 데는 20일 내지 30일이면 충분하다.

이런 식으로 건강한 사람들의 부분적 격리를 위한 주택들이 제공되었다면, 그들은 전염된 사람들과 한집에 감금되어 있을 때보다 격리되어 있다는 기분에 그렇게 심한 상처를 입지 않았을 것이다.

16.
절정

그러나 장례가 너무 잦아지게 된 후로 사람들은 예전처럼 종을 울리지 못하고, 울거나 비통해 하지 못하고, 상복을 입지 못하게 된다는 점을 여기서 밝혀야 한다. 아니, 죽은 사람들을 위해 관조차도 만들지 못하게 된다.

그렇다 보니 어느 정도 시간이 지나면서 전염에 대한 격노가 너무나 거세져서, 한마디로 말해, 사람들은 주택을 전혀 봉쇄하지 않았다. 온갖 조치를 다 취해 보았지만, 모든 것이 허사인 것처럼 보였다. 전염병은 압도적인 기세로 퍼지는 것처럼 보였다. 그래서 이듬해에 일어난 화재가 스스로 번지며 맹렬한 기세로 모든 것을 집어 삼킬 때에 시민들이 절망에 빠져서 불을 끄려는 노력을 포기했듯이, 마침내 전염병이 들불처럼 무섭게 번져갈 때 사람들은 망연자실한 채 앉아서 서로를 바라보면서 포기한 것처럼 보였다. 거리들은 황량하기 짝이 없었고, 집들은 봉쇄한 것이 아니라 거주자들이 다 빠져나갔고, 문들은 열린 채 있었고, 빈 집의 창문들은 닫을 사람이 없어서 깨어진 채 바람에 흔들리고 있었다. 한마디로 말해, 사람들이 공포 때문에 스스로를 포기하고 모든 규칙과 방법이 허사이며, 전반적인 슬픔 외에는 달리 기대할 것이 하나도 없다는 식으로 생각하기 시작했다.

그럼에도 신의 손길이 작용하면서 전염병의 맹위를 전염병이 처음 시작할 때와 마찬가지로 놀라운 방식으로 느슨하게 약화시키면서 전염병이 곧 신의 손이라는 사실을 보여주는 것은 바로 절망이 이처럼 전반적으로 팽배한 상황에서였다.

그러나 나는 아직 절정에 이른 전염병에 대해, 사방을 황량하게 폐허로 만들고 사람들이 경악하면서 절망에 빠지게 만드는 그런 전염병에 대해 말해야 한다. 병이 극한 상황으로 치닫는 상태에서 인간의 울화가 얼마나 커질 수 있는지 도무지 상상이 되지 않는다. 이 부분도 나머지 부분에 대한 이야기만큼 감동적이라고 나는 생각한다.

숙고할 줄 아는 사람의 깊은 영혼에, 거의 발가벗은 남자가 자기 집에서, 아마 침대에서 뛰쳐나와, 화이트채플의 부처 로우에 있는, 사람들로 붐비던 교차로 해로우 앨리에서 달려 나오는 모습보다 더 강렬한 인상을 남기는 것이 있을까? 다시 말하면, 이 불쌍한 인간이 대로로 나와서 갖가지 익살스런 몸짓으로 춤을 추고 노래하며 달리는 모습보다 가슴을 더 먹먹하게 만드는 것이 있느냐는 말이다. 그 사람의 뒤를 대여섯 명의 여자와 아이들이 울부짖으며 쫓으면서 제발 돌아오라고 외치고 다른 사람들에게 제발 좀 붙잡아 달라고 간청하지만, 아무도 그에게 손을 대려 하지 않거나 가까이 다가가려 하지 않아 그 같은 호소가 허사로 끝나는 그런 장면 만큼 사람의 가슴을 아프게 만드는 것은 없다.

창문을 통해 이 모든 것을 지켜본 나에겐 이것이 너무나 비통하고 고통스런 장면이었다. 내가 관찰한 바에 따르면, 이 불쌍한 남자는 극에 달한 고통에 몸부림을 치는 상태에서도 터뜨리지 못한 종기를 두 개 달고 있었다. 그러나 종기 위에 강력한 부식제가 붙어 있는 것으로 볼 때, 외과 의사들이 그것을 터뜨릴 희망을 품었던 것 같다. 이 부식제는 인두로 지지듯 그의 살점을 태우고 있었다. 이 불쌍한 남자의 운명이 어떻게 되었는지 모르지만, 그가 그런 식으로 이리저리 떠돌다가 결국엔 쓰러져서 죽었을 것이라고 나는 생각한다.

도시의 모습 자체가 을씨년스러운 것은 전혀 이상하지 않았다. 평소에 도시의 우리 쪽 가장자리에서 나온 사람들로 붐비던 거리도 한산했다. 거래소는 문을 닫지 않았지만 거래는 절대로 빈번하지 않았다. 석탄불도 사라졌다. 불은 매우 거센 비로 인해 며칠 동안 거의 꺼져 있었다. 그러나 그것이 전부가 아니었다. 의사들 중 일부는 석탄불이 사람들의 건강에 전혀 도움이 되지 않을 뿐만 아니라 오히려 해롭다고 주장했다. 그들은 이런 주장을 아주 큰 소리로 내세웠으며, 시장에게도 그 문제에 대해 불평했다. 한편, 의사들 중 일부는 똑같이 탁월한 의사이면서도 앞의 주장에 반대하면서 석탄불이 전염병의 맹위를 약화시키는 데 유익한 이유를 제시했다.

나는 양측의 주장에 대해 충실하게 설명할 수 없지만 이것 한 가지만은 기억하고 있다. 양분된 의사들이 상대방의 주장에 대해 덮어놓고 이의를 제기했다는 사실 말이다. 어떤 의사들은 불을 옹호하지만 그 불이 석탄이 아니라 나무로, 그것도 테레빈유의 강한 증발 때문에 전나무나 개잎갈나무 같은 특별한 종류의 나무로 피워야만 한다고 주장했다. 다른 의사들은 황과 역청 때문에 나무가 아니라 석탄을 옹호했다. 또 다른 의사들은 나무도 옹호하지 않고 석탄도 옹호하지 않았다.

그러자 시장은 불을 더 이상 피우지 말라고 지시했다. 구체적으로 이런 이유에서였다. 전염병이 너무나 맹렬하게 번지고 있었기 때문에, 그 앞에서는 어떤 수단도 통하지 않았으며 그것을 저지하고 약화시키기 위해 적용하는 모든 것이 전염병을 약화시키기보다는 강화시키는 것처럼 보인 것이다. 그럼에도 치안 판사들의 이런 놀람은 막중한 그 문제를 떠안고 싶지 않은 마음에서 나오는 것이 아니라 성공적으로 적용시킬 수 있는 수단이 없다는 사실에서 나온 것이었다. 치안 판사들을 제대로 평가하자면, 그들은 수고도 아끼지 않았고 정성도 아끼지 않았다.

그러나 그 어떤 것도 먹히지 않았다. 전염병은 더욱 기승을 부렸고, 사람들은 이제 경악하며 공포에 떨었다. 그래서 사람들은 자신을 포기했으며, 앞에서 언급한 바와 같이, 절망 속으로 깊이 빠져들었다.

그러나 여기서 내가 사람들이 절망에 깊이 빠졌다고 할 때 그것이 종교적 절망이나 영원한 상태에 대한 절망을 뜻하는 것이 아니라 전염병을 피하지 못하거나 전염병을 이기지 못한다는 사실에 대한 절망을 뜻한다는 것을 밝혀둘 필요가 있다. 당시에 전염병의 기세가 너무나 거셌기 때문에 절정에 이른 시기, 그러니까 8월과 9월 경에 전염병에 걸린 사람은 그 손아귀에서 거의 벗어나지 못했다. 그 같은 기세는 6월과 7월, 그리고 8월 초의 상태와는 매우 달랐다. 내가 관찰하기로는, 그때만 해도 많은 사람들이 전염병에 걸려서 며칠 동안 고통을 겪으면서 피 속에 독을 오랫동안 품고 있다가 죽어갔다.

그러나 지금은 그때와 정반대로, 8월 마지막 두 주와 9월의 첫 세 주 동안에 전염병에 걸린 사람들은 대개 길어야 2, 3일 만에 죽었으며, 많은 환자들이 병에 걸린 그날 바로 죽었다. 삼복더위 또는 점성술사들의 표현대로 큰개자리의 영향이 그런 해로운 효과를 내는지, 아니면 그 전에 몸 안에 전염의 씨앗을 품고 있던 사람들이 그 시기에 그 씨앗을 한꺼번에 성숙시키는지 나는 모르지만, 그때가 바로 하룻밤에 3,000명 이상이 죽었다는 소문이 나오던 때였다. 또 사람들은 자신의 관찰이 정확했다는 점을 강조하려는 듯, 희생자들이 모두 2시간 동안에, 즉 새벽 1시에서 3시 사이에 죽었다고 말했다.

사람들이 다른 때와 달리 이때 돌연 집단으로 죽은 현상에 대해 말하자면, 그것을 뒷받침하는 예들이 무수히 많았으며, 나도 이웃에서 그런 희생자들의 이름을 댈 수 있었다. 나의 집에서 그리 멀지 않은 곳인 바스(Barrs) 외곽에 살던 한 가족은 식구가 모두 10명이었으며, 월요일만 해도 모두가 멀쩡해 보였다. 그러던 것이 그날 밤에 하녀 1명과 도제 1명이 병에 걸려 다음날 아침에 죽었고, 그때 다른 도제와 아이 둘이 병에 걸려 이 중 하나는 그날 밤에 죽고 다른 둘은 수요일에 죽었다. 요약하면, 토요일 정오까지 주인과 아내, 4명의 자식들과 4명의 하인들이 모두 죽었으며, 멀지 않은 곳에 살면서 아직 병에 걸리지 않았던 그 가족의 형을 대신해서 물건을 지키러 왔던 늙은 여자를 제외하곤 그 집은 완전히 빈 상태였다.

그 당시에 살던 사람이 모두 죽어나가는 바람에 빈 상태로 남아 있던 집이 많았다. 모제스(Moses)와 애런(Aaron)이라는 거리 표지판이 보이는 곳에서 들어가는 바스 너머의 어느 골목길엔 한 사람도 살아남지 못한 집이 몇 채 있었다. 그런 집 몇 곳에서 마지막에 죽은 사람은 밖으로 실려 나가 매장되기까지 다소 오래 방치되었다. 일부 저자들이 엉터리로 적고 있는 것과 달리, 그 사람들이 그렇게 방치된 이유는 죽은 사람들을 묻을 만큼 살아남은 사람들이 충분하지 않아서가 아니라 치사율이 골목길에서 너무나 높았기 때문에 매장꾼이나 교회지기에게 매장할 시신이 있다는 사실을 알려줄 사람이 남지 않았기 때문이다. 그 시신들 일부는 부패가 심하게 진행되어서 실어 나르기가 힘들 정도라는 말이 돌았는데, 이 말이 어느 정도 진실인지 나는 모른다. 어쨌든 수레가 하이 스트리트(High Street)의 앨리 게이트(Alley Gate) 그 이상으로는 갈 수 없었기 때문에, 그쪽의 시신들을 옮기는 것이 그만큼 더 힘든 일이었다. 그러나 나는 당시에 얼마나 많은 시신들이 방치되고 있었는지에 대해선 아는 바가 없다. 틀림없는 사실은 평소에는 거기서 그런 일이 일어나지 않았다는 것이다.

너무나 많은 사람이 삶에 절망하며 스스로 포기하는 상태에 이르렀다고 언급한 바가 있는데, 이 같은 사실이 3, 4주 동안 사람들에게 이상한 영향을 끼쳤다. 말하자면, 그런 현상이 사람들을 대담하게 나서도록 만들었다는 점이다. 사람들은 더 이상 서로를 피하지 않았으며, 집 안에 처박혀 지내지도 않았다. 어디든 가서 아무나 붙잡고 대화하기 시작했다. "당신의 상태가 어떤지도 묻지 않을 거요. 내가 어떤지도 말하지 않을 것이고. 우리 모두 죽을 게 확실하니까요. 그러니 지금 누가 건강하고 누가 병에 걸렸는지는 전혀 중요하지 않아요." 그렇듯 사람들은 장소와 집단을 가리지 않고 절망적으로 매달렸다.

그 같은 현상이 사람들이 무리를 짓도록 만들었는데, 그들이 교회로 몰려든 것은 정말 놀라운 일이었다. 사람들은 누구 옆에 앉고 누구를 멀리 해야 하는가 하는 문제에는 더 이상 신경을 쓰지 않았다. 옆에 앉은 사람이 어떤 냄새를 풍기든, 또는 어떤 상태에 있든, 그런 것은 중요하지 않았다. 그들은 서로를 시신으로 보면서 전혀 아무런 거리낌 없이 교회로 와서, 마치 그들의 생명은 거기서 이룰 일에 비하면 아무것도 아닌 것처럼 서로 함께 모였다. 정말로, 그들이 교회로 모이면서 보인 열성과 설교를 들으며 기울인 정성은 그들이 언제나 그 날이 마지막 날이라고 생각하면서 교회에 출석할 경우에 신의 숭배에 지대한 가치를 부여하게 될 것이라는 점을 극명하게 보여주었다.

그 같은 현상이 일으킨 다른 이상한 효과도 없지 않았다. 사람들이 교회에 와서 설교단에 선 사람들에게서 느끼던 온갖 편견이나 양심의 가책 같은 것이 사라져 버린 것이다. 교구 교회 목사들 중 많은 사람들도 끔찍한 재앙에 희생되었으며, 일부 목사들은 설교단에 설 용기를 발휘하지 못하고 시골로 대피했다. 당시에 일부 교구 교회들이 버려져 비어 있었기 때문에, 사람들은 몇 년 전까지만 해도 '통일법'(Act of Uniformity)[45]이라 불린 의회 제정법에 의해 생계 수단을 박탈당했던 비국교회 목사들에게 의지하면서도 전혀 양심의 가책을 느끼지 않았다. 또 국교회 목사들도 비국교회 목사들의 도움을 받는 데 전혀 어려움을 겪지 않았다. 그 결과, '침묵 당한 목사'라 불리던 목사들 중 많은

....
45 왕정 복고(1660)가 이뤄진 2년 뒤인 1662년에 제정되었다. 국교회의 기도 형식 등을 정한 법으로, 국교를 믿지 않는 사람은 공무원이 될 수 없도록 했다.

이들이 굳게 닫고 있던 입을 열고 사람들에게 공개적으로 설교를 하게 되었다.

17.
메멘토 모리

이 대목에서 많은 사람들이 관찰하게 될 것이 한 가지 있다. 나도 그것에 주목하는 것이 부적절하지 않을 것이라고 기대하고 있다. 즉, 죽음을 가까이서 보게 될 때 선한 신념을 가진 사람들은 서로 화해할 것이라는 점이다. 또 우리 인간들 사이에 불화가 일어나고 나쁜 피가 계속 흐르고 기독교의 통일과 사랑이 깨어지고 편견이 이어지는 것은 주로 우리가 삶을 편하게 영위하면서 이런 절망적인 것들을 멀리하고 있기 때문이라는 점에도 주목할 필요가 있다. 전염병이 한 번 더 닥치면 이런 모든 차이를 화해시킬 것이다.

죽음과 가까이 앉아 대화하거나 죽음을 안기겠다고 위협하는 질병들과 가까이 앉아 대화한다면, 우리 인간의 기질에서 증오가 사라지고 인간들 사이에 적대감이 제거되고 사물들을 이전과 다른 눈으로 보게 될 것이다. 국교회에 다닌 사람들이 이 시기에 비국교회 목사가 자신들에게 설교하는 것을 허용했듯이, 특별한 편견을 갖고 영국 국교회와 단절했던 비국교회 신자들도 지금 교구 교회에 와서 그 전까지 인정하지 않던 숭배 절차를 따르면서 만족했다. 그러나 전염의 공포가 누그러짐에 따라, 그 모든 것들이 다시 바람직하지 않은 방향으로, 말하자면 예전의 길로 돌아갔다.

나는 이것을 단지 역사적인 사실로서만 언급하고 있다. 나는 서로가 화해를 이루도록 어느 한쪽 또는 두 쪽 모두를 보다 자비로운 방향으로 움직이도록 하기 위해 논쟁을 벌일 생각은 조금도 없다. 나는 그런 토론 자체가 적절하거나 성공적일 것이라고 보지 않는다. 불화의 틈은 좁혀지기보다는 오히려 더 넓어지는 것 같다. 그런 상황에서 내가 어떻게 어느 한 쪽 또는 두 쪽 모두에게 영향력을 행사할 수 있다고 감히 생각할 수 있겠는가?

그러나 나는 이 점을 다시 되풀이 말하고 싶다. 죽음이 우리 모두를 화해시킬 것이라고. 또 저승에서, 그러니까 무덤에서 우리 모두는 다시 형제가 될 것이라고. 어떤 계층과 종파에 속하는 사람이든 하늘에서는 편견이나 양심의 가책 같은 것을 발견하지 못할 것이다. 거기선 우리 모두가 하나의 원칙을 갖고 하나의 의견을 가질 것이다. 그런데 우리는 왜 서로의 가슴과 손을 아무 거리낌 없이 잡게 될 그곳으로, 더 없이 완전한 조화와 애정을 느낄 그곳으로 서로 손을 맞잡고 나아가지 못하는가? 왜 우리 인간은 이승에서는 그렇게 하지 못하는가? 나는 이 같은 물음에 아무 말도 하지 못한다. 그저 한탄스러운 일이라고 대답할 수 있을 뿐, 나는 그 이상의 말은 하지 못한다.

나는 이 끔찍한 시기의 재앙에 대해 아직 많은 것을 이야기할 수 있으며, 매일 우리들 사이에 일어난 일들을, 말하자면 병에 걸린 사람들이 정신 착란 속에 했던 기이한 행동들을 묘사할 수 있다. 그리고 어찌하여 거리들에 끔찍한 행동을 하는 사람들이 그렇게 자주 나타나기 시작하고, 가족이 가족들에게 공포가 되기 시작하게 되었는지에 대해서도 묘사할 수 있다. 그러나 어떤 남자가 침대에 묶여 있다가 스스로를 풀 다른 길을 발견하지 못하고 불행하게도 그의 손이 닿는 거리에 놓여 있던 초로 침대에 불을 붙였다는 이야기를 들려주었고, 또 어떤 남자가 극한의 고통을 참지 못하고 정신이 혼미한 상태에서 거리를 돌아다니며 노래를 하고 춤을 추었다는 이야기까지 들려준 마당에, 거기에 무엇을 더 보탤 수 있단 말인가? 그 시기 나날들의 비참을 독자들에게 보다 생생하게 전하기 위해, 혹은 깊은 절망이란 것이 어떤 것인지를 더 완전하게 전하기 위해 무슨 말을 더 해야 한단 말인가?

이때가 너무나 끔찍했고, 나 자신도 가끔 결심이 흔들렸고 처음만큼 용기가 없었다는 점을 인정해야 한다. 극단적인 상황이 다른 사람들을 멀리 피난하도록 만들었을 때, 나는 집에 틀어박혔다. 앞에서 이야기한 대로 블랙월과 그리니치까지 나들이 삼아 내려가 본 이후로, 나는 그 전에 2주 동안 그랬듯이 집 안에서만 지냈다. 형과 형의 가족과 함께 떠나지 않고 무모하게 도시에 남기로 한 것에 대해 몇 차례 후회했다는 사실을 이미 밝혔지만, 이제 시골로 피난하기엔 너무 늦었다. 집 안에 갇혀 상당한 시간 동안 지내자, 나의 조급증이 다시 나를 밖으로 내몰았다. 내가 말한 바와 같이, 그때 그들이 추하고 위험한 일을 맡으라고 나를 불렀으며, 그로 인해 나는 밖으로 다시 나갔다. 그러나 전염병이 최고조의 상태로 이어지는 가운데 그 일이 만료되었기 때문에,

나는 다시 10일 또는 12일 이상 문을 걸어잠그고 집에서만 지냈다.

이 기간에 나는 창을 통해서 내가 즐겨 다니던 거리의 비참한 광경을 자주 목격했다. 특히, 해로우 앨리에서 나오면서, 고통을 견디지 못하고 미쳐 날뛰며 춤을 추고 노래하던 그 불쌍한 인간이 강한 인상을 남겼다. 그런데 그런 사람이 몇 명 더 있었다. 해로우 앨리의 끝 쪽에서 불행한 일이 일어나지 않고 하루가 지나가는 예는 거의 없었다. 해로우 앨리의 끝 쪽은 가난한 사람들로 넘쳐나는 곳이었으며, 그들 중 대부분은 정육점에서 일하거나 도살장과 관계있는 일을 하는 사람들이었다.

가끔 그 길에서 사람들의 무리가 쏟아져 나오곤 했다. 대부분 여자들이었으며, 떠들썩하게 소리를 지르거나 비명을 지르거나 울거나 서로를 부르고 있었으며, 우리는 거기서 무슨 일이 벌어지고 있는지 알 수 없었다. 밤엔 거의 언제나 시체 수레가 그 길 끄트머리에 서 있었다. 이유는 안으로 들어갈 경우에 돌려서 나오는 것이 불가능했으며 들어가더라도 아주 조금밖에 들어가지 못했기 때문이다. 그곳에 골목 안쪽에서 끌고 오는 시신들을 받기 위해 시체 수레가 서 있었던 것이다. 교회 부속 묘지가 조금밖에 떨어져 있지 않았기 때문에, 수레는 가득 채워서 가더라도 금방 다시 돌아오게 되어 있었다. 가난한 사람들이 자신들이 끌고 온 수레로부터 시체 수레로 자식들과 친구들의 시신을 옮기면서 쏟아내던 끔찍한 울부짖음과 소란은 글로 형용할 수 없다. 숫자로 미뤄볼 때, 거기엔 남은 사람이 더 이상 없을 것 같다는 생각이 들거나, 소도시를 이룰 만큼 많은 사람들이 거기 살고 있나 하는 느낌이 들었다. 그들은 몇 차례 "살인이야!"라고 외치고 가끔 "불이야!"라고도 외쳤지만, 그것이 정신 착란의 상태에서 나오는 외침이고 병에 걸려 절망한 사람들의 불만이라는 것이 쉽게 확인되었다.

그 시기엔 어딜 가나 그런 식으로 혼란스러웠을 것이라고 나는 믿는다. 왜냐하면 전염병이 6주 내지 7주 동안 내가 표현한 그 이상으로 맹위를 떨치면서 절정으로 치달음에 따라 내가 치안 판사를 칭송하게 만든 질서가, 말하자면 낮엔 거리나 매장지에 죽은 시신이 보이지 않도록 한다는 원칙이 무너지기 시작했기 때문이다. 이처럼 전염병이 극성을 부리는 시기에는 그렇지 않은 경우라면 잠시면 끝날 작업이 오래 걸릴 수밖에 없었다.

여기서 반드시 언급해야 하는 사실이 한 가지 있다. 정말로 나는 그것이 아주 특별하다고 생각했다. 적어도, 정의를 실현하는 신의 손처럼 보였다. 예언자와 점성술사, 점쟁이, 마법사 등이 모두 사라졌다는 사실이다. 그런 사람들은 한 사람도 보이지 않았다. 나는 그들 중 다수가 큰 재산을 일구겠다는 희망을 품고 감히 도시에 남아 있다가 그 재앙에 쓰러졌다고 진정으로 믿고 있다. 그들의 이득은 사람들의 광기와 어리석음 때문에 정말로 한동안은 아주 컸다. 그러나 이제 그들은 침묵을 지켰다. 그들 중 많은 사람들이 자신의 운명조차 예상하지 못하다가 마지막 거처인 무덤 속으로 들어갔기 때문이다. 어떤 사람들은 그들 모두가 죽었다고 말할 만큼 그들에게 비판적이었다. 나는 그 말에 동의하지 않지만, 나는 그들 중에서 재앙이 끝난 뒤에 다시 나타난 사람이 있다는 소리를 듣지 못했다는 점을 인정한다.

그러나 전염병이 돌던 기간 중에서 그 끔찍한 시기에 내가 목격했던 특별한 관찰로 돌아가기 전에, 나는 지금 런던이 경험한 세월 중에서 가장 끔찍했던 9월에 와 있다. 그 전까지 런던에서 일어났던 전염병 유행에 관한 어떤 설명을 근거로 해도, 이번 같은 경우는 한 번도 없었다. 8월 22일부터 9월 26일까지, 단 5주 동안에 주간 사망 보고서에 게재된 사망자가 거의 4만 명에 이르니 말이다. 주간 사망 보고서에 담긴 숫자를 구체적으로 보면 이렇다.

8월22일-8월29일	7496
8월29일-9월5일	8252
9월5일-9월12일	7690
9월12일-9월19일	8297
9월19일-9월26일	6460
	38,195

　이것은 그 자체로 엄청난 수치이지만, 만약 내가 이 숫자가 정확하지 않다고 믿는 이유를 제시한다면, 당신은 그 기간에 주마다 1만 명 이상 죽었다고 믿게 될 것이다. 그 시기에 특히 도시 안에서 사람들 사이에 일어난 혼란은 이루 글로 표현할 수 없다. 전염병에 대한 공포가 마침내 너무나 컸기 때문에 드디어 시신을 운반하도록 임명된 사람들의 용기마저 사라지기 시작했다. 어쨌든 그런 일을 맡은 사람들 중 몇 명도 죽었다. 그들 중 몇 명은 시신을 싣고 와 구덩이 속으로 던져 넣으려다가 쓰러졌다. 도시 안에서 이런 혼란이 특히 심했다. 이유는 그곳 사람들이 전염병을 피할 수 있을 것이라는 희망을 품으면서 죽음의 괴로움은 지나갔다고 생각하고 있었기 때문이다. 사람들이 들려주

는 이야기에 따르면, 쇼어디치를 올라가던 어느 수레는 수레꾼들 없이 버려졌거나, 어느 수레는 수레꾼 한 사람에게 맡겨졌는데 그가 길에서 죽어버렸다고 했다. 그래서 말들이 날뛰며 수레를 뒤엎었고, 시신이 수레에서 빠져 나와 여기저기 흩어졌다. 이보다 더 참혹한 광경이 있을까. 또 다른 수레는 핀스베리 필즈의 거대한 구덩이 안에서 발견되었던 것 같다. 수레꾼이 죽었거나, 수레를 포기하고 달아났을 것이며, 말들이 구덩이에 너무 가까이까지 접근하다가 수레가 구덩이에 빠졌고, 이어 말들도 구덩이 안으로 끌려들어갔다. 수레꾼도 함께 구덩이 안으로 내동댕이쳐지고 수레가 그의 위를 덮쳤다는 말도 있었다. 그렇게 보는 이유가 그의 채찍이 구덩이 안의 시신들 틈에서 발견되었기 때문이라고 하지만, 나는 그 소문이 사실이 아닐 것이라고 짐작한다.

내가 들은 바에 따르면, 우리의 올드게이트 교구에서도 시체 수레들이 야경꾼이나 수레꾼이 없는 가운데 시신을 가득 실은 채 교회 부속 묘지 문에 서 있는 것이 몇 차례 목격되었다. 이런 경우뿐만 아니라 다른 많은 예에서도, 사람들은 수레에 누구의 시신을 싣고 있는지 전혀 알지 못했다. 이유는 시신이 가끔은 발코니에서 로프에 묶여 아래로 내려지거나 창밖으로 내려지기도 했기 때문이다. 또 상여꾼들이 시신을 수레로 끌고 오기도 하고, 다른 사람이 시신을 갖고 오기도 했기 때문이다. 그런 일을 하는 사람들 본인이 말하듯이, 시신의 숫자를 계산하는 데 어려움이 많았다.

이제 치안 판사들의 신중성이 시험대에 오를 차례이며, 이 측면에서도 마찬가지로 그 실상을 완벽하게 파악하는 것은 불가능하다는 점을 인정해야 한다. 치안 판사들이 어떤 고충을 겪든, 두 가지만은 도시나 교외에서나 똑같이 절대로 간과되지 않았다.

1) 식량은 언제나 충분히 공급되었다. 가격도 크게 인상되지 않았다. 이에 대해서는 말할 필요조차 없다.

2) 시신을 매장하지 않거나 덮지 않은 채 두지 않았다. 누가 도시의 이쪽 끝에서 저쪽 끝까지 걷는다면, 낮 동안에는 장례식의 흔적을 전혀 보지 못했을 것이다. 앞에서 말한 바와 같이, 여기엔 약간의 예외가 있었다. 9월 첫 3주가 바로 그때였다.

전염병 창궐이 끝난 뒤에 발표한 다른 사람들의 설명을 읽은 사람에겐 이 마지막 조항이 아마 믿어지지 않을 수 있다. 그런 설명들이 시신이 묻히지 않은 채 있었다고 말하고 있으니 말이다. 나는 그런 설명은 완전히 엉터리라고 믿고 있다. 적어도, 묻히지 않은 시신이 어디에라도 있었다면, 그곳은 산 사람들이 죽은 자를 두고 멀리 달아난 그런 집이었음에 틀림없다(내가 관찰한 바로는 달아날 수단을 발견한 사람들은 달아나곤 했다). 그 집엔 관리들에게 시신이 생겼다는 사실을 통보할 사람이 없었을 것이다. 이 점에 대해서 나는 내가 살던 교구 안에서 잠시 그런 일을 해 보았기 때문에 자신 있게 말할 수 있다. 그 교구는 거주민들의 숫자를 바탕으로 판단하면 다른 어느 곳 못지않게 황폐화되었다.

자신 있게 말하는데, 거기서 매장되지 않은 채 놓여 있었던 시신은 한 건도 없었다. 말하자면, 그 일을 맡은 관리들이 모르고 있었던 시신은 한 건도 없었으며, 시신을 옮길 사람이나 시신을 무덤에 넣고 흙으로 덮을 매장꾼이 없어서 그냥 둔 시신도 하나도 없었다. 이것으로도 나의 주장은 충분히 뒷받침된다. 모제스 앨리와 애런 앨리에서처럼, 지극히 혼란스런 곳에서 시신들이 집 안에 놓여 있었던 것은 어쩔 수 없는 상황에서 일어난 일이었으며, 시신들이 발견되기만 하면 즉시 매장되었을 가능성이 아주 컸기 때문이다.

첫 번째 조항(즉, 식량 공급이 줄지 않고 식량 가격의 인상 폭도 크지 않았던 점)에 대해서라면, 나는 앞에서 언급했음에도 불구하고 여기서 다시 이야기할 것이다. 나는 이런 것을 관찰했다.

1) 특히 빵의 가격이 크게 오르지 않았다. 그 해 초에, 즉 3월 첫째 주에 1페니 하던 밀 빵의 무게가 10.5온스였는데, 전염이 극성을 부리던 때에도 9.5온스였으니, 빵의 가격이 비쌌다고는 절대로 말하지 못한다. 그리고 11월 초에는 밀 빵의 무게가 다시 10.5온스로 돌아갔다. 전염병이 창궐하는 끔찍한 상황에서 어느 도시에서도 빵 가격이 이만큼 안정적이지는 못했을 것이라고 나는 믿는다.

2) 빵을 굽는 사람이 부족했거나 일반 사람들에게 빵을 공급하기 위해 마련한 오븐이 부족한 현상이 전혀 없었다. 그러나 일부 가족들에게서 다음과 같은 주장이 나왔다. 그들의 하인들이 당시의 관습에 따라서 가루를 갖고 빵을 구우러 빵집으로 갔다가 간혹 집으로 전염병을 몰고 왔다는 것이었다.

전염병이 극성을 부리는 동안에, 활용할 수 있었던 격리 병원은 단

두 곳뿐이었다. 하나는 올드 스트리트 너머의 들판에 있었고, 다른 하나는 웨스트민스터에 있었다. 사람들을 거기로 옮기는 일에 강제성은 전혀 동원되지 않았다. 이 경우엔 강제성이 전혀 필요하지 않았다. 자선의 손길 외에는 어떠한 도움이나 식량도 갖고 있지 않은 가난한 사람들이 수천 명에 이르렀으니까. 그런 사람들은 격리 병원으로 옮겨주겠다면 감지덕지로 여기며 그곳으로 가서 보살핌을 받을 수 있었다.

비상시국에 런던을 관리하는 일에 있어서 내가 부족하다고 여긴 유일한 것이 바로 격리 병원이다. 돈을 지급하는 경우나 나아서 퇴원할 때 돈을 지불하겠다고 보증하는 경우가 아니고는 격리 병원에 들어가는 것이 허용되지 않았다. 당시에 아주 많은 사람들이 완쾌되어 퇴원할 수 있었다. 그리고 매우 훌륭한 의사들이 그런 병원의 의사로 임명되었으며, 거기서 많은 의료 종사자들이 일을 훌륭히 해 냈다. 이 점에 대해서 나는 다시 언급할 것이다.

격리 병원으로 보내진 환자들은 주로 자신이 살고 있는 집의 가족들에게 필요한 물건을 사러 심부름 갔다가 전염병에 걸린 하인들이었다. 이런 경우에 하인들은 주인 집의 나머지 사람들을 살리기 위해 격리되었으며, 그들은 전염병이 창궐하는 내내 거기서 보살핌을 아주 잘 받았다. 그래서 그들이 매장된 건수는 런던 격리 병원의 경우에 156건, 웨스트민스터 격리 병원의 경우에 159건에 지나지 않았다.

격리 병원을 더 많이 지어야 한다고 해서, 모든 사람들을 그런 곳에 강제로 입원시켜야 한다는 뜻은 아니다. 일부 사람들이 제안한 것처럼, 주택 봉쇄를 생략하고 병에 걸린 사람들을 서둘러 주거지에서 격리 병원으로 옮겼다면, 그 같은 조치는 그 이후뿐만 아니라 그 당시에도 훨씬 더 나쁜 영향을 끼쳤을 것이다. 병에 걸린 사람을 이동시키는 것 자체가 전염병을 퍼뜨리는 길일 수 있으니 말이다. 그리고 환자를 이동시킨다는 것이 그 환자가 지내던 집이 깨끗해진다는 의미가 아니기 때문에, 나머지 가족들이 자유롭게 지내면서 틀림없이 다른 사람들에게 병을 옮길 것이다.

가족들이 전염병이나 아픈 사람을 숨기기 위해 보편적으로 쓰는 방법도 아주 위험한 요소이다. 검사관이 그 같은 사실을 알아내기 전에 가끔 병이 가족 전체를 쓰러뜨릴 수 있기 때문이다. 한편, 동시에 병을 앓는 환자들의 숫자가 너무 많은 경우에 공공 격리 병원이 수용할 수 있는 능력이 부족하거나 관리들이 환자들을 발견하고 이송하는 능력이 미달할 수 있다.

이 점은 당시에 잘 고려되었으며, 나는 관계자들이 그 문제를 놓고 종종 토론하는 것을 들었다. 치안 판사들은 사람들이 주택 봉쇄에 응하도록 하느라 몹시 고생했으며, 그래도 사람들은 여러 가지 방법으로 감시원을 속이고 밖으로 빠져나갔다. 그러나 그 같은 어려움은 환자들을 격리 병원에 수용하는 정책의 실효성이 의문스럽다는 점을 분명히 보여주었다. 왜냐하면 병든 사람을 강제적으로 침대와 자기 집에서 끌어낼 수는 없기 때문이다. 그런 일이라면 시장의 관리들이 할 일이 아니라 군대나 할 수 있는 일이었다.

한편, 사람들은 격노하고 절망하면서 자신이나 자식들이나 친척들을 간섭하고 나서는 사람을 죽이려 들었을 것이고, 결과적으로 그들은 너무도 끔찍한 혼란 상태에 빠져 있는 사람들을 거의 미치게 만들고 말 것이다. 반면에, 치안 판사들은 몇 가지 이유로 병에 걸린 사람들을 집 밖으로 강제로 끌어내는 식으로 폭력과 공포로 대하지 않고 관대함과 동정심으로 대하는 것이 훨씬 더 적절하다는 사실을 깨달았다.

18.

당국의 조치

　이 대목에서, 전염병이 처음 시작되던 시점에, 전염병이 전체 도시로 퍼질 것이 확실시 되던 시점에, 다시 말해 내가 앞에서 말한 바와 같이 상류층 사람들이 가장 먼저 그 심각성을 파악하고 서둘러 도시를 빠져나가기 시작하던 때에 대해 다시 언급해야 할 것 같다. 나 자신이 현장에서 관찰했듯이, 도시를 빠져나가는 무리가 엄청나게 컸으며, 사람과 짐을 태운 사륜마차와 말, 짐마차, 수레 등이 너무나 많았기 때문에 마치 도시 자체가 이동하는 것처럼 보였다. 그런 마당에, 당시에 사람들이 겁을 먹게 만들고 있던 규정, 특히 사람들을 자신들이 원하지 않는 방법으로 처치하는 문제에 관한 규정이 발표되었더라면, 도시와 교외들이 똑같이 극도의 혼란에 빠졌을 것이다.

　그러나 치안 판사들은 현명하게도 사람들의 용기를 북돋우었으며, 시민들을 관리하기 위해 매우 훌륭한 규칙을 제정하고, 거리에 질서를

282

유지하고, 모든 부류의 사람들이 모든 것에 접근할 수 있도록 했다.

가장 먼저, 시장과 사법 장관들, 행정 장관 회의, 그리고 일정 수의 시 의회 의원들 또는 그들의 대리인들이 결의문을 발표했다. 즉, 그들은 스스로 도시를 떠나지 않을 것이며, 모든 곳에서 질서를 유지하기 위해, 그리고 어떤 경우에도 정의를 구현하고 가난한 사람들에게 공적 자선기금을 분배하기 위해 언제나 현장을 지킬 것이라는 뜻을 밝힌 것이다. 한마디로 말해, 시민들이 그들에게 보인 신뢰에 보답하고 임무를 힘닿는 데까지 최대한 열심히 수행하기 위해 지금 있는 곳을 떠나지 않겠다는 결의였다.

질서를 추구하면서, 시장과 사법 장관 등은 시민의 평화를 지키는 데 필요한 조치를 취하기 위해 매일 회의를 열었다. 그들이 사람들을 최대한 점잖고 관대하게 다뤘음에도 불구하고, 도둑과 주거 침입, 죽은 자나 병든 자들을 대상으로 한 약탈 같은 온갖 저질스런 범죄에 대한 처벌은 엄격히 이뤄졌으며, 그런 행위를 막기 위한 포고가 시장과 행정 장관 회의에 의해 지속적으로 발표되었다.

또한 순경과 교구 위원들은 도시 안에 남도록 명령을 받았으며 명령을 어기는 경우에 심한 처벌이 내려졌다. 그들은 또 구의 행정 차관이나 시 의회 의원들을 승인을 받아 유능한 사람들을 주택 관리자로 임명하라는 명령을 받았다. 그들은 주택 관리자들에 대해 보증을 서야 했다. 순경이 죽는 일이 발생하기라도 하면 즉각 다른 순경으로 대체되었다.

이런 여러 조치들은 특히 놀라운 일이 벌어지던 초반에, 그러니까 피난에 관한 이야기가 공공연히 이뤄지면서 가난한 사람들을 제외한 모든 거주자들이 다 도시를 빠져나가려 하던 시점에 사람들이 다시 마음을 다잡도록 했다. 자칫 잘못하다가는 도시도 완전히 버려지고, 시골도 피난민 무리에게 약탈당하고 초토화될 수 있는 상황이었다. 치안 판사들은 자신의 임무를 약속한 대로 대담하게 수행하면서 흐트러지는 모습을 조금도 보이지 않았다.

시장과 사법 장관들은 끊임없이 거리를 돌고 위험한 장소에 나타났다. 그들도 주위에 많은 사람들을 두길 원하지 않았음에도 불구하고 긴급한 상황에서는 사람들의 접근을 거부하지 않았으며 사람들의 불평과 불만을 인내심 있게 들어주었다. 시장은 시청 안에 시민들의 불만을 들을 때 군중으로부터 다소 떨어져 설 목적으로 나지막한 연단 같은 것을 만들어놓고 있었다. 그러면 그가 사람들 앞에 모습을 드러내면서도 최대한 안전을 확보할 수 있었다.

마찬가지로, 시장 보좌관이라 불린 관리들도 교대로 지속적으로 시장의 일을 도왔으며, 그들 중 누구라도 아프거나 전염병에 걸리면 다른 사람이 즉시 병에 걸린 사람의 역할을 맡아서 그 사람이 살거나 죽는 것이 확인될 때까지 공무를 계속 수행했다.

사법 장관들과 행정 장관들도 몇 곳의 구(區)에서 똑같은 방식으로 일을 처리했다. 그리고 사법 장관의 보좌관들은 행정 장관들로부터도 지시를 받도록 되어 있었다. 그런 식으로 모든 경우에 정의가 방해받지 않고 구현되었다.

그 다음으로는, 시장(市場)의 자유를 위해 질서가 지켜지도록 하는 것이 그들의 특별한 임무 중 하나였다. 이를 위해 시장이나 사법 장관 중 한 사람 또는 둘 다가 장날마다 말을 타고 시장을 돌면서 질서가 지켜지고 있는지, 그리고 시골 사람들이 시장에 왔다가 돌아가면서 가능한 모든 격려와 자유를 누리고 있는지를 확인했다. 그리고 거리에는 시골 사람들을 해치거나 놀라게 만들어 시장에 오는 것을 꺼리게 할 것들이 있어서는 안 되었다.

빵을 굽는 사람들도 특별한 지시를 받고 있었었으며, 제빵업자 조합의 장(Master of the Baker's Company)은 보조자들과 함께 시장의 명령이 제대로 지켜지고 있는지, 빵의 법정 판매 가격(시장(市長)이 매주 결정했다)이 지켜지고 있는지를 살피라는 지시를 받고 있었다. 그리고 제빵업자들은 모두 런던 시의 자유 시민으로서 누릴 특권을 잃으면서까지 빵 굽는 오븐을 계속 작동시켜야 했다.

이것은 곧 빵이 언제나 평소와 똑같이 싼 가격에 풍부하게 준비되어 있었다는 것을, 또 시장에 식량이 결코 부족하지 않았다는 것을 의미했다. 식량이 얼마나 원활하게 공급되었던지, 나는 종종 그 점에 대해 의아하게 생각했으며, 시골 사람들이 도시에 전염의 위험이 전혀 없는 것처럼 대담하게 시장까지 오는 판에 나 자신은 밖으로 나가는 것을 지나치게 두려워하는 것이 아닌가 하고 스스로를 나무라기도 했다.

거리들을 지속적으로 깨끗하게 유지하고, 시신처럼 무섭거나 불쾌하거나 꼴사나운 것들이 길에서 보이지 않도록 관리한 것은 정말로 존경할 만한 치안 판사들의 노력 덕분이었다. 앞에서 말한 바와 같이 길을 걷다가 갑자기 쓰러져 죽는 경우가 아닌 한, 시신이 거리에 그대로 방치되는 경우는 없었다. 혹시 거리에서 죽게 되면, 대체로 시신을 천이나 담요로 덮어뒀다가 밤이 되면 인근 교회 부속 묘지로 옮겼다.

끔찍하기도 하고 위험하기도 하면서 공포를 수반하는 작업은 모두 밤에 행해졌다. 병에 걸린 사람을 다른 곳으로 옮기거나, 시신을 묻거나, 전염된 옷가지를 태우는 작업은 언제나 밤에 이뤄졌다. 그리고 몇 곳의 교회 부속 묘지나 매장지의 거대한 구덩이로 던져진 시신들도 모두 밤에 수습되었으며, 매장지의 모든 것은 날이 밝기 전에 흙으로 덮이고 마무리되었다. 그래서 텅 빈 거리의 모습이나 가끔 폐쇄된 주택과 가게의 창을 통해 들려오는 사람들의 날카로운 외침과 격한 신음소리를 제외한다면 낮에 눈에 보이거나 귀로 들리는 재앙의 흔적은 전혀 없었다.

그래도 거리의 고요와 휑함은 도시가 외곽에 비해 덜했다. 딱 한 번의 예외가 있었다. 전염병이 동쪽으로 이동하면서 전 도시로 퍼질 때였다. 전염병이 먼저 도시의 한쪽 가장자리에서 시작해(전반적으로 그런 것으로 관찰되었다) 점진적으로 다른 지역으로 나아가면서 도시의 서쪽 부분에서 맹위를 떨치기 전까지 이 길로, 그러니까 동쪽으로 오지 않은 것은 정말로 신의 자비로운 배려라 아니할 수 없었다. 그래서 전염병은 한쪽 길로 오면서 다른 쪽 길을 약화시켰다. 예를 들면, 전염병은 도시에서 세인트 자일스 교구와 웨스트민스터 끝자락에서 시작해 7월 중순쯤 그곳 모든 지역에서, 그러니까 세인트 자일스 인 더 필즈, 세인트 앤드류 홀번, 세인트 클레멘트 데인스, 세인트 마틴 인 더 필즈, 웨스트민스터에서 절정에 이르렀다. 7월 말에 전염병은 이 교구들에서 약화되었으며 동쪽으로 오면서 크리플게이트와 세인트 세펄처, 세인트 제임스, 클라큰웰, 세인트 브라이드, 올더스게이트 등에서 두드러지게 맹위를 떨쳤다. 전염병이 이 교구들 안을 돌고 있을 때, 도시와 강 쪽 지역인 서더크의 모든 교구들, 그리고 스테프니와 화이트채플, 올드게이트, 와핑, 랫클리프 등은 아주 조금밖에 전염되지 않았다. 그래서 그 지역의 사람들은 별다른 걱정을 하지 않는 가운데 사업을 하러 돌아다녔으며, 도시 전역과 동쪽과 북동쪽의 교외들, 서더크에서 마치 전염병이 없는 것처럼 생계를 위한 활동을 하고, 가게를 열고, 서로 자유롭게 대화했다.

  북쪽과 북서쪽 교외들, 즉 크리플게이트와 클라큰웰, 비숍스게이트, 쇼어디치 등이 완전히 전염되었을 때조차도, 나머지 지역은 꽤 괜찮았다. 예를 들어, 주간 사망 보고서에 따르면 7월 25일부터 8월 1일까지 각종 병으로 사망한 건수는 다음과 같다.

세인트 자일스, 크리플게이트	554
세인트 세펄처	250
클라큰웰	103
비숍스게이트	116
쇼어디치	110
스테프니 교구	127
올드게이트	92
화이트채플	104
성내의 97개 교구들 전체	228
서더크의 교구들 전체	205
합계	1,889

  요약하면, 그 주에 세인트 자일스와 세인트 세펄처 교구 2곳에서 죽

은 사람들의 숫자가 도시 안의 전체 지역과 동쪽 교외, 서더크의 모든 교구들에서 죽은 사람들의 숫자보다 48명이 더 많았다는 계산이 나온다. 이 같은 사실이 도시가 건강하다는 소문이 잉글랜드 전역에 퍼져 나가도록 만들었다. 특히 우리의 양식을 공급했던 인근 카운티들과 시장에서 그런 평판이 두드러졌으며, 그래서 그곳의 물자 공급은 도시가 건강했던 시기보다 더 오래 이어졌다. 왜냐하면 쇼어디치와 비숍스게이트 또는 올드 스트리트와 스미스필드 근처의 시골 사람들은 거리로 나오면서 거리가 텅 비었고 주택과 가게들이 닫혔고 거리를 활보하는 사람이 거의 없다는 사실을 확인했지만, 도시에 들어오면 모습이 확연히 달라 보였기 때문이다. 도시의 중심 지역은 사정이 훨씬 더 나아 보였고, 시장과 가게들이 열려 있었고, 사람들도 그렇게 많은 수는 아니었어도 평소처럼 거리를 걸어 다니고 있었으니까. 이런 모습은 8월 말과 9월 초까지 이어졌다.

그러나 그때부터 사정이 꽤 변했다. 전염병이 서쪽과 북서쪽의 교구에서 누그러졌고, 전염병의 활동 무대가 도시와 동쪽의 교외로 본격 이동했다. 이 변화가 무서운 모습으로 나타났다. 정말로, 도시가 암울해 보이기 시작했다. 가게들은 문을 닫았고, 거리는 황량했다. 하이 스트리트에는 긴급한 용무로 거리를 오가는 사람이 한낮에는 꽤 있었지만 아침과 저녁에는 거의 보이지 않았다. 콘힐과 칩사이드 (Cheapside)도 마찬가지였다.

이 같은 나의 관찰은 그 시기의 주간 사망 보고서에 의해서 확실히 뒷받침되었다. 도시의 서쪽과 북쪽에서 매장 건수의 감소를 증명하고 있는 주간 사망 보고서의 내용은 이렇다. 9월 12일부터 9월 19일까지의 매장 통계다.

세인트 자일스, 크리플게이트	456
세인트 자일스 인 더 필즈	140
클라큰웰	77
세인트 세펄처	214
세인트 레너드, 쇼어디치	183
스테프니 교구	716
올드게이트	623
화이트채플	532
도시 안의 97개 교구 전체	1493
서더크 쪽 8개 교구 전체	1636
합계	6,070

　정말로, 여기서 이상한 변화가 나타나고 있다. 슬픈 변화였으며, 그 변화가 2개월 정도 더 지속되었더라면 아마 살아남을 사람이 거의 없었을 것이다. 그러나 사정이 이런 식으로 최악의 상태인 때에 처음에 아주 격하게 전염병의 공격을 받았던 서쪽과 북쪽 지역이 한결 나아졌고, 여기서 사람들이 사라지고 있을 때에 거기서 사람들이 다시 밖을 보기 시작하게 되었다는 것은 아무리 생각해도 신의 자비로운 처분이었다. 그 다음 2주 동안에 그 변화는 더욱 뚜렷해졌다. 말하자면, 도시의 다른 지역을 더욱 고무하는 방향으로 변화가 이어졌다는 뜻이다. 예를 들어, 9월 19일부터 9월 26일 사이에 있었던 매장 건수는 다

음과 같다.

세인트 자일스, 크리플게이트	277
세인트 자일스 인 더 필즈	119
클라큰웰	76
세인트 세펄처	193
세인트 레너드, 쇼어디치	146
스테프니 교구	616
올드게이트	496
화이트채플	346
성벽 안의 97개 교구 전체	1268
서더크 쪽 8개 교구 전체	1390
합계	4,927

9월 26일부터 10월 3일 사이에 있었던 매장 건수는 다음과 같다.

세인트 자일스, 크리플게	196
세인트 자일스 인 더 필즈	95
클라큰웰	48
세인트 세펄처	137
세인트 레너드, 쇼어디치	128
스테프니 교구	674
올드게이트	372

화이트채플	328
성벽 안의 97개 교구 전체	1149
서더크 쪽 8개 교구 전체	1201
총계	4328

지금 도시와 앞에서 말한 동쪽과 남쪽 지역의 불행은 거의 절망적이었다. 전염병의 활동 중심이 그 부분, 그러니까 도시와 강 건너의 8개 교구, 올드게이트와 화이트채플, 스테프니 교구 등으로 옮겨간 것이었다. 이때가 주간 사망 보고서가 끔찍할 만큼 높은 수치를 제시하던 바로 그때였다. 1주일에 8,000 또는 9,000 또는 10,000 또는 12,000명씩 죽어나가던 때였다. 그럼에도 이 수치도 내가 앞에서 제시한 여러 가지 이유로 사망자 수를 정확히 반영하지 못한다는 것이 나의 확고한 의견이다.

가장 유명한 의사에 속하는 한 의사는 전염병이 퍼지기 시작한 이후로 당시 상황을 라틴어로 기록했는데, 그의 관찰은 한 주에 12,000명이 죽었으며 어느 날 밤에는 4,000명이 죽기도 했다고 적고 있다. 그렇게 많은 사람이 죽었던 그런 특별한 밤이 있었는지는 기억나지 않지만, 이 모든 것은 주간 사망 보고서가 확실하지 않았다는 나의 주장을 뒷받침한다. 주간 사망 보고서의 불확실성에 대해서는 앞으로 다시 논하게 될 것이다.

여기서 나는 다시 반복하는 것처럼 보일지라도 도시 자체와 이 특별한 시기에 내가 살았던 지역의 비참한 상태에 대해 다시 묘사하고 싶다. 도시와 다른 지역들은 엄청난 수의 사람들이 시골로 빠져나갔음에도 불구하고 여전히 사람들로 가득했으며, 어쩌면 평소보다 사람들이 더 많았을지도 모른다. 이유는 전염병이 도시나 서더크, 와핑이나 랫클리프 쪽으로는 절대로 오지 않을 것이라는 믿음이 사람들 사이에 꽤 오랫동안 자리 잡고 있었기 때문이다. 전염병이 퍼지던 때에 사람들이 이런 믿음을 품고 있었기 때문에, 서쪽과 북쪽의 교외 지역에 살던 사람들이 안전을 위해 동쪽과 남쪽 지역으로 많이 이동했다. 이때의 이동 때문에 전염병이 그 지역으로 더 빨리 번졌다고 나는 강하게 믿고 있다.

여기서 나는 후손들이 이용할 수 있도록 하기 위해 사람들이 서로를 전염시키는 과정에 대해 추가로 언급해야 한다. 말하자면, 전염병이 건강한 사람에게로 전염되는 것이 꼭 전염병에 걸린 사람을 통해서만 일어나는 것이 아니라 겉보기에 멀쩡해 보이는 사람을 통해서도 일어난다는 점이 강조되어야 한다. 나 자신이 지금 쓰고 있는 용어에 대해 설명하자면, 전염병에 걸린 사람은 그야말로 말 그대로 병에 걸렸다는 사실이 밖으로 알려져서 병상에 누워 치료를 받거나 몸에 종기 같은 것이 있는 사람을 말한다. 이런 사람은 누가 봐도 병에 걸린 사람이라는 것을 알 수 있다. 그들은 침대에 누워 있거나 숨길 수 없는 그런 처지에 있었다.

앞에서 말한 '겉보기에 멀쩡해 보이는 사람'은 전염병에 감염되었고 실제로 피 안에 균을 갖고 있으면서도 외관상으로 그 효과가 아직 나타나지 않은 사람을 뜻한다. 그런 사람은 며칠 동안 자신도 감염 사실을 자각하지 못한다. 이런 무증상 감염자들은 호흡을 통해 온 곳에 죽음을 내뿜고 자신에게 가까이 다가오는 모든 사람을 향해 무차별적으로 죽음을 내뱉었다. 그들의 옷도 전염병을 품고 있었으며, 그들의 손은 만지는 모든 것을 감염시켰다. 그런 사람들은 대체로 땀을 흘리는 경향을 보이는데, 그처럼 땀을 흘리고 몸이 따뜻할 때 전염력이 특별히 더 강했다.

이런 사람들을 알아내는 것은 불가능했으며, 내가 말한 바와 같이 그들 본인도 자신이 감염되었다는 사실을 몰랐다. 길을 걷다가 쓰러지며 창백해졌던 사람들 대부분이 이런 무증상 감염자들이었다. 그런 사람들은 기력이 다할 때까지 길거리를 돌아다니다가 갑자기 땀을 흘리고 얼굴이 창백해지며 길가의 집 앞에 앉아서 죽곤 했다. 무증상 감염자들이 이상한 느낌을 받으면서 사력을 다해 자기 집까지 가거나 집을 들어서자마자 죽는 경우가 있었던 것도 사실이다. 또 일부 사람들은 병의 증상이 몸에 나타났는데도 그 같은 사실을 모르고 돌아다니다가 집으로 돌아와서 한두 시간 만에 죽기도 했다. 이런 사람들은 대단히 위험한 사람들이었다. 이런 사람들이야말로 건강한 사람들이 두려워해야 할 대상이지만, 그들을 알아내는 것은 불가능했다.

이것이 전염병이 퍼지는 상황에서 인간의 최고 노력으로도 전염병을 차단하는 것이 불가능한 이유이다. 말하자면, 건강한 사람과 전염병에 걸린 사람을 구분하는 것이 불가능하고 전염병에 걸린 사람이 자기 자신에 대해 완벽하게 아는 것이 불가능하다는 뜻이다. 내가 아는 한 사람은 1665년에 전염병이 돌던 시기에 런던에서 사람들과 마음 놓고 대화했다. 그 사람은 자신이 위험한 상황에 처했다고 생각될 때 먹을 목적으로 해독제 또는 강장제를 늘 갖고 다녔으며, 나름대로 위험을 알아내는 방법을 알고 있었다. 내가 그 이전이나 이후로 한 번도 보지 못한 방법이었다. 그 방법이 어느 정도 신뢰할 수 있는지, 나는 모른다. 그 사람의 다리에 상처가 한 군데 있었는데, 그가 건강하지 않은 사람들 틈에 끼게 되어 전염이 그에게 영향을 미치기 시작할 때면 상처의 신호로 그 같은 사실을 알게 된다는 것이었다. 말하자면, 그의 다리에 난 상처가 욱신거리고 하얗게 창백해진다는 것이다. 그래서 그는 상처가 욱신거리기 시작하기만 하면 반드시 뒤로 물러나고 스스로 조심하며 늘 휴대하고 다니던 강장제를 마셨다. 그는 스스로 건강하다고 생각하는 사람들과 함께 있다가도 다리의 상처가 몇 차례 욱신거린다는 느낌을 받으면 그 자리에서 일어나며 "이 자리에 전염병에 걸린 사람이 있어."라고 공개적으로 말했다. 그러면 거기에 모였던 사람들은 즉시 흩어졌다.

이 예는, 전염된 도시에서 이 사람 저 사람과 대화하는 사람은 전염병을 피할 수 없고, 사람들이 자각하지 못하는 사이에도 병에 걸렸을 수 있으며, 사람들이 병에 걸렸다는 사실을 깨닫지 못한 채 다른 사람에게 병을 전파할 수 있다는 사실을 모든 사람들에게 일깨워주는 경고의 역할을 했다. 이런 경우에 무증상 환자와 대화했던 사람들을 모두 격리시키지 않는 한, 무증상 환자만을 격리시키는 것은 전염병을 차단시키는 효과를 발휘하지 못한다. 이런 경우에 전염병이 어디까지 전파되었는지, 그리고 어디서 차단시켜야 하는지에 대해 아무도 모른다. 이유는 그 누구도 무증상 환자가 언제 어디서 어떻게, 누구로부터 감염되었는지를 알 수 없기 때문이다.

이것이 너무나 많은 사람들이 공기가 오염되고 전염되었다는 식으로 말하게 만드는 이유라고 나는 생각한다. 이 사람들은 전염원이 공기 중에 있다고 주장하면서 누구와 대화하는 것에 대해서는 신경 쓸 필요가 전혀 없다고 말한다. 나는 그들이 그런 식으로 설명하면서 이상하게 불안해하고 놀라는 모습을 보았다. 마음이 불안해진 어떤 사람은 이렇게 말했다. "나는 병에 전염된 사람 옆에는 가지도 않았어. 건강한 사람들하고만 대화했는데, 어떻게 내가 병에 걸릴 수 있지?" 또 다른 사람은 "나는 하늘로부터 그 병에 걸린 것이 확실해."라고 말하면서 진지하게 생각하기 시작했다. 전자는 다시 이렇게 외쳤다. "전염병이나 전염된 사람 가까이는 얼씬도 하지 않았어. 그건 공기인 것이 틀림없어. 숨을 들이쉴 때 죽음을 끌어들이는 거야. 그러므로 그건 신의 손이야. 거기에 저항할 수 있는 길은 없어."

이런 식의 생각이 마침내 위험에 무디어진 많은 사람들이 시간이 갈수록, 그러니까 전염병이 절정을 향해 치달을 시점에 초기에 비해 전염병에 대해 덜 걱정하게 만들었다. 그러면 터키인들의 숙명론 같은 것을 받아들이면서, 그들은 신의 뜻이라면 밖에 나가 돌아다니나 집안에 처박혀 있으나 결과는 똑같다고 말하곤 했다. 그러면서 사람들은 대담하게 밖에 나가서 돌아다녔으며, 심지어 감염된 집과 감염된 사람들을 방문하기도 했다. 요약하면, 그들은 전염된 상태에서도 아내나 친척들과 한 침대에 누웠다. 그 결과는 어땠는가? 터키에서, 그리고 전염병이 도는 상태에서 사람들이 그런 식으로 행동한 모든 국가에서 나타난 것과 똑같은 결과가 나타났다. 말하자면, 그들도 병에 걸려 수백 명씩 또는 수천 명씩 죽었다는 뜻이다.

그렇다고 나 자신이 신의 심판에 대한 두려움과 신의 섭리에 대한 존경을 버리고 있는 것은 절대로 아니다. 이처럼 무서운 재앙이 닥친 상황에서 신의 심판과 신의 섭리에 대한 생각이 우리의 마음을 떠나서는 안 된다. 틀림없이, 전염병의 도래 자체는 하늘이 도시나 시골, 국가에 날리는 주먹이다. 예언자 예레미야의 말에 따르면, 그것은 신의 복수의 사자(使者)이고, 국가나 시골이나 도시에게 굴욕과 회개를 명하는 우렁찬 소리이다. '나는 언제든지 어떤 민족이나 나라든 뽑고 허물고 없애버리겠다고 선언할 수 있다. 그러나 그 민족이 내가 이른 대로 죄악에서 돌아서면, 나는 마음을 바꾸어 그들에게 내리려고 하였던 재앙을 거두었다'('예레미야서' 18장 7, 8절) 내가 이런 세세한 사항까지 기록으로 남기는 것은 힘든 시기를 넘기고 있는 사람들이 마음속으로 신에 대한 외경심을 마땅히 새기도록 하기 위한 것이다.

그러므로 나는 이런 것들의 원인으로 신의 손이나 신의 뜻을 꼽는 사람을 절대로 헐뜯지 않는다. 정반대로, 전염되었다가 구조되었거나 전염병이 돌고 있는 상황에서도 병에 걸리지 않은 사람들 중에서 신의 놀라운 섭리를 암시하는 예들이 많다. 나는 나 자신이 구조를 받은 것도 기적이나 다름없다고 생각하면서 그것에 대해 이렇게 감사하는 마음으로 기록하고 있다.

그러나 내가 전염병을 두고 자연적인 원인에 의해 일어나는 병이라고 말할 때, 그것은 정말로 전염병이 자연적인 수단에 의해 전파되는 병이라는 뜻이다. 그런 식으로 전염병이 인간 세계에서 일어나는 원인과 결과들의 영향을 받는다고 해서, 그것이 갖는 심판의 성격이 덜해지는 것은 결코 아니다. 이유는 자비에서든 심판에서든 인간에게 가하는 자신의 행위가 자연적 원인들이라는 일상적인 경로를 밟도록 하는 것이 적절하다고 생각하고 있기 때문이다. 신이 자연의 모든 계획을 미리 다 짜놓고 자연이 그 안에서 돌아가도록 하는 것이나 마찬가지이다. 또 신은 스스로 그런 자연적인 원인들을 통해서 기꺼이 일상적인 수단이 되려고 하기 때문이기도 하다.

그럼에도 신은 사건을 볼 때 초자연적인 길로 행동하는 능력을 갖고 있다. 전염의 경우에 거기에 초자연적인 것이 작용하고 있다는 것을 보여줄 특별한 사건이 전혀 없는 것이 분명하다. 그러나 사건들의 일상적 경로는 무장을 아주 잘 갖추고 있으며, 그 경로는 지금 논하고 있는 전염을 통해서 하늘이 원하는 효과를 두루 일으킬 수 있었다. 이 원인들과 결과들 중에서, 전염이 지각 불가능하고 피할 수 없는 가운데 은밀하게 전파되는 그 한 가지 특성만으로도 신의 복수가 대단히 격하다는 점을 보여주기에 충분하다. 신의 복수의 과격성을 굳이 초자연적인 힘이나 기적 같은 것을 빌려 표현할 필요조차 없는 것이다.

이 전염병이 가진 침투하는 성격 자체가 너무나 예리하고 또 전염이 전혀 예기치 않게 일어나기 때문에, 전염병이 도는 곳에서는 사람이 아무리 조심해도 안전하지 않다. 그러나 나는 어떤 것이든 증거를 남기게 되어 있다고 믿는다. 나의 기억 속엔 이런 믿음을 뒷받침하는 생생한 예들이 많이 남아 있다. 나는 이렇게 믿고 있다. 이 나라의 어느 누구도 병 또는 전염을 직접 받지 않았으며, 누군가가 일상적인 방식의 전염을 통해서, 그러니까 누군가로부터, 아니면 이미 전염된 누군가의 옷이나 접촉이나 냄새에 의해서 그 병에 걸린다고 말이다.

전염병이 처음에 런던으로 온 과정이 이를 증명한다. 레반트에서 홀란트로, 거기서 다시 이쪽으로 건너 온 물품에 의해 옮겨졌으니까. 전염병은 롱 에이커의 어느 집에서 처음 발발했는데, 이 집은 그 물품들이 옮겨져 처음 개봉된 곳이었다. 그 후로 전염병은 병에 걸린 사람들과의 부주의한 대화를 통해서 이 집에서 저 집으로 퍼졌으며, 죽은 사람들과 관련한 일로 고용된 교구 관리들을 전염시켰다. 이런 것들은 근본적인 사항을, 말하자면 전염병이 이 사람에서 저 사람으로, 이 집에서 저 집으로 나아갔지 다른 길로 나아가지 않았다는 것을 뒷받침하는 증거들이다.

맨 먼저 전염된 집에서 4명이 죽었다. 이 첫 번째 집의 안주인이 아프다는 소리를 들은 이웃이 그녀를 방문한 뒤 병을 자기 가족에게 옮기고 죽었으며, 이 여자의 가족도 마찬가지로 다 죽었다. 두 번째 집의 첫 번째 환자에게 기도를 해 달라는 부탁을 받고 그 집을 찾았던 목사도 즉시 자리에 누워 며칠 뒤 자기 집에서 죽은 것으로 전해진다.

그때부터 의사들이 고민하기 시작했다. 그들도 처음에는 그 병이 일반적인 전염병이라고는 꿈도 꾸지 않았기 때문이다. 그러나 시신을 검사한 의사들은 페스트에 의한 사망이라고 결론을 내렸다. 그 병의 끔찍한 증상이 두루 나타났던 것이다. 의사들은 대유행이 예상된다고 경고했다. 이미 아주 많은 사람들이 유증상 환자들이나 무증상 환자들과 대화한 상태였고, 충분히 짐작할 수 있듯이, 그 사람들은 그들로부터 전염되었다. 이제 전염병을 저지하는 것은 불가능하게 되었다.

여기서 의사들의 의견은 훗날 나의 관찰과 일치했다. 위험은 아무도 모르게 퍼지고 있었다. 왜냐하면 병에 걸린 사람은 자신이 닿을 수 있는 범위 안에 들어오는 사람만을 감염시키지만, 정말로 병에 걸렸으면서도 그 같은 사실을 모르는 사람, 즉 무증상 환자가 건강한 사람처럼 온 곳을 돌아다니면서 천 명의 사람에게 전염병을 옮길 수 있고, 또 이

천 명의 사람은 그 숫자에 비례하여 훨씬 더 많은 사람들에게 병을 퍼뜨릴 수 있으며, 그런 가운데서도 전염병을 전하는 사람이나 전염병에 걸리는 사람이나 똑같이 그 같은 사실에 대해 전혀 모르고 있고, 아마 며칠 동안은 병의 효과를 전혀 느끼지 않기 때문이다.

예를 들면, 페스트가 번지던 시기에 많은 사람들은 무시무시한 증상이 몸에 나타날 때까지 자신이 전염되었다는 사실을 까마득히 모르고 있었다. 이 증상이 나타나는 사람은 그로부터 6시간을 넘기지 못하고 죽었다. 페스트의 증상으로 통하던 반점은 1페니짜리 은화 크기의 괴저 반점으로 살점이 죽어서 생기는 것이며 굳은살처럼 딱딱했다. 그렇기 때문에 그 병이 그 정도로 깊어졌을 때엔 죽음 외에 다른 길은 없었다. 그럼에도 내가 말한 바와 같이 사람들은 죽음의 표시가 자기 몸에 나타날 때까지 자신이 감염되었다는 사실을 전혀 몰랐으며 자신의 신체가 망가졌다는 사실도 당연히 몰랐다. 그러나 그들은 이미 심하게 감염된 상태였으며, 따라서 이미 그들의 호흡과 땀, 옷이 여러 날 동안 전염을 일으킨 뒤였다. 환자들의 양상도 아주 다양했으며, 이 측면에서는 의사들이 나보다 관찰할 기회를 훨씬 더 많이 가졌을 것이다. 그러나 나도 몇몇 환자에 대해 듣거나 관찰할 기회를 가졌다. 그 예들 몇 가지에 대해 이야기할 생각이다.

전염병이 도시 안에서 더욱 심하게 극성을 부리던 때인 9월까지 안전하게 살았던 한 시민은 대단히 쾌활했으며, 자신의 안전에 대해 말할 때엔 자신은 대단히 조심하는 사람이라서 병에 걸린 사람 근처에는 절대로 가지 않았다는 식으로 아주 낙관적으로 생각하고 있었다. 그의 이웃이 어느 날 그 사람에게 말했다. "너무 자신하지 마세요. 병에 걸린 사람인지를 알기가 무척 힘드니까요. 한 시간 전만 해도 겉보기에 멀쩡해 보이던 사람이 한 시간 후면 죽어 있기도 하지요." 그러자 그 시민은 "맞는 말이에요."라고 대답했다. 그것은 곧 그가 스스로 안전한 존재라고 추정한 사람이 아니라 오랫동안 전염병을 피한 사람이었다는 뜻이었다. 그리고 내가 앞에서 말한 대로, 특히 도시 사람들이 그 점에서 지나치게 허술해지기 시작했다. 그 사람은 이렇게 말했다. "맞는 말이지요. 나는 나 자신이 안전하다고 생각하지 않으며 단지 위험한 사람과 함께 있지 않았기만을 바라고 있어요." 그러자 이웃사람이 물었다. "혹시 그저께 밤에 그레이스처치 스트리트(Gracechurch Street)의 불 헤드 태번(선술집)에 브라운씨와 함께 있지 않았어요?"라고 물었다. 그러자 그 시민이 대답했다. "맞아요. 거기 같이 있었지만, 거기엔 위험하다고 여길 사람이 한 사람도 없었어요." 이 말에 그의 이웃은 더 이상 말을 하지 않았다. 그를 놀라게 만들고 싶지 않아서였다. 그러나 그것이 오히려 그의 호기심을 자극했으며, 그의 이웃이 우물쭈물하는 모습을 보이자 그가 더욱 조급해지면서 큰 소리로 물었다. "왜, 그 사람 죽었어요?" 이 말에도 그의 이웃은 여전히 침묵을 지키면서 시선을 위로 던지며 혼잣말을 했다. 그 소리에 그 시민은 얼굴이 창백해지면서 "그렇다면 나도 죽은 사람이로군."이라는 말만 남기고 즉시 집으로 가서 이웃의 약제사를 불러 예방약을 부탁했다. 그러나 약제사는 그의 옷을 열고 가슴을 보더니 한숨을 내쉬며 "하느님께 기도를 하시길!"이라는 말만 남겼다. 그 남자는 몇 시간 뒤에 죽었다.

이런 예를 통해서, 사람이 전염병에 걸린 상태에서도 며칠 동안 건강해 보이면서 그 같은 사실을 전혀 눈치 채지 못한 채 병을 퍼뜨리는 상황에서 치안 판사들의 통제에 따라 병에 걸린 사람을 봉쇄하거나 격리시킴으로써 사람에서 사람으로 전파되는 전염병을 저지할 수 있다고 믿는 것이 과연 타당한지, 각자가 판단하도록 하자.

여기서 전염병이 이처럼 무섭게 겉으로 드러날 때까지 사람들이 전염병의 씨앗을 속에 얼마나 오랫동안 품고 있는가 하는 질문을 던지는 것이 적절하다. 사람들이 전염병에 걸렸으면서도 겉으로 멀쩡해 보이는 까닭에 온 곳을 돌아다니거나 자신에게 가까이 오는 사람들을 전염시킬 수 있는 기간은 며칠인가? 아무리 경험 많은 의사라도 이 질문에 자신 있게 대답하지 못한다. 나도 마찬가지다. 이 같은 사실은 평범한 관찰자도 쉽게 간파할 수 있다. 해외의 의사들의 의견은 전염병의 씨앗이 정신 또는 혈관 속에 상당한 기간 동안 잠재해 있을 수 있다는 쪽이다. 그렇지 않으면 그들이 의심스런 곳에서 자국 항구로 들어오는 사람들을 격리시키는 이유가 무엇이겠는가?

40일은 자연이 전염병 같은 적과 싸우는 기간으로는, 그러니까 자연이 적을 정복하지 않고 그냥 내버려 두거나 적에게 굴복하지 않고 버티는 시간으로는 너무 길다는 의견도 있다. 그러나 나는 나 자신의 관찰을 근거로 페스트에 걸린 사람이 자각하지 못하는 상태에서 다른 사람에게 병을 옮길 수 있는 기간이 15일 내지 16일을 넘을 것이라고는 생각하지 않았다. 그렇다면 도시 안의 어떤 집에서 사람이 죽어 그 집이 봉쇄되고 나서 16일 내지 18일 동안 나머지 가족 중에서 아무도 아픈 것처럼 보이지 않는다면, 그들은 격리에 더 이상 엄격하지 않고 밖으로 나가서 돌아다닐 생각을 품을 수 있다. 그리고 다른 사람들도 이젠 그들을 그다지 무서워하지 않고 오히려 적이 자신의 집에 쳐들어 왔을 때에도 버텨낸 사람이라서 훨씬 더 강해졌을 것이라고 생각한다. 그러나 전염의 씨앗이 훨씬 더 오래 숨어 있는 경우도 간혹 발견되었다.

이 관찰들을 근거로, 나는 신의 뜻이 나를 달리 생각하도록 이끄는 것처럼 보일지라도 그것이 나의 의견이라고 말해야 한다. 또 나는 그것을 하나의 처방으로 남겨야 한다. 처방은 곧 페스트에 대처하는 최고의 약은 그 전염병으로부터 멀리 달아나는 것이다. 나는 사람들이 신은 우리가 위험에 처해 있을 때에도 우리를 지켜줄 수 있고, 우리가 위험에서 벗어났다고 생각할 때에도 우리를 죽일 수 있다는 식으로 말함으로써 스스로를 격려하고 있었다는 사실을 잘 알고 있다. 이 같은 생각이 수천 명의 사람들이 도시에 남도록 만들었으며, 그 결과 그들은 시신이 되어 수레에 실려 큰 구덩이에 묻히게 되었다. 이 사람들도 위험으로부터 달아났더라면 재앙을 안전하게 피할 수 있었을 것이라고 나는 믿는다.

이것은 미래에 이와 비슷한 성격의 사건을 겪게 되는 경우에 사람들이 유일하게 고려해야 할 매우 근본적인 원칙이었다. 미래의 사람들은 1665년에 영국 사람들이 취했거나 외국에서 취해진 것으로 전해지는 조치와 매우 다른 조치를 취할 것이라고 나는 확신한다. 한마디로, 미래의 사람들은 사람들을 보다 작은 단위로 분리시키고 일찍이 서로 멀찍이 떼어놓음으로써 집단에 너무나 위험한 전염병이 백 만 명이나 되는 사람들을 한꺼번에 발견하지 않도록 할 조치를 고려할 것이다.

전염병은 대화재와 아주 비슷하다. 만약 불이 난 곳과 가까운 집이 몇 채에 불과하다면, 화재는 그 집들만 태우고 끝날 것이다. 또는 불이 외딴집에서 났다면 불이 시작한 그 집만 태우고 말 것이다. 그러나 만약 불이 건물이 오밀조밀하게 들어찬 읍이나 도시에서 시작되어 번지기 시작한다면, 불의 기세는 갈수록 거세질 것이다. 그러다가 급기야 불은 읍이나 도시 전체로 번지며 모든 것을 닥치는 대로 잿더미로 만들어 버리고 말 것이다.

나는 이 도시의 정부가 그 같은 적을 다시 만나 불안에 떨어야 하는 상황에 처하게 되는 경우에 위험스런 사람들 중 상당수가 안길 부담을 덜 수 있는 계획을 많이 제안할 수 있었다. 여기서 말하는 위험스런 사람들이란 구걸하고 굶주리고 노동하는 가난한 사람들, 주로 재앙이 닥칠 경우에 '밥벌레'라 불릴 사람들을 뜻한다. 이 사람들은 본인을 위해서라도 신중하게 처리되어야 한다. 그리고 부유한 주민들은 자신과 하인들과 자식들을 스스로 처리해야 한다. 그러면 도시와 인근 지역은 매우 신속히 비워질 것이고, 주민의 10분의 1 이상이 남지 않을 것이다. 전염병이 덮칠 대상이 그 만큼 줄어진다는 뜻이다. 그러나 남는 주민이 5분의 1, 즉 25만 명이라고 가정해 보자. 그런 상태에서 전염병이 닥치더라도, 그 사람들은 공간적으로 그만큼 더 여유롭게 삶으로써 전염에 맞설 준비를 훨씬 더 잘 할 수 있을 것이며, 같은 수의 사람들이 더블린이나 암스테르담 같은 자그마한 도시에 오밀조밀 사는 때보다 전염병의 영향을 훨씬 덜 받을 것이다.

이번에 페스트가 유행했을 때 대피한 사람이 수백, 아니 수천 가족에 이르는 것은 사실이지만 많은 가족이 너무 늦게 대피한 탓에 피난길에 죽기도 하고 대피한 시골로 전염병을 옮기면서 안전을 위해 찾아간 곳의 사람들을 전염시키는 결과를 낳기도 했다. 이것이 피난 문제를 복잡하게 만들고 피난을 부정적으로 보도록 만들었다. 전염병을 막는 최선의 수단이 되어야 할 조치가 바로 그 전염병을 퍼뜨리는 결과를 낳고 말았으니 말이다. 이 같은 사실은 또한 대피가 전염병을 막는 최선의 방법이라는 점을 뒷받침하는 증거가 되기도 하면서, 나로 하여금 조금 전에 암시만 하고 말았던 것을 다시 건드리도록 만드는데, 여기서는 보다 충실하게 다룰 수 있어야 한다. 즉, 사람들은 자신의 핵심적인 부위에 전염병의 씨앗을 품게 된 뒤에도, 그러니까 그들의 정신이 전염병에게 벗어날 수 없을 만큼 꽉 잡힌 뒤에도 여러 날 동안 꽤 잘 돌아다닐 수 있으며, 그 사람들은 그렇게 하는 동안에 타인들에게 위험하다는 점이다. 이것은 사실로 입증되었다. 왜냐하면 그런 사람들이 자기 가족만 아니라 온 곳을 휘젓고 다니면서 마을들을 감염시켰기 때문이다. 잉글랜드의 큰 타운들 거의 모두가 전염병에 감염된 것은 바로 그런 경로를 통해서였다. 그래서 그곳 사람들은 언제나 런던 사람이 전염병을 옮겼다는 식으로 말할 것이다.

정말로 이런 식으로 위험하게 굴었던 사람들에 대해 이야기할 때, 나는 그들이 자신의 상태에 대해 완전히 무지했다고 전제하고 있다는 점을 꼭 밝혀야 한다. 왜냐하면 그들이 자신의 상태를 실제로 정확히 알고 있는 경우에 건강한 사람들 사이를 마음대로 돌아다니는 것은 의도적인 살인 행위에 해당되고, 또 그것은 내가 앞에서 언급한, 나의 판단에 맞지 않는 견해를 진정으로 뒷받침할 것이기 때문이다. 전염병에 걸린 사람들은 다른 사람들을 감염시키는 문제 따위에는 완전히 무관심하며 오히려 다른 사람들을 감염시키려 드는 경향이 있는 것 같다는 견해 말이다. 사람들이 그런 의견을 내놓도록 한 것이 부분적으로 바로 전염병 환자들의 그런 태도 때문인데, 그 같은 태도는 겉모습일 뿐이며 속은 절대로 그렇지 않다고 나는 믿고 있다.

구체적인 어떤 한 사례가 일반적인 원칙을 증명하지 못한다는 점을 나는 인정한다. 그러나 실상은 그와 정반대라는 점을 보여줄 사람들의 이름을 몇 명 댈 수 있으며, 이 사람들을 아는 가족과 이웃은 지금 살아남아서 그런 이야기를 들려주고 있다.

나의 이웃에 살던 가족의 가장이 전염병에 걸렸다. 자신이 고용한 가난한 노동자로부터 전염된 것으로 짐작되었다. 그는 마무리할 일을 갖다 주러 노동자의 집을 찾았다. 그는 가난한 노동자의 집 앞에 서 있는 동안에도 약간 걱정이 되기는 했으나 병의 증상이 발견되지는 않았다. 그러나 이튿날 증상이 저절로 드러났으며, 그는 곧바로 자신을 뜰에 있던 별채로 옮겨달라고 부탁했다. 거기 작업장(그는 녹갓장이였다) 위에 방이 하나 있었다. 그는 거기 누워 병을 앓다가 죽었으며, 이웃의 누구로부터도 보살핌을 받지 않고 외국에서 온 간호사의 도움만 받았다. 그는 아내와 아이들, 하인들이 그 방으로 올라오는 것을 금지시켰다. 그들이 전염병에 걸리지 않도록 하기 위해서였다. 그러면서도 그는 간호사에게 가족과 하인들에게 축복과 기도를 보냈으며, 그러면 간호사는 멀리 서서 그의 가족들에게 그 내용을 전했다. 이 모든 행위는 가족들에게 전염병을 옮기는 것에 대한 두려움 때문이었으며, 그는 가족을 가까이 두지 않으면 그들을 보호할 수 있다는 것을 잘 알고 있었다.

그리고 여기서 나는 페스트가 다른 병들과 마찬가지로 사람들의 체질에 따라 다르게 작용한다는 점이 관찰되었다는 사실을 전해야 한

305

다. 어떤 사람들은 즉시 전염병에 압도되었으며, 맹렬한 열과 구토, 머리가 깨질 듯한 두통, 등의 통증으로 괴로워하다가 고통에 분노하면서 광란하는 모습을 보였다. 또 어떤 사람들은 목이나 사타구니, 겨드랑이에 부기와 종기가 났으며 이것들이 터질 때까지 참을 수 없는 고통에 시달렸다. 후자에 해당하는 사람들은 내가 관찰한 바에 따르면 침묵 속에 전염되었으며, 열이 그들의 정신을 혼미해질 만큼 공격했다. 그들은 병에 대해 거의 알지 못하는 상태에서 기절하고 창백해졌다가 고통 없이 죽음을 맞았다.

나는 의사가 아니기 때문에 같은 병이 이런 식으로 사람에 따라 다른 효과를 내는 구체적인 이유와 방식에 대해서는 깊이 파고들지 못한다. 또 여기서 내가 직접 관찰한 것만을 기록하는 것도 나의 일이 아니다. 왜냐하면 의사들이 그 부분을 내가 할 수 있는 것보다 훨씬 더 잘 처리했고, 또 나의 의견이 몇 가지 사항에서 의사들의 의견과 다를 수 있기 때문이다. 나는 단지 내가 아는 것이나 들은 것, 구체적인 사례에 대해 믿고 있는 것이나 나 자신의 시야 안에 들어온 것, 그리고 내가 관계되었던 구체적인 예에서 나타난 전염의 다양한 본질에 대해서만 이야기하고 있다. 그러나 이 점도 보태야 할 것 같다. 전자에 속하는 환자들, 말하자면 전염병의 공격을 공개적으로 받은 사람들이 고통, 즉 열과 구토, 두통, 통증, 부기 등을 따지자면 최악의 상황이었다. 이유는 그들이 끔찍한 상태에서 죽었기 때문이다. 그럼에도 병의 상태라는 측면에서 보면 후자에 해당하는 환자들이 최악이었다. 왜냐하면 전자의 경우에는 환자들이 특히 부기가 터뜨려지는 경우에 자주 회복되었지만 후자에 속하는 환자들은 죽음을 피하지 못했기 때문이다. 후자의 환자들에겐 치료도, 도움도 불가능했으며, 뒤따르는 것은 죽음뿐이었다.

당사자들이 모르는 가운데 이런 식으로 서로를 전염시킨다는 사실은 당시에 자주 일어났던 두 가지 종류의 사례를 통해 분명하게 확인된다. 전염병이 퍼지던 동안에 런던에 있었던 사람들 중에 두 가지 종류의 예를 몇 건 정도 모르는 사람은 없었다.

1) 아버지들과 어머니들은 마치 정상적인 사람처럼 돌아다녔으며, 자신도 그렇다고 믿었다. 그러다 그들은 자기도 모르는 사이에 전체 가족을 전염시켜 가족의 파멸을 불렀다. 그들이 자신이 건강하지 않거나 위험할 수 있다고 조금이라도 걱정했다면 절대로 그런 결과를 초래하지 않았을 것이다. 내가 들은 어느 가족은 그런 식으로 아버지에게 감염되었다. 아버지가 자신에게서 전염병의 흔적을 발견하기도 전에, 병의 증상이 가족들 일부에 먼저 나타나기 시작했다. 그러나 더 세심하게 조사하자 아버지가 어느 시점에 전염된 것으로 드러났다. 그는 가족이 자기 때문에 죽게 되었다는 사실을 알게 되자마자 실성하며 스스로 목숨을 끊으려 들다가 그를 지키던 사람들에게 제지당했으나 며칠 뒤에 죽고 말았다.

2) 또 다른 특징은 많은 사람들이 며칠 동안 스스로 판단하거나 예리하게 관찰해도 꽤 건강해 보이고 단지 식욕 부진이나 가벼운 복통이 발견된다는 점이다. 아니, 일부 사람들은 식욕이 강해지고 식탐까지 보이며 두통만 약간 보이다가 그 원인이 궁금

307

해서 의사를 찾았다가 죽음 직전에 와 있다는 사실을 알고는 크게 놀랐다. 그런 사람들에겐 이미 전염병의 증후들이 있었거나, 전염병이 치료 불가능한 상태로까지 깊어져 있었다.

두 번째에 해당하는 사람이 어쩌다가 병을 확인하기까지 1주일 또는 2주일 동안 걸어 다니는 파괴자가 되었는지를 되짚어 보는 것은 참으로 슬픈일이었다. 그가 자기 목숨과도 바꿀 수 있는 존재들에게 호흡으로 죽음을 토해내면서 그들을 망가뜨렸으니 말이다. 그것도 부드러운 입맞춤과 포옹을 통한 것이었으니…. 그럼에도 분명히 그런 일은 일어났으며, 나는 그런 예를 많이 제시할 수 있다. 만약 전염병의 일격이 그런 식으로 아무도 모르는 가운데 일어난다면, 또 화살이 그런 식으로 보이지 않게 날면서 사람들에게 발견되지 않는다면, 병든 사람을 가두거나 제거하는 계획이 무슨 소용이란 말인가? 그런 계획들은 아프거나 전염병에 걸린 것으로 확실히 드러난 사람들 외에 다른 사람들에게는 실행될 수 없다. 그 사이에, 겉으로 멀쩡한 수천 명의 사람들은 그런 조치를 비웃으면서 다수의 사람들을 아무런 제한 없이 접촉하며 그들에게 죽음을 옮기고 있는 것이다.

이 같은 사실이 내과 의사들과, 특히 병에 걸린 사람과 건강한 사람을 구분하는 방법을 몰랐던 약제사와 외과 의사들을 괴롭혔다. 그들은 모두 그것이 사실이라는 점을 인정했다. 많은 사람들이 피 속에 전염병을 갖고 있었고, 그것이 그들의 정신을 갉아먹었으며, 그 사람들은 걸어 다니는 썩은 송장이나 다름없다는 것이었다. 그런 사람들의 호흡은 병을 퍼뜨리고 있었으며, 그들의 땀은 독이나 마찬가지였다. 그럼에도 그들은 다른 사람들과 조금도 다르지 않아 보였으며, 본인들조차도 그 같은 사실을 모르고 있었다. 의사들은 이것이 모두 사실이라는 점을 인정했지만, 그런 무증상 환자를 발견해내는 방법까지 알지는 못했다.

나의 친구 히스 박사는 사람의 숨결의 냄새를 통해서 전염병에 걸렸는지 여부를 가릴 수 있다는 의견을 보였다. 그러나 그가 말한 바와 같이, 그런 정보를 얻기 위해 누가 감히 다른 사람의 숨결의 냄새를 맡으려 들겠는가? 냄새를 구분하기 위해선 병균의 악취를 뇌까지 끌어당겨야 하니까!

당사자가 유리 조각에 숨을 내쉬도록 함으로써 감염 여부를 밝힐 수 있다고 말하는 사람들도 있다. 숨결을 유리 조각에 응고시킨 다음에 현미경으로 관찰하면, 살아 있는 생명체들이 용이나 뱀, 악마 같은 이상한 모양으로 나타날 수 있다는 것이었다. 그러나 나는 이 의견의 진실성에 대해 의문을 품고 있으며, 내가 기억하기로는 그 당시엔 그런 실험을 할 현미경조차 아직 없었다.

어느 학식 있는 사람은 그런 사람의 숨결은 그 독 때문에 새를 즉석에서 죽일 수 있다는 의견을 내놓았다. 몸집이 작은 새뿐만 아니라 닭같이 큰 동물까지 죽일 수 있다는 것이었다. 전염병에 걸린 사람의 숨결이라면 닭을 즉시 죽이지 않는다 하더라도 닭이 목이 쉬도록 할 수는 있다는 의견이었다. 특히 그런 닭은 썩은 알을 낳는다고 했다. 그러니 이런 것들은 나 자신이 실험으로 뒷받침할 수 있었던 의견이 아니며, 다른 사람들로부터도 실험으로 뒷받침된다는 소리를 듣지 못했다. 그래서 나는 이 의견들을 들은 그대로 적는다. 단지 그것들이 사실로 확인될 가능성이 꽤 있을 것 같다는 생각만 밝힐 뿐이다.

일부 사람들은 그런 사람들이 따뜻한 물 위에 숨을 세게 내쉬도록 하자고 제안했다. 그러면 무증상 환자의 경우에 물 위에 이상한 찌꺼기 같은 것이 남거나 점착성 있는 물질이 생겨 찌꺼기 같은 것을 쉽게 끌어당기게 된다는 것이다.

그러나 나는 이런 의견들을 바탕으로 인간의 기술로 이 전염의 본질을 규명하거나 전염이 이 사람에게서 저 사람에게로 넘어가는 것을 차단하는 것은 불가능하다고 판단했다.

19.
투명성 결여

지금까지 내가 한 번도 완벽하게 이해하지 못한 문제가 한 가지 있다. 바로 이것이다. 이 전염병으로 사람이 최초로 죽은 것은 1664년 12월 20일쯤 롱 에이커 근처에서였다. 첫 번째 환자를 전염시킨 것은 일반적으로 홀란트에서 수입되어 그 집에서 처음 풀었던 비단 꾸러미인 것으로 알려져 있다.

그러나 이 일이 있은 뒤로, 이 전염병으로 죽은 사람이 있다거나 거기에 전염병이 돌고 있다는 소식은 더 이상 들리지 않았다. 그러다가 1665년 2월 9일, 그러니까 처음 전염병이 발병하고 7주일쯤 뒤에 같은 집에서 한 사람이 더 매장되었다. 그리고 이 일은 쉬쉬 하며 비밀에 부쳐졌으며, 우리는 한참 동안 아무 생각 없이 사람들을 편안하게 만날 수 있었다. 주간 사망 보고서에 페스트로 죽은 사람이 더 이상 나타나지 않았기 때문이다.

그 같은 편안함도 4월 22일까지였다. 그때 두 사람이 더 매장되었기 때문이다. 같은 집에 살던 사람들이 아니라 같은 거리에 살던 사람들이었다. 내가 기억하기로는 첫 희생자가 나온 집 옆집에 살던 사람들이었다. 9주의 간격이 있었으며, 이 일 뒤로 페스트로 희생된 사람이 나오지 않다가 2주일 뒤에 희생자가 다시 나왔다. 이때는 전염병이 사방으로 퍼졌으며 몇 개의 거리에서 터져나왔다.

이 대목에서 이런 질문을 던져야 한다. 전염병의 씨앗이 그렇게 오랫동안 어디에 숨어 있었는가? 전염병의 씨앗이 어떻게 그렇게 오랫동안 정지해 있을 수 있었으며, 더 이상 정지해 있지 않은 이유는 무엇인가? 이 전염병이 신체 사이의 접촉으로 즉시 옮는 것이 아니든가, 혹은 그런 식으로 옮는다면 신체가 전염되어도 질병이 여러 날, 아니 몇 주일 동안 겉으로 드러나지 않을 수 있든가 둘 중 하나였다. 그렇다면 격리도 며칠이 아니라 16일 이상, 아니 40일도 아니고 60일보다도 더 기간 동안 이뤄져야 한다는 뜻이었다.

내가 처음에 관찰했듯이, 대단히 추운 겨울과 긴 서리가 3개월 지속된 것은 사실이었으며 이것은 많은 사람들에게 잘 알려져 있다. 이런 기후가 전염을 저지했을 것이라고 의사들은 입을 모은다. 의사들의 해석에 따르면, 꽁꽁 얼어 있던 전염병이 마치 겨울에 언 강물이 봄에 풀리면서 예전의 힘과 흐름으로 돌아가듯이 다시 힘을 얻게 되었다는 뜻이다. 그렇다면 전염병이 수그러들었던 기간인 2월부터 4월까지의 기간은 서리가 녹고 날씨가 따뜻한 기간이었는데, 이것은 어떻게 설명해야 하나?

그러나 이 모든 어려움을 푸는 다른 방법이 있다. 말하자면, 그 긴 기간 동안, 즉 12월 20일부터 2월 9일까지, 그리고 그때부터 4월 22일까지 페스트로 죽은 사람이 아무도 없다는 사실 자체를 인정하지 않는 것이다. 그 기간에 페스트로 인한 사망자가 한 사람도 없었다는 것을 뒷받침하는 유일한 증거는 주간 사망 보고서뿐이다. 이 보고서는 적어도 내가 아는 한엔 이런 중요한 질문이나 가설을 뒷받침할 수 있을 만큼 정확하지 않았다. 그것이 당시의 일반적인 의견이었으며, 나는 꽤 신빙성 있는 근거를 바탕으로 교구 관리들과 검사관, 그리고 사망자들의 사망 원인을 밝히는 책임을 진 사람들 사이에 기만이 있었다고 믿고 있다.

처음에 사람들은 자기 집이 전염되었다는 사실을 이웃에게 알리는 것을 극도로 꺼렸으며, 따라서 죽은 자를 다른 병으로 죽은 것으로 바꿔놓기 위해 돈을 먹였다. 내가 알기로는 이런 관행이 그 후에 여러 지역에서 행해졌다. 전염병이 도는 기간에 주간 사망 보고서에 다른 병으로 죽은 사람의 숫자가 급증한 것으로 나타난 것을 근거로, 그 같은 관행이 모든 지역에서 이뤄지고 있었다고 봐도 별로 무리가 없다.

예를 들면, 페스트가 절정으로 치닫고 있던 7월과 8월에, 다른 병으로 죽은 사람들의 숫자가 한 주에 1,000명에서 1,200명, 아니 거의 1,500명에 이르는 것이 보통이었다. 다른 병으로 죽은 사람들의 숫자가 정말로 그렇게 많이 증가해서 그런 것이 아니라, 페스트에 감염된 가족과 주택 중에서 많은 수가 봉쇄를 피하기 위해서 죽은 사람을 다른 병으로 죽은 것으로 신고했기 때문이었다. 전염병 외에 다른 병으로 죽은 사람들의 숫자는 다음과 같다.

7월18일-7월25일	942
7월25일-8월1일	1004
8월1일-8월8일	1213
8월8일-8월15일	1439
8월15일-8월22일	1331
8월22일-8월29일	1394
8월29일-9월5일	1264
9월5일-9월12일	1056
9월12일-9월19일	1132
9월19일-9월26일	927

이 수치 중 거의 대부분이 페스트로 죽은 것이 분명하지만, 관리들은 유족의 설득에 넘어가 그런 사망자를 다른 병으로 죽은 것으로 처리했다. 죽음을 부른 병을 구체적으로 보면 다음과 같다.

	열병	반점열	과식	치아	기타	합계
8월1-8월8일	314	74	85	90	-	663
8월8일-8월15일	353	190	87	113	-	743
8월15일-8월22일	348	166	74	111	-	699
8월22일-8월29일	383	165	99	133	-	780
8월29일-9월5일	364	157	68	138	-	727
9월5일-9월12일	332	97	45	128	-	602
9월12일-9월19일	309	101	49	121	-	580
9월19일-9월26일	268	65	36	112	-	481

사망 원인으로, 이 외에도 고령과 쇠약, 구토, 농양, 복통 등 항목이 더 있으며, 이런 원인으로 죽은 사람들의 숫자도 똑같은 이유로 증가했다. 이 사망자들 중 많은 수는 페스트에 감염된 사람이라는 의심을 받지 않았다. 그러나 전염 사실이 알려지지 않는 것이 가족에겐 대단히 중요했기 때문에, 사람들은 그런 의심을 피할 수 있는 조치라면 무엇이든 하려 들었다. 누군가가 집 안에서 죽으면, 남은 가족들은 시신을 검사관에게 보여주면서 다른 병으로 죽었다고 설명했다.

이 같은 현실이 주간 사망 보고서에 페스트로 죽은 사례가 처음 보고된 때부터 페스트가 공개적으로 퍼지면서 숨길 수 없게 되었을 때까지 그 중간에 긴 공백이 생긴 이유를 설명해준다.

게다가, 주간 사망 보고서 자체가 그 시점에 진실을 분명히 발견하고 있다. 왜냐하면 페스트에 관한 언급이 전혀 없고 페스트가 처음 나타난 이후로 전혀 증가가 없었음에도 불구하고 페스트나 다름없는 병들의 증가가 뚜렷해졌기 때문이다. 예를 들면, 페스트로 죽은 사람이 한 사람도 없거나 극소수일 때 반점열로 죽은 사람이 한 주에 8명, 12명, 17명에 이르렀다. 한편, 평소에 반점열로 죽는 사람은 1주일에 1명 내지 서너 명에 지나지 않았다.

마찬가지로, 그 교구와 인근 교구들에서 페스트로 죽은 사람이 하나도 없음에도 불구하고 매장 건수가 다른 어느 교구보다 더 많이 증가했다. 이 모든 것들은 전염이 당시에 우리에겐 중단되었다가 놀라운 기세로 다시 나타난 것처럼 보였을지라도 실제로는 사람들을 통해 이뤄지고 있었다는 점을 보여주고 있다.

또한 감염 매체가 처음 병을 일으킨 그 물건 꾸러미의 다른 부분에서 적어도 완전히 열리지 않은 채 남아 있었거나 맨 처음 감염된 사람의 옷에 남아 있었을 수도 있다. 왜냐하면 사람이 그런 치명적인 병에 감염된 상태에서 9주 동안이나 증상을 겉으로 드러내지 않을 수 있다고 판단하는 것은 도저히 불가능하기 때문이다. 어쨌든 그런 일이 가능하다고 한다면, 그 같은 주장은 내가 지금 제시하고 있는 설명, 즉 균이 사람의 신체 안에 잘 보존된 상태에서 그 사람과 대화하는 사람들에게로 전파되는데 이때 당사자들은 그런 사실을 까맣게 모르고 있다는 설명을 더욱 강력히 뒷받침하게 된다.

당시에 이 같은 설명을 둘러싸고 일대 혼란이 빚어졌다. 사람들이 전염이 꽤 건강해 보이는 사람들 사이에 그처럼 놀라운 방식으로 이뤄진다는 확신을 품기 시작하면서 가까이 다가오는 사람들을 과도하게 의심하며 피하려 들었던 것이다. 안식일이었는지 정확히 기억나지 않지만, 교회에서 공식 행사가 있던 어느 날 올드게이트 처치에서 이런 일이 벌어졌다. 사람들로 가득한 신도석에 있던 한 여자가 갑자기 기분 나쁜 냄새가 난다고 중얼거렸다. 그녀는 즉시 냄새가 신도석에서 난다고 상상하면서 옆 사람에게 그 뜻을 전하고 자리를 빠져나갔다. 그녀의 상상은 즉시 옆 사람에게 전해졌으며, 그런 식으로 그 자리의 모든 사람들에게 전파되었다. 앞뒤로 두세 개의 신도석에 있던 사람들이 모두 일어나 교회를 빠져나갔다. 이상한 냄새가 무엇인지, 그것이 누구에게서 나오는지에 대해선 전혀 아무것도 알지 못한 채.

이 사건이 있은 후로 모든 사람은 나름대로 냄새로부터 자신을 보호할 수 있는 약을 입에 넣게 되었다. 다른 사람의 호흡에 의한 감염을 피하기 위해서 어떤 사람은 그 늙은 여자가 가르쳐주는 것을 입에 넣고 있었고, 또 어떤 사람은 의사가 처방해주는 것을 입에 넣고 있었다. 그래서 사람이 꽉 차 있을 때 교회에 가면 입구에서부터 약제사의 가게에 들어갈 때보다 더 독할 뿐만 아니라 그다지 건강하지도 않은 냄새에 시달려야 했다. 한마디로 말하면, 교회 자체가 냄새를 풍기는 거대한 하나의 병(甁)이나 다름없었다. 온갖 향수 냄새가 있는가 하면, 다양한 방향제와 약과 약초 냄새도 있었다. 또 사람들이 저마다 전염병으로부터 보호하기 위해 뿌린 소금과 알코올 냄새도 있었다. 그럼에도 사람들이 건강해 보이는 사람들 사이에서도 전염이 이뤄진다는 믿음에 사로잡힌 뒤로, 교회와 다양한 예배당을 찾는 사람들이 예전보다 확 줄어든 것이 관찰되었다. 그래도 런던 사람들에 대해, 전염병이 도는 기간에도 교회나 모임이 폐쇄된 적이 한 번도 없었으며, 신을 숭배하기 위해 모인 사람들의 숫자도 전염병이 극성을 부리던 일부 교구를 제외하곤 줄어들지 않았다는 식으로 말하곤 한다.

정말이지, 다른 일이라면 집 밖으로 얼씬도 하지 않으려는 사람들이 무슨 용기에서 그러는지 신을 공개적으로 숭배하는 자리에 기꺼이 나가는 것을 보는 것만큼 이상한 일도 없었다. 자포자기의 시기가 오기 전에 이미 이런 현상이 나타났다는 점에 대해 나는 앞에서 언급한 바가 있다. 이것은 페스트의 공포가 나타나자마자 엄청난 수의 시민들이 시골로 달아났고 페스트가 더욱 기승을 부리면서 또 한 차례 사람들이 숲과 들판으로 달아났음에도 불구하고 전염의 시대에 시의 인구가 지나치게 조밀했다는 점을 뒷받침하는 증거였다. 왜냐하면 안식일에 교회들에, 특히 전염병이 누그러졌거나 아직 절정에 이르지 않은 지역의 교회들에 모습을 드러낸 군중을 볼 때, 그 수치가 정말로 놀라웠기 때문이다. 그러나 이 현상에 대해선 조금 있다가 다시 설명할 생각이다. 지금은 사람들이 자신이 전염된 사실에 대해 정확히 모르는 상태에서 서로를 전염시키는 문제로 돌아갈 생각이다.

사람들은 정말로 병을 앓고 있는 게 확실한 사람들만을 피했다. 예를 들면, 종기가 난 머리에 모자를 썼거나 목을 옷으로 가린 사람이 기피 대상이었다. 그런 차림의 사람은 정말 무서워 보였다. 그러나 장갑을 끼고 모자를 쓰고 머리를 단정하게 빗은 신사를 보면, 사람들은 별로 걱정하지 않고 꽤 오랫동안 마음 놓고 대화했다. 특히 이웃들과는 거의 거리낌이 없었다.

그러나 의사들이 병에 걸린 사람뿐만 아니라 건강해 보이는 사람도 마찬가지로 위험할 수 있다는 점과 스스로 전염병과는 아무런 관계가 없다고 생각하는 사람이 종종 치명적인 환자일 수 있다는 점을 강조하고 나서자, 사람들이 환자 본인이 전염병을 자각하지 못하는 이유를 대체로 이해하게 되었다. 그때부터 사람들은 모든 사람을 경계하고, 아주 많은 사람들이 스스로를 격리하고 나서면서 자칫 잘못하다가 집에 전염병을 묻혀 올 수 있다는 걱정 때문에 사람들이 많이 모이는 곳에는 가지 않으려 들었다. 적어도 사람들의 숨결이 닿거나 냄새가 닿을 수 있는 거리까지는 다가가지 않았다. 간혹 이방인들과 먼 거리에서 말을 하지 않을 수 없는 상황에 처하기라도 하면, 사람들은 언제나 전염을 물리치기 위해 예방약을 입에 넣거나 옷에 뿌리곤 했다.

사람들이 이런 식으로 주의를 기울이기 시작하면서 위험에도 덜 노출되었고, 전염병이 집으로도 그 전만큼 맹렬하게 퍼지지 않았으며, 그로 인해 수천 가족이 보호될 수 있었다는 점을 인정해야 한다.

그러나 가난한 사람들의 머릿속에 모든 것을 쑤셔넣는 것은 불가능한 일이었다. 그들은 평소대로 성급한 기질을 그대로 보였으며, 그러다 병에 걸리면 항의와 분통을 쏟아내면서도 문제가 없을 때에는 자신을 터무니없이 부주의하게 다루고 무모하고 완고했다. 가난한 사람들은 일거리를 얻을 수만 있으면 전염에 위험하고 말고를 따지지 않고 어떤 것이든 하려 들었다.

누군가가 그런 점을 지적하면, 그들의 대답은 이런 식이었다. "그 문제라면 나는 신을 믿어야 해요. 병에 걸린다면, 내 운명은 거기까지라는 뜻이지요. 나에게도 끝은 있게 마련이고." 아니면 이런 식이었다. "그러면 어떻게 해야 하는데요? 굶어죽을 수는 없잖아요. 굶어서 죽나 병에 걸려서 죽나 죽는 것은 마찬가지지요. 나에겐 할 것이 전혀 없어요. 뭘 할 수 있겠어요? 나는 이 일을 해야 해요. 아니면 구걸을 해야 하지요."

그 일이 죽은 사람을 매장하거나 병든 사람을 돌보거나, 전염된 집을 지키는 일이라고 가정해 보라. 모두가 무서운 위험이 따르는 일인데도, 그들의 이야기는 대체로 똑같다. 불가피한 일 앞에서는 어떤 것도 정당화될 수 있다는 말도 맞는 말이지만, 불가피한 일이 똑같은 것이 아닌 때에도 그들의 대답은 언제나 똑같았다. 가난한 사람들 사이에 전염병이 특히 창궐하도록 만든 것이 바로 그들의 이런 위험스런 태도였으며, 이런 태도와 그들이 처한 절망적 환경이 결합하면서 가난한 사람들이 무더기로 죽는 원인으로 작용했다. 육체노동으로 살아가는 가난한 사람들 중에서 건강이 허락해 돈을 벌 수 있는 동안에 절약하지 않고 내일은 없다는 듯이 써버리는 사람이 많았기 때문에, 가난한 사람들은 병에 걸리기만 하면 그 즉시 병뿐만 아니라 결핍 때문에도, 말하자면 건강의 결핍뿐만 아니라 양식의 결핍 때문에도 더없이 비참한 상황에 빠지곤 했다.

나도 이런 비참한 상황에 처한 가난한 사람들의 예를 몇 건 목격했으며, 신앙심 깊은 사람들이 매일 가난한 사람들에게 자비로운 지원을 아끼지 않는 모습도 가끔 보았다. 독실한 사람들은 가난한 사람들에게 구호금도 보내고 양식과 약도 제공하고 그들이 필요로 하는 다른 도움도 주었다. 정말로 엄청난 액수의 돈이 병에 걸린 가난한 사람들을 돕고 지원할 목적으로 시장과 행정 장관들에게 보내졌을 뿐만 아니라, 아주 많은 사람들이 개별적으로 가난한 사람들을 위해 많은 돈을 내놓았으며 전염병에 걸린 사람들의 상태를 점검하고 도와주도록 사람을 보내기도 했다. 여기서 이런 사실에 대해 언급하는 것은 그 당시에 시민들의 기질이 긍정적인 방향으로 작용했다는 점을 강조하기 위해서다.

일부 독실한 부인들은 그런 선한 일에 너무 열성적으로 임하고 또 사랑을 베푼다는 위대한 의무를 수행하면서 신의 보호를 지나치게 믿은 나머지 개별적으로 가난한 사람들에게 구호품을 나눠주고, 심지어 전염병에 걸린 불쌍한 가족들의 집을 직접 방문하기까지 했다. 또 간호사들을 구해서 보살핌을 필요로 하는 사람들을 보살피게 했으며, 약제사를 찾아 그들에게 약이나 고약을 제공하게 하고 의사를 찾아서 필요한 사람이 있으면 부기와 종기를 절개하고 약을 발라주도록 했다. 그들은 가난한 사람들을 위해서 마음에서 우러나는 기도를 했을 뿐만 아니라 그런 식으로 가난한 사람들을 실질적으로도 도왔다.

가난한 사람들에게 자비를 베푼 사람들 중에서 재앙에 희생된 사람은 한 사람도 없다는 식으로 말하는 사람도 있지만, 나는 그런 식으로 장담하지 않는다. 다만 내가 아는 사람 중엔 그런 사람이 없었다고만 말하고 싶다. 내가 이에 대해 언급하는 것은 비슷한 재앙이 다시 닥치는 경우에 많은 사람들을 격려하기 위해서다. 만약 가난한 사람들에게 베푸는 사람이 하느님에게 주는 것이나 마찬가지여서 하느님이 그에 대해 보답한다면, 비참한 상태에 빠진 가난한 사람들을 돕고 위로하기 위해 자신의 목숨을 거는 사람들은 선행을 하는 동안에 보호를 받을 것이라고 바랄 수 있을 것이다.

이 같은 자비는 극소수의 사람에게만 특별히 두드러진 것이 결코 아니었으며, 부자들의 자비심은 시골뿐만 아니라 도시와 교외에서도 똑같이 대단히 컸다. 한마디로 표현하면, 그런 도움의 손길이 없었더라면 병뿐만 아니라 결핍 때문에도 불가피하게 많은 사람들이 사라졌을 것이다.

부자들이 가난한 사람들에게 베푼 자비가 어느 정도였는지를 정확히 파악하는 것은 불가능하지만, 이 부분을 잘 아는 사람의 말을 들은 바가 있기 때문에, 그래도 나는 수천 파운드, 아니 수십 만 파운드가 절망에 빠진 도시 빈민의 구제에 쓰였다고 믿고 있다. 아니, 시장과 몇몇 구의 행정 장관이 개최한 교구 총회에서 교회 위원이 나눠주는 구호금과 법원과 판사들의 특별 지시에 따른 구호금, 내가 앞에서 말한 경건한 사람들의 개인적 자선 등을 모두 합하면 1주일에 10만 파운드가 넘는다는 말도 있었다. 이런 구호 활동이 여러 주 동안 계속되었다.

나는 이것이 매우 큰 액수라는 점을 인정하지만, 당시의 소문대로 크리플게인트 교구 한 군데에서만 빈민 구호에 쓰인 돈이 1주일에 17,800 파운드를 넘은 것이 사실이라면, 그 같은 수치도 그리 불가능한 금액이 아니다.

그것은 틀림없이 신이 이 위대한 도시를 보살피고 있다는 것을 보여주는 많은 표시들 중 하나로 여겨졌다. 그 표시들 중에 기록으로 남길 가치가 있는 것이 많다. 아주 두드러진 신호 하나는 이것이다. 왕국의 곳곳에 사는 사람들이 너무나 따뜻한 가슴으로 런던의 가난한 자들을 돕고 구한 것이 신을 기쁘게 했으며, 그 결과는 다방면으로 느껴졌다. 특히 수천 명의 사람들이 생명을 지키고 건강을 회복하고 수천의 가족들이 굶주림과 죽음을 면할 수 있었다.

재앙이 닥쳤을 때 두드러지는 신의 자비로운 본성에 대해 말하고 있는 지금, 나는 이미 몇 차례 언급했음에도 불구하고 여기서 다시 그것에 대해 말하지 않을 수 없다. 바로 페스트의 점진적 진행 말이다.

페스트는 도시의 한쪽 가장자리에서 시작한 뒤 이 지역에서 다음 지역으로 점진적으로 서서히 나아갔다. 마치 우리 머리 위를 지나가는 검은 먹구름처럼. 먹구름이 두터워지면서 하늘의 한쪽 끝자락을 흐리게 할 때 하늘의 다른 쪽 끝자락이 맑아지듯이, 전염병도 동쪽을 향하면서 격해지는 모습을 보일 때 서쪽은 누그러졌다. 그 결과, 도시 중에서 전염병이 건드리지 않았거나 전염병이 떠났거나 약해진 지역이 다른 지역들을 돕고 지원할 수 있었다. 그렇지 않고 만약에 전염병이 외국의 일부 도시들에서처럼 전체 시와 교외 지역에 동시에 퍼지면서 극성을 부렸다면, 전체 시민이 압도되었을 것이 분명하며 나폴리에서처럼 하루에 2만 명이 희생되었을 것이다. 또 사람들이 서로 돕거나 지원하는 것도 불가능했을 것이다.

전염병이 절정에 달한 곳에서 사람들은 정말로 비참했으며, 그들의 놀람은 이루 형용할 수 없었다. 그러나 전염병이 그곳에 닿기 직전이나 병이 지나간 직후에, 사람들은 꽤 다른 부류의 사람이 되어 있었다. 나는 그 당시에 우리 모두에게서 인류에게 공통적인 어떤 기질이 상당히 두드러졌다는 점을 인정하지 않을 수 없다. 바로 위험이 지나가면 금방 구원을 망각한다는 사실이다. 그러나 이 부분에 대해선 다시 논하게 될 것이다.

20.

교역

이 재앙이 닥친 동안에 국내 교역만 아니라 외국 무역이 처한 상태를 돌아보는 것을 잊지 말아야 한다.

외국 무역에 대해서는 굳이 말할 필요조차 없을지도 모르겠다. 유럽의 무역국들이 모두 우리를 무서워하고 있었으니까. 프랑스 항구도, 네덜란드 항구도, 스페인 항구도, 이탈리아 항구도 우리 선박들에게 입항을 허용하지 않거나 우리와의 교역을 허용하지 않았다. 정말로 우리는 네덜란드인들과 관계가 좋지 않았으며, 국내에서 페스트라는 끔찍한 적과 싸우는 불리한 조건에서 외국에서 그들과 치열한 전쟁을 치렀다.

따라서 우리의 무역상들은 완전히 활동을 중단했다. 영국 선박은 어디로도, 외국의 어느 곳으로도 갈 수 없었다. 영국의 제조품과 상품이 외국에서 절대로 건드려지지 않을 것이니까. 외국 사람들은 영국 사람을 두려워하는 것 못지않게 영국 제품도 무서워했다. 그들로서는 당연히 그럴 이유가 있었다. 우리의 양모 제품들이 인간의 신체와 마찬가지로 전염병을 보존하기 때문이다. 우리의 양모 제품이 병에 감염된 사람에 의해 포장되는 경우에 전염될 것이고, 따라서 사람을 접촉할 때와 마찬가지로 전염을 일으킬 위험성을 안고 있었다. 그래서 영국의 배가 혹시라도 외국에 도착하기라도 하면, 제품을 받은 나라는 언제나 그 목적을 위해 특별히 마련한 장소에서 화물을 개봉해서 바람에 쐬었다.

그러나 세계의 각 나라들은 런던에서 온 배를 자국 항구로 들이지 않았으며, 어떤 조건으로든 짐을 부리는 일은 더더욱 없었다. 스페인과 이탈리아가 특히 엄격했다. 터키와 에게해 제도(諸島)라 불리는 섬들은 그만큼 엄하지 않았다. 터키의 경우엔 전혀 아무런 제약이 없었다. 그래서 당시에 템스 강에서 이탈리아, 즉 레그혼과 나폴리로 향하던 짐을 실은 선박 네 척은 입항을 거부당하자 터키로 가서 아무런 어려움 없이 짐을 내릴 수 있었다. 단지 화물 중 일부가 터키에서 팔기에 적절하지 않은 것이 문제일 뿐이었다. 또 일부 화물은 레그혼의 무역상들에게 보내진 것이었기 때문에, 그 선박들의 선장들은 그 물건에 대해 어떠한 권리도 행사할 수 없었고 처분하라는 지시도 받지 않은 상태였다. 따라서 무역상들에게 큰 불편이 따랐다. 그러나 이런 불편은 당시 사정상 어쩔 수 없는 일이었으며, 레그혼과 나폴리의 상인들은 그 같은 상황에 대한 통보를 받은 터라 터키 현지로 연락해서 레그혼과 나폴리 항으로 탁송된 물건을 잘 챙기고 스미르나(Smyrna)[46]와

....
46 현재 터키 이즈미르.

스칸데룬(Scanderoon)[47]의 시장에 부적절한 물건은 다른 선박 편으로 보내 달라고 부탁했다.

스페인과 포르투갈에서 무역상들이 겪은 불편은 이보다 훨씬 더 컸다. 두 나라가 우리 선박을, 특히 런던에서 출발한 선박을 자국 항구로 절대로 받아들이지 않았기 때문이다. 그러니 짐을 내리는 것은 상상조차 할 수 없었다. 우리 선박 하나가 몰래 영국산 의류와 면직물, 모직물 등을 전달했는데, 스페인 사람들이 제품을 모두 불태우고 짐을 해안에 내리는 일에 관여한 사람들을 사형에 처했다는 소문도 있었다. 확인한 바는 없지만, 나는 이 소문이 부분적으로 사실일 것이라고 믿는다. 전염병이 런던에서 맹위를 떨치면서 위험성이 분명히 알려졌던 터라, 그 같은 처벌이 전혀 터무니없는 것도 아니었다.

마찬가지로 나는 전염병이 우리 선박에 의해서 일부 나라로, 특히 포르투갈 왕의 지배를 받는 알가르베(Algarve) 왕국의 파로 항에 전파되었으며, 그곳 사람 몇 명이 페스트로 죽었다는 소문이 있었으나 확인되지는 않았다.

한편, 스페인 사람들과 포르투갈 사람들이 영국인들을 극구 피했음에도, 전염병이 처음에 웨스트민스터 옆에 위치한 도시의 끝자락에 머물러 있었기 때문에 도시 중에서 교역이 이뤄지던 지역은 적어도 7월 초까지는 완벽하게 건강했으며, 강에 있던 선박들은 8월 초까지 깨끗했다. 7월 1일까지 죽은 사람이 도시에서 7명, 리버티들에서 60명, 스테프니와 올드게이트와 화이트채플 교구에서 1명, 서더크의 8개 교구에서 2명에 지나지 않았으니까. 그러나 영국의 세부적인 사정이야 어

....
47 시리아의 해안 도시.

떻든 다른 나라에겐 영국은 다 같은 영국이었다. 런던이 전염병에 감염되었다는 불행한 소식이 전 세계로 쫙 퍼져나갔기 때문이다. 전염이 어떤 식으로 전개되었는지, 도시의 어느 지점에서 시작해 어느 지점까지 도달했는지에 관한 질문은 있을 수 없었다.

게다가 전염병은 퍼지기 시작하자 급속도로 번졌으며, 주간 사망 보고서의 숫자가 별안간 너무나 높아졌기 때문에 전염병에 관한 보고를 축소하거나 외국 사람들이 실제보다 덜 심각한 것으로 보도록 만드는 것도 전혀 의미 없는 짓이었다. 주간 사망 보고서가 제시하는 숫자만으로도 충분했다. 1주일에 2천 명 내지 3, 4천 명이 죽는 것만으로도 전 세계의 무역업계를 놀라도록 만들기에 충분했다. 뒤이어 런던 자체가 너무나 암울한 모습으로 바뀌면서 전 세계는 전염병을 극구 막고 나섰다.

틀림없이, 이런 것들에 관한 소문은 옮겨지는 과정에 전혀 아무것도 사라지지 않았다. 페스트 자체가 너무나 끔찍했고, 사람들의 절망은 내가 지금까지 말한 바로도 짐작할 수 있듯이 실로 엄청났다. 그러나 소문은 무한히 확대되었으며, 외국에 있던 우리 친구들(특히 나의 형의 지방 대리점 역할을 하던 사람들은 주로 포르투갈과 이탈리아에 있었다)은 이런 이야기를 들었다고 했다. 런던에서 1주일에 죽은 사람이 2만 명이나 되고, 시신들이 매장되지 않은 채 산더미처럼 쌓여 있고, 죽은 사람들을 묻을 사람들이 부족할 뿐만 아니라 아픈 사람들을 돌볼 건강한 사람들이 부족하고, 왕국 전체가 전염된 것으로 볼 때 자기들은 들어보지 못한 병이라는 식이었다. 그런 탓에 우리가 실상을 설명하고, 죽은 사람은 전체의 10분의 1을 넘지 않았고, 도시에 언제나 50만 명이 살고 있었고, 이제 다시 사람들이 거리를 다니기 시작했으며, 피난을 떠났던 사람들도 돌아왔고, 모든 가족이 친척과 이웃들을 그리워할 뿐 거리의 군중 속에서도 서로 피하는 기색은 전혀 없다고 하면, 그들은 우리의 말을 믿으려 들지 않았다. 그들로서는 아마 그런 것들을 믿을 수 없었을 것이다. 만약 나폴리를 포함한 이탈리아 해안 지역의 도시에서 지금 조사를 실시한다면, 그곳 사람들은 여러 해 전에 런던에서 앞에서 말한 것처럼 1주일에 2만 명씩 죽어나간 끔찍한 전염이 있었다고 말할 것이다. 이것은 우리가 런던에 있으면서 1656년에 나폴리에서 하루에 2만 명이 죽는 그런 전염병이 돌았다는 말을 들었던 것과 다를 바가 없다. 그 수치가 완전히 엉터리라는 것을 나는 잘 이해하고 있다.

그러나 이런 터무니없는 소문은 그 자체로 부당하고 해로웠을 뿐만 아니라 우리의 무역에 아주 치명적이었다. 왜냐하면 우리의 무역이 그 지역에서 회복될 수 있었던 것은 전염병이 진정되고도 한참 더 시간이 지나서였기 때문이다. 그 사이에 플랑드르 사람들과 특히 네덜란드 사람들이 그것을 기회로 삼아 모든 시장을 독점했으며, 심지어 영국 내에서 전염병이 돌지 않는 지역에서 우리 제품을 구입해서 네덜란드와 플랑드르로 옮긴 다음에 자신들의 제품처럼 꾸며 스페인과 이탈리아로 보내기까지 했다.

그러나 그런 무역을 하던 사람들은 가끔 발각되어 처벌을 받았다. 말하자면, 제품이 몰수되고 선박이 몰수되었다는 뜻이다. 왜냐하면 우리 국민들뿐만 아니라 우리 제품까지도 전염되었고 또 제품을 풀면서 건드리거나 제품의 냄새를 맡는 것이 위험한 게 사실이라면 밀수업자들이야말로 전염병을 자기 나라만 아니라 물건을 파는 나라에까지 퍼뜨릴 위험을 안고 있었기 때문이다. 그런 행위로 인해 목숨을 잃을 수 있는 사람들의 숫자를 고려한다면, 그것은 양심 있는 인간이라면 절대로 관여할 수 없는 무역임에 틀림없었다.

그 사람들에 의해서 그런 피해가 발생했다는 말을 하려는 것이 아니다. 그러나 우리 나라의 경우에는 그런 상황에 대해서는 말할 필요조차 없지 않은가 하는 생각이 든다. 왜냐하면 런던 사람들에 의해서, 아니면 런던 사람들이 모든 시골과 읍의 온갖 부류의 사람들과 대화하도록 하는 거래에 의해서, 전염병이 왕국 전체로, 그러니까 런던뿐만 아니라 모든 도시와 큰 읍으로, 특히 제조와 무역이 이뤄지는 읍과 항구로 다소 번졌기 때문이다. 그래서 영국의 중요 지역들은 전염병의 공격을 어느 정도 받았으며, 아일랜드 왕국도 몇 곳이 전염되었으나 그렇게 널리 퍼지지는 않았다. 그러나 나는 전염병이 스코틀랜드의 주민들 사이에서 어떤 식으로 퍼졌는지에 대해선 조사할 기회를 전혀 갖지 못했다.

전염병이 런던에서 맹위를 떨치고 있는 사이에, 런던 항 이외의 항들은 특히 이웃 국가들과 영국인들의 플랜테이션들과의 교역으로 바쁘게 움직였다. 예를 들면, 런던의 무역이 완전히 정지된 후 몇 개월 동안 잉글랜드 동쪽 해안에 위치한 콜체스터(Colchester)와 야머스(Yarmouth), 헐(Hull) 같은 타운들은 홀란트와 함부르크로 인근 시골들의 제품을 수출했다. 마찬가지로 플리머스 항 가까이 있던 브리스톨(Bristol)과 엑시터(Exeter) 같은 도시들은 스페인과 카나리아 제도, 기니, 서인도 제도, 그리고 특히 아일랜드와 교역하는 이점을 누렸다.

그러나 전염병이 런던에서 발발한 뒤로 사방으로 퍼지면서 8월과 9월 같은 상황에 이르렀기 때문에 모든 또는 대부분의 도시와 읍이 다소 전염되었으며, 이어 통상이 전면적으로 금지되는 사태에 이르렀다. 이 부분에 대해선 국내 교역에 대해 논할 때 추가로 설명할 생각이다.

그러나 한 가지 사항이 강조되어야 한다. 외국에서 오는 선박에 대해 말하자면(분명히 그런 선박이 많았을 것이다), 세계 곳곳에 꽤 오랫동안 나가 있던 일부 선박들과 영국을 떠날 때 전염병에 대해 전혀 몰랐거나 그 기세가 그렇게 끔찍하다는 사실을 몰랐던 선박들은 전염병이 런던 브리지 아래쪽에 집중적으로 퍼져 누구도 일을 하려고 나서지 않던 8월과 9월 두 달을 제외하곤 대담하게 강 위로 올라와서 화물을 원래 목적지로 보냈다. 그러나 이런 활동이 겨우 몇 주일만 지속되었기 때문에, 영국으로 돌아오던 선박들, 특히 부패하지 않는 짐을 실은 선박들은 한동안 풀 가까운 곳에, 즉 템스 강의 민물 지역에, 어떤 때는 더 아래쪽인 메드웨이(Medway) 강에 닻을 내리기도 했다. 일부 선박들은 메드웨이 강 안으로 들어갔고, 일부 선박들은 노르(Nore)나 그레이브센드 아래의 호프(Hope)에 정박했다. 그래서 10월 말에는 영국으로 돌아온 선박들이 몇 년 동안 본 적이 없었을 만큼 아주 큰 선단을 형성하게 되었다.

페스트가 퍼지는 기간에 수상 수송을 통해 두 가지 특별한 거래가 거의 또는 전혀 중단 없이 이뤄졌으며, 이것이 도시의 가난한 사람들에게 많은 도움을 주었다. 연안을 통한 곡물 거래와 뉴캐슬(Newcastle)의 석탄 거래였다.

연안을 통한 곡물 거래는 험버(Humber) 강에 위치한 헐을 비롯한 여러 항구의 작은 선박들에 의해 이뤄졌으며, 이 거래를 통해서 많은 양의 곡물이 요크셔와 링컨셔에서 왔다. 이 곡물 거래의 일부는 노퍽(Norfolk) 카운티의 린(Lynn)에서, 그리고 같은 카운티의 웰스(Wells)와 번엄(Burnham), 야머스 등에서 왔다. 세 번째 경로는 메드웨이 강으로부터, 그리고 켄트(Kent)와 에식스 해안에 있는 밀턴(Milton)과 피버샘(Feversham), 마게이트(Margate), 샌드위치(Sandwich) 등지에서 오는 것이었다.

서폭(Suffolk) 해안에서도 곡물과 버터, 치즈 등이 꽤 많이 나왔다. 이 선박들은 지속적으로 거래를 했으며, 그때까지 베어 키(Bear Key)라는 이름으로 알려져 있던 시장까지 끊임없이 왔다. 육상 수송이 끊어지기 시작하고 시골의 많은 지역에서 사람들이 도시에 나가는 것을 무서워하기 시작할 때, 이 배들은 그곳에서 도시에 곡물을 풍부하게 제공했다.

이것도 상당 부분 런던 시장의 신중함과 지도력 덕분이었다. 당시에 시장은 선장과 선원들이 그곳으로 올라올 때 위험에 처하지 않도록 각별히 신경을 썼으며, 따라서 선장은 언제든 자신이 원하는 때에 시장(그러나 시장 자체가 드물었다)에 곡식을 팔았으며, 거래가 성사되면 곡물 도매상들이 즉시 물건을 내렸다. 따라서 선장과 선원들이 배 밖으로 나오는 경우는 매우 드물었다. 돈도 언제나 배 위에서 그들에게 전달되었으며, 전달되기 전에 반드시 식초 단지에 담가졌다.

두 번째 거래는 뉴캐슬-어폰-타인(Newcastle-upon-Tyne)이 주도한 석탄 거래였다. 이 거래가 없었더라면, 런던이 크게 힘들어 했을 것이다. 당시에 거리에서만 아니라 각 개인의 가정에서도 엄청난 양의 석탄이 태워졌다. 심지어 아주 더운 긴 여름 동안에도 의사들의 권고에 따라 석탄이 태워졌다. 일부 사람들은 그 같은 조치에 반대하면서 집과 방을 따뜻하게 유지하는 것이 오히려 그 병을 전파시킨다고 주장했다. 페스트는 더운 계절에 퍼지다가 추운 계절에 누그러지는 것으로 알려져 있고, 따라서 열기를 피우는 것은 전염병을 막는 방법이 절대로 될 수 없다는 것이 그들의 주장이었다. 전염이 더운 계절에 기세를 높이고 열기 속에서 활발히 전파된다는 것이었다.

　다른 사람들은 무덥고 뜨거운 기후가 공기를 해충으로 채우고, 또 우리의 음식과 식물, 심지어 우리의 육체 안에서도 번식하는 그런 해충을 수없이 많이 배양하기 때문에 기후에 따른 열기가 전염을 확산시킬 수 있다는 점을, 그리고 이런 해충의 악취에 의해 전염이 확산될 수 있다는 점을 인정한다고 말했다. 그들은 또 공기 속의 열기, 즉 기후에 따른 열기가 육체를 물렁하고 약하게 만들고 정신을 소진시키고 모공을 열어 전염병이나 다른 나쁜 영향들을 쉽게 받아들이게 한다는 점도 인정한다고 말했다. 그러나 불의 열기, 특히 우리 가정에서 피우거나 우리 가까이 있는 석탄불의 열기는 앞에 말한 열기와 꽤 다른 효과를 발휘한다는 것이 그들의 주장이다. 석탄불의 열기는 더위 같은 종류의 열기가 아니라 빠르고 맹렬한 열기이며, 기후 속의 열기처럼 나쁜 냄새를 뿜으며 정체하는 것이 아니라 독성을 지닌 온갖 냄새를 태워버리거나 지워버리는 경향을 갖고 있다고 했다. 이 외에, 석탄에서 종종 발견되는 유황과 질소 입자들이 불타는 역청 물질과 더불어 작용하면서 공기를 깨끗하게 정화하는 효과를 발휘하고, 앞에서 말한 독성 있는 입자들이 불에 태워진 뒤에 공기를 안전하게 마실 수 있게 만든다는 주장이었다.

당시에 이 의견이 지배적이었다. 나도 충분한 증거를 바탕으로 이 의견에 동조했다는 점을 고백해야 한다. 많은 시민들의 경험도 그것을 뒷받침했다. 방 안에 끊임없이 불을 피웠던 많은 집들이 전염병에 감염되지 않았으며, 나는 거기에 나 자신의 경험을 보태야 한다. 방 안에 좋은 불을 피워놓는 것이 방을 건강하게 유지하는 것이라는 사실을 나 자신이 직접 깨달을 수 있었기 때문이다. 나는 그렇게 한 것이 다른 어떤 조치보다도 더 건강하게 우리 가족 모두를 지켜주었다고 진정으로 믿고 있다.

그러나 여기서 나는 거래 품목으로서의 석탄으로 돌아간다. 이 거래가 계속 유지되도록 하는 데엔 상당한 어려움이 따랐다. 특별한 이유는 우리가 그때 네덜란드와 전쟁을 벌이고 있었던 탓에 네덜란드 사략선(私掠船)[48]들이 처음에 우리의 석탄선 상당수를 나포했고, 이것이 나머지 석탄선들이 경계하면서 선단을 형성해서 다니도록 만들었기 때문이다. 그러나 시간이 조금 지나자 네덜란드 사략선들 혹은 그들의 주인, 즉 네덜란드 정부가 영국 석탄선을 무서워하며 석탄선 나포를 금지시켰다. 전염병이 석탄선에 묻어 있을지 몰랐기 때문이다. 이렇게 되면서 영국의 석탄선은 오히려 더 쉽게 다닐 수 있게 되었다.

북부 상인들의 안전을 위해서, 석탄선들은 런던 시장의 명령에 의해 동시에 일정 수 이상이 풀로 들어가지 못하게 되어 있었다. 시장은 거룻배와 목재 판매상(즉, 부두를 지키는 사람이나 석탄 판매상)이 제공하는 다른 배들이 뎁트퍼드와 그리니치, 가끔은 그보다 더 아래로 내

....
48 국가로부터 타국의 선박을 나포할 수 있는 허가를 받은 선박을 말한다.

려가서 석탄을 싣고 오도록 지시했다.

다른 석탄선들은 그리니치와 블랙월 등지에, 그러니까 배들이 강가까지 올 수 있는 특별한 장소에 석탄을 산더미처럼 높이 쌓아놓았다. 마치 팔기 위해 보관하고 있는 것처럼. 그러나 이 석탄은 그것을 싣고 온 배가 떠난 뒤에 다른 곳으로 실려 나갔다. 그래서 선탁선의 선원들은 강에서 일하는 사람들과 교류할 기회가 전혀 없었으며, 서로 가까이 다가서지도 않았다.

이처럼 세심한 주의를 기울였음에도, 전염병이 석탄선들 사이에 퍼지는 것을 효과적으로 막지 못했다. 말하자면, 선원들 중에서도 전염병으로 죽은 사람이 많이 나왔다는 뜻이다. 더욱 불행했던 것은 그 배들이 해안 저 아래 쪽으로, 입스위치(Ipswich)와 야머스, 뉴캐슬-어폰-타인까지 병을 옮겼다는 사실이다. 뉴캐슬과 선더랜드(Sunderland)에서 특히 희생자가 많이 나왔다.

앞에서 말한 바와 같이, 석탄불을 매우 많이 피움에 따라 대단히 많은 석탄을 소비하게 되었다. 선박들이 템스 강으로 올라오는 것이 불순한 날씨 때문이었는지 아니면 전염병 때문이었는지 한두 번 중단됨에 따라, 석탄 가격이 아주 비싸졌다. 1찰드론(chaldron)[49]에 4파운드까지 높아졌다. 그러나 선박들이 다시 오기 시작하면서 석탄 가격은 다시 떨어졌고, 그 후로 배들이 자유롭게 통행함에 따라 석탄 가격은 그 해 내내 합리적인 수준을 유지했다.

전염병을 저지한다는 공적인 목적을 위해 피운 불들이 시가 매주 200찰드론의 석탄을 부담하도록 했음에 분명하다. 불들이 계속 피워

....
49 석탄의 무게를 재는 단위.

졌다면, 석탄 소비가 정말 엄청났을 것이다. 그래도 불이 꼭 필요한 것으로 여겨졌기 때문에 아낄 수 있는 것은 아니었다. 그러나 일부 의사들이 그것이 오히려 해롭다고 주장했기 때문에 불들은 4일 내지 5일 이상은 피울 수 없었다. 따라서 불들을 피우는 문제는 이런 식으로 정리되었다.

세관과 빌링스게이트(Billingsgate)[50], 퀸히스(Queenhithe), 스리 크레인스(Three Cranes), 블랙프라이어스(Blackfriars), 브라이드웰(Bridewell)의 문, 리든홀 스트리트와 그레이스처치 스트리트가 만나는 귀퉁이, 로열 익스체인지(Royal Exchange)[51]의 북쪽 문과 남쪽 문, 길드 홀, 불랙웰 홀의 문, 세인트 헬렌 스트리트에 있는 시장(市長) 사무실의 문, 세인트 폴(St. Paul) 대성당 서쪽 입구, 바우 처치 입구에 각각 불을 하나씩 피웠다. 성문들에도 불이 피워졌는지 기억나지 않지만, 세인트 매그너스 처치(St. Magnus Church) 바로 옆의 런던 브리지 교각에는 불이 하나 있었다.

그 이후로 일부 사람들이 그 실험에 이의를 제기하며 석탄불 때문에 더 많은 사람이 죽었다고 말했지만, 그런 주장을 편 사람들도 증거를 전혀 제시하지 못하긴 마찬가지였다. 그래서 나는 그런 주장도 믿지 못한다.

이 끔찍한 시기에 잉글랜드 안에서 이루어진 거래의 상태에 대해 설명하는 일이 남았다. 특히 런던 안에서 있었던 제조와 거래에 대해 이야기해야 한다. 전염병이 처음 발발했을 때, 쉽게 짐작할 수 있듯이, 사

....
50 영국 템스 강 북쪽에 위치한 런던 최대의 어시장.

51 16세기에 무역상 토머스 그리섬 경이 런던 상업 활동의 중심 역할을 할 건물로 지었다.

람들 사이에 엄청난 놀라움이 나타났다. 이어서 식량이나 생활에 꼭 필요한 것을 제외하곤, 전반적으로 거래가 정지되었다. 죽은 사람들 외에 엄청난 수의 시민이 언제나 아프고 또 아주 많은 사람들이 피난을 떠났기 때문에, 심지어 식량과 생필품의 소비조차도 예전의 2분의 1은 넘어도 3분의 2는 되지 않았다.

그 해는 곡물과 과일은 풍성했으나 건초나 풀은 그렇지 못했다. 이것은 곧 빵의 가격이 쌌다는 것을 의미했다. 곡물이 풍부했으니까. 육류는 건초가 귀한 탓에 쌌지만, 버터와 치즈는 같은 이유로 비쌌으며, 화이트채플 바스 너머의 시장에서 건초가 한 수레에 4파운드 나갔다. 그러나 그것은 가난한 사람에게 영향을 주지 않았다. 사과와 배, 자두, 체리, 포도 같은 과일이 아주 많았으며, 사람들이 부족한 탓에 가격도 쌌다. 그 때문에 가난한 사람들이 과일을 과도하게 많이 먹었으며, 따라서 설사와 복통, 과식에 시달리는 사람이 많이 나왔다. 이런 상태가 가난한 사람들이 전염병에 취약하도록 만들었다.

그러나 여기서 교역 문제를 보도록 하자. 첫째, 외국 수출은 정지되었거나 적어도 지나치게 방해를 많이 받아 크게 어려워졌다. 수출용 제품들의 생산도 당연히 중단되었다. 가끔 외국 무역상들이 물건을 절박하게 필요로 해도 보낼 수가 없었다. 통행 자체가 막혔기 때문에, 영국 배들에겐 이미 말한 바와 같이 무역상들의 항구로 들어가는 것이 허용되지 않았다.

이것이 잉글랜드의 대부분 지역에서 수출용 제품의 제조 중단을 불러왔다. 일부 외항들은 예외였지만, 그곳들마저도 전염병에 감염됨에 따라 곧 중단되었다. 그러나 제조 중단이 잉글랜드 전역에서 느껴졌지만, 그보다 더 나빴던 것은 제조품의 국내 소비를 위한 모든 거래가, 특히 런던 사람들의 손을 거치는 거래가 일시에 중단되었다는 사실이다. 도시의 거래 자체가 중단되었기 때문이다.

모든 종류의 수공예품을 만드는 사람들과 상인, 기계공이 앞에서 말한 대로 일자리를 잃었으며, 이것은 각 분야에 무수히 많은 장인과 노동자들의 해고를 불러왔다. 절대적으로 필요한 물건들을 제외한 다른 분야에서는 할 일이 전혀 없었기 때문이다.

이것이 런던의 독신자들 다수가 생계를 제대로 잇지 못하도록 만들었으며, 가장의 노동에 생계를 의존하던 가족들도 마찬가지였다. 이런 현실이 그런 사람들을 극도로 비참한 삶으로 내몰았다. 나는 영국 각지의 주민들이 병에 걸려 절망에 빠진 사람들 수천 명에게 자선의 손길을 뻗은 것이 런던이라는 도시의 명예이며 앞으로도 이런 문제가 논의되는 한 계속 런던의 명예로 남을 것이라는 점을 인정한다. 그 덕분에 적어도 치안 판사가 파악하고 있던 가난한 사람들 중에서 결핍으로 인해 죽은 예는 한 사람도 나오지 않을 수 있었다.

나라 안에서 제조품의 거래가 침체를 겪음에 따라 많은 사람들이 심각한 곤경에 처했지만, 장인들과 직물 제조업자는 전염병이 가까운 미래에 수그러들 것이라고 기대하면서 가난한 사람들에게 일자리를 주기 위해 능력이 닿는 데까지 제품을 계속 만들었다. 전염병이 지나가면, 그 동안 교역이 중단되었던 만큼 수요가 급격히 늘어날 수 있으니까. 그러나 부유한 장인들이 아니고는 누구도 그렇게 하지 못하고 또 많은 장인들이 가난해서 그럴 능력이 없었기 때문에, 잉글랜드의 제조품 거래는 상당한 타격을 입었으며, 가난한 사람들은 런던의 재앙 때문에 잉글랜드 전역에 걸쳐서 힘든 상황으로 내몰렸다.

이듬해 런던에 일어난 또 다른 끔찍한 재앙이 그들에게 충분히 보상을 해 준 것은 사실이다. 런던은 한 가지 재앙으로 나라 전체를 가난하게 만들고 약하게 만들었지만, 첫 번째 재앙 못지않게 끔찍한 또 다른 재앙으로 나라를 다시 부유하게 만들고 사람들에게 보상해 주었다. 이유는 끔찍한 전염병이 돌았던 그 이듬해에 발생한 런던 대화재 때, 영국 각 지역에서 온 제품과 상품을 보관하고 있던 창고뿐만 아니라 무한히 많은 가정의 집기류와 의류 등이 몽땅 타버렸기 때문이다. 이 재앙이 왕국 전역에 걸쳐 불러일으킨 거래는 가히 믿기지 않을 정도였다. 필요한 것을 채우고, 잃어버린 것을 다시 챙기는 것이 경제 붐을 일으킨 것이다.

한마디로 말해, 잉글랜드의 모든 손이 일제히 작업에 착수했다. 제품을 시장에 공급하며 수요를 충족시키는 데는 몇 년으로도 모자랐다. 전염병으로 야기된 교역 중단으로 인해 모든 외국 시장에서 영국 제품들이 자취를 감춘 상태였다. 공개적인 교역이 다시 허용되기 전까지의 실상이 그랬다. 그래서 국내의 폭발적인 수요가 잦아들던 때, 온갖 종류의 제품이 외국으로 나갈 수 있었다. 그 결과, 전염병과 런던 대화재를 겪고 나서 첫 7년 동안에 잉글랜드 전역에서 한동안 경험하기 어려울 정도로 큰 경제 부흥이 일어나게 되었다.

이제 이 끔찍한 심판이 갖는 은혜로운 부분에 대해 무슨 말인가를 해야 한다. 전염병은 9월 마지막 주에 고비를 넘기고 기세가 누르러지기 시작했다. 나는 친구 히스 박사가 그 전 주에 나를 찾아와서 전염병의 기세가 며칠 안에 누그러질 것이라고 확신한다고 말한 것으로 기억하고 있다. 그러나 그 해를 통틀어 가장 맹렬했던 그 주의 주간 사망 보고서가 모든 질병으로 사망한 사람들의 숫자를 8,297명으로 전하고 있었기 때문에, 나는 그의 의견에 이의를 제기하면서 그렇게 판단하는 근거를 물었다.

그러나 그의 대답은 내가 짐작했던 만큼 논리가 약하지 않았다. "지금 전염병에 감염되어 누워 있는 사람들의 숫자를 기준으로 본다면, 치명성을 2주 전의 수준으로 볼 경우에 지난주의 사망자 수는 8천 명이 아니라 2만 명이 되어야 해. 2주 전엔 전염병에 걸리면 2, 3일 안에 죽었는데 지금은 8일 내지 10일이 되어도 죽지 않아. 또 그때는 회복되는 사람이 5명 중 1명을 넘지 못했는데 지금은 죽는 사람이 5명 중 2명을 넘지 않는 것으로 관찰되고 있어. 잘 지켜 봐. 다음번 주간 사망 보고서의 수치는 줄어 있을 거야. 또 더 많은 사람들이 병에서 회복되는 것을 볼 수 있을 거야. 엄청나게 많은 사람들이 지금 온 곳에서 전염되어 있고 또 그 만큼 많은 사람이 매일 병에 걸리고 있지만, 그럼에도 죽는 사람은 예전만큼 많지 않을 거야. 그건 병의 독성이 떨어졌기 때문이지." 이어 그는 전염이 절정을 넘기며 기세가 한풀 꺾일 것이라고 기대한다고 덧붙였다. 실제로 그의 예상대로 되었으며, 그 다음 주, 그러니까 9월 마지막 주의 사망자는 거의 2,000명이 줄어 있었다.

전염병이 아직 놀랄 만큼 기세를 떨치고 있었던 것은 사실이다. 그리고 그 다음 주 주간 사망 보고서의 숫자도 6,460명이나 되었으며, 또한 주 뒤에도 5,720명이나 되었다. 그러나 나의 친구의 관찰은 정확했으며, 사람들이 이전보다 더 빨리 회복하고 이전보다 더 많은 사람들이 회복하는 것 같았다. 실제로 그렇게 되지 않았다면, 런던이라는 도시의 상태는 어떻게 되었을까? 나의 친구에 따르면, 그 당시에 전염된 사람이 적어도 6만 명은 되었으며, 그 중에서 앞에서 본 바와 같이 2만 477명이 죽고 4만 명 가까운 사람이 회복되었다. 그러나 상황이 그 전과 똑같았다면, 그 숫자 중에서 아마 5만 명이 죽었을 것이고, 5만 명 이상이 병에 걸렸을 것이다. 이유는 한마디로 말해, 모두가 병에 넌더리를 내며 아무도 전염병을 피할 수 없을 것처럼 생각했을 것이기 때문이다.

그러나 나의 친구의 예측은 몇 주 더 지나서 더욱더 분명해졌다. 감소가 계속되었기 때문이다. 10월 그 다음 주엔 1,843명이 줄어 페스트로 인한 사망자는 2,665명에 지나지 않았다. 그 다음 주엔 1,413명이 더 줄었지만, 그럼에도 아픈 사람이 아주 많다는 사실이 분명히 보였다. 많은 사람이 매일 쓰러졌지만, 질병의 독성은 크게 약화되었다.

21.
인간의 경솔

우리 국민의 경솔한 성향이 보인다(이런 성향이 전 세계적으로 나타나는지 여부는 내가 특별히 관심을 둘 일이 아니다). 전염병이 처음 발발하면서 공포심을 안겨주었을 때, 영국 사람들은 서로를 피했으며, 내가 판단하기에 설명되지도 않고 불필요하기도 한 공포를 느끼면서 서로의 집들을 피하고 도시를 버리고 달아났다. 그러다가 지금 전염성이 이전만큼 강하지 않아서 병에 걸리더라도 그렇게 치명적이지 않다는 인식이 퍼지고, 병에 실제로 걸린 사람들이 회복하는 모습을 매일 보면서, 사람들은 터무니없는 용기를 발휘하려 들었고, 자기 자신과 전염에 대해 둔감한 모습을 보였다. 이제 전염병을 일상적인 발열 정도로, 아니 그 징도의 병으로도 보지 않으려 들었다. 사람들은 대담하게도 고름이 흐르는 염증과 종기가 있어 전염 가능성이 있는 사람들과도 함께 어울려 먹고 마셨다. 더 나아가 그런 사람들의 집을 방문하고, 병든 사람이 누워 있는 방에 들어가기도 했다.

이 같은 행동을 나는 합리적이라고 볼 수 없었다. 나의 친구 히스 박사도 페스트가 그 전과 마찬가지로 사람들을 전염시키고 있었고 또 많은 사람들이 페스트에 걸린다는 점을 인정했다. 다만 그는 병에 걸린 사람들 중에서 이전처럼 많이 죽지는 않는다고 주장했다. 그러나 나는 많은 사람들이 죽고 있고, 전염병 자체는 여전히 아주 끔찍하며, 염증과 종기가 매우 고통스럽고, 사망자가 이전만큼 많지 않아도 죽음의 위험은 병이 걸린 상황에서 절대로 배제될 수 없다고 생각했다. 이 모든 것들 외에, 치료가 터무니없을 만큼 어려운 점과 질병 자체의 역겨움을 비롯한 많은 사항들을 고려한다면, 건강한 사람이 병든 사람들과 위험스럽게 섞이는 것은 절대적으로 피해야 할 일임에 틀림없었다.

그 병에 걸리는 것 자체를 끔찍하게 여기도록 만든 것이 한 가지 더 있었다. 외과 의사들이 부기를 터뜨려 고름을 흐르게 하기 위해 거기에 붙이는 부식제의 타는 듯한 고통이었다. 그런 고통이 없다 하더라도, 죽음의 위험은 끝까지 대단히 중요했다. 또 부기의 참을 수 없는 고통은 이전처럼 사람들을 광란하게 만들고 정신착란을 일으키게 만들지 않을지라도 환자를 극도로 괴롭히며 고문했다. 그런 고통에 빠진 사람들은 목숨을 건질지라도 전염의 위험이 없다는 식으로 말한 사람에게 불평을 터뜨리고 자신의 경솔함과 어리석음을 뉘우쳤다.

사람들의 경솔한 행동은 거기서 끝나지 않았다. 경계심을 풀어버린 많은 사람들은 훨씬 더 깊은 고통을 겪었으며, 그 중에서 많은 사람들이 생명을 건졌지만 죽은 사람도 여전히 많았다. 그런 행동은 공공의 불행을 낳기도 했다. 매장 건수의 감소세가 경계심을 풀지 않았을 경우에 비해 느려지도록 만든 것이다.

페스트가 예전만큼 강하지 않다는 인식이 도시 전체에 번개처럼 퍼져나갔고 사람들의 머리가 그런 생각으로 꽉 차 있었기 때문에, 주간 사망 보고서에 큰 감소가 처음 나타난 다음에 나온 두 보고서에는 그런 감소가 나타나지 않았다. 이유는 사람들이 그때까지 지켰던 경계와 주의를 한꺼번에 포기하면서 경솔하게 위험 속으로 달려 들어가려 드는 성향을 보였기 때문이다. 전염병이 결코 자신에게까지 오지는 않을 것이며, 혹시 전염병에 걸린다 하더라도 죽지는 않을 것이라는 생각이 있었던 것이다.

내과 의사들은 사람들의 지각없는 태도에 강력히 반대하면서 지침을 적은 인쇄물을 시와 교외의 전역에 뿌렸다. 내용은 페스트의 기세가 약해지고 있음에도 불구하고 사람들과의 사이에 거리두기를 계속하고, 평상시에 행동에 최대한 주의를 기울여 달라는 것이었다. 그러면서 내과 의사들은 도시 전체에 전염병의 재발을 초래할 수 있다고, 또 그런 재발이 일어나는 경우에 첫 번째 발발 때보다 훨씬 더 위험하고 치명적이라는 식으로 겁을 주었다. 이를 설명하고 증명하기 위해 많은 이유와 근거를 제시했지만, 그 이유와 근거는 여기에 다 소개할 수 없을 만큼 많았다.

그러나 그 모든 노력도 허사였다. 대담한 인간들은 주간 사망 보고서에서 사망자 숫자가 크게 준 것을 보는 데서 느끼는 만족과 오랜만에 경험하는 기쁨에 너무나 깊이 빠져 있었기 때문에 새로운 공포는 그들의 머릿속을 뚫고 들어갈 수 없었다. 그런 인간들은 전문가들의 위협에 넘어가지 않았으며, 그들에게 이제 죽음의 쓰라림은 과거의 일이었다. 그들에게 합리적으로 설명하는 것은 바람에 대고 속삭이는 것과 마찬가지로 전혀 아무런 소용이 없었다. 사람들은 가게를 열고, 거리를 쏘다니고, 장사를 하고, 용건과 상관없이 상대방의 건강 상태에 대해 걱정하지 않은 채 마주치는 사람 아무하고나 대화하려고 나섰다. 심지어 건강한 상태가 아니라는 것을 뻔히 알고 있는 사람과도 말을 섞었다.

이처럼 무분별하고 경솔한 행동 때문에, 전염병이 창궐할 때 최대한 조심하면서 스스로를 격리시키고 모든 인간들로부터 거리를 둠으로써 신의 보호 아래에서 그 어려운 시기에 목숨을 안전하게 지킬 수 있었던 사람이 많이 희생되었다.

사람들의 어리석은 행동은 정말 심했다. 그래서 목사들까지도 마침내 그 같은 사실을 알아차리고는 신도들에게 그런 행동의 어리석음과 위험성을 경고했다. 목사들의 설교가 사람들의 행동을 어느 정도 저지했으며, 따라서 사람들은 조금 더 신중해졌다. 그러나 그것은 저지하지 못하는 또 다른 효과를 낳았다. 최초의 소문이 도시만 아니라 시골 전체로 퍼졌기 때문에 그런 효과가 나타나지 않을 수 없었다. 사람들은 너무나 오랫동안 런던을 떠나 있었던 터라 시골 생활에 지친 나머지 런던으로 돌아가고 싶은 마음이 간절한 상태였다. 그러던 차에 전염병이 약화되었다는 소문이 들리자마자 사람들은 두려움에 대해선 생각도 않고 도시로 몰려들어 위험이 모두 사라진 것처럼 거리에 모습을 드러냈다.

그런 모습을 보는 것은 정말로 무서웠다. 왜냐하면 그때도 여전히 1주일에 1,000명 내지 1,800명이 죽어나가고 있었는데도 사람들이 마치 모든 것이 정상으로 돌아온 것처럼 도시로 쏟아져 들어왔기 때문이다.

그 결과, 주간 사망 보고서의 숫자가 11월 첫 주에 다시 400명 증가했으며, 또 내과 의사들의 말을 믿는다면, 그 주에 3,000명 이상이 페스트에 걸렸으며 이들 중 대부분은 새로 도시로 들어온 사람들이었다.

세인트 마틴스-르-그랑(St. Martin's-le-Grand)의 존 콕이라는 이발사가 이를 보여주는 놀라운 예였다. 말하자면, 전염병이 누그러질 때 성급하게 돌아온 사람이었다는 뜻이다. 존 콕은 많은 사람들처럼 집을 걸어잠그고 가족 모두를 데리고 도시를 떠나 시골로 들어갔다. 그러다가 전염병이 11월 들어 누그러지면서 첫 주에 모든 질병으로 죽은 사망자의 숫자가 905명에 지나지 않는 것으로 나타나자, 그는 감히 집으로 돌아가려 들었다. 그의 식구는 그와 아내, 다섯 아이, 도제 2명, 하녀 1명 등 모두 10명이었다. 그는 1주일 이상 집에 들어가지 않은 채 가게를 열고 일을 했는데도 전염병이 그의 가족을 덮쳤다. 5일 안에 그들은 한 사람만 빼고 다 죽었다. 그와 그의 아내, 다섯 아이들, 도제 2명이 죽고, 하녀만 살아남은 것이다.

그러나 나머지 사람들에게 신의 자비는 우리가 기대할 수 있었던 것보다 훨씬 더 컸다. 전염병의 악성이 약해지고, 전염력도 떨어지고, 겨울도 빨리 다가오고, 공기도 깨끗해지고, 살을 에는 서리도 내렸기 때문이다. 그런 가운데 전염병에 걸렸던 사람들의 대부분은 회복하고, 도시의 건강도 돌아오기 시작했다. 그러던 중에 12월인데도 전염병이 다시 돌아올 기미를 보였으며, 주간 사망 보고서의 숫자도 거의 100명 가량 늘어났다.

그러나 전염병은 다시 사라져갔으며, 그래서 짧은 시간 안에 일들이 원래의 자리로 돌아가기 시작했다. 도시가 갑자기 다시 사람들로 넘치는 것을 보는 것이 얼마나 멋진 일이었는지 모른다. 그래서 이방인은 그 사이에 사라진 사람들이 많다는 것을 알아챌 수 없었다. 주거지에 거주자가 없다는 느낌도 들지 않았다. 눈에 띄는 빈집은 거의 없거나 전혀 없었으며, 빈집이 일부 있었더라도 거주자가 부족해서 그런 것은 아니었다.

도시가 새로운 얼굴을 갖게 되었듯이, 사람들의 태도도 새로워졌다는 식으로 말할 수 있었으면 얼마나 좋겠는가. 자신이 구원을 받았다는 감정을 진정으로 느끼면서, 그렇게 위험한 시기에 자신을 보호해준 신의 손에 뜨겁게 감사하는 사람들이 아마 많았을 것이다. 하기야 전염병이 도는 시기에도 런던처럼 인구 밀도가 높은 도시에 그대로 남아 있을 만큼 독실한 사람들이 그와 달리 판단하는 것은 매우 무자비한 처사일 것이다. 그러나 이런 감사의 감정은 특별한 가족들과 얼굴들에서 발견될 뿐이며, 사람들의 전반적인 행실은 이전과 똑같거나 거의 똑같아서 차이가 보이지 않는다는 점을 인정하지 않을 수 없다.

일부 사람들은 상황이 더 나빠졌다고 말했다. 전염병이 돌던 기간에 사람들의 도덕이 퇴보했고, 사람들이 폭풍을 이겨낸 뒤의 선원들처럼 그간의 위험에 의해 무감각해졌으며, 보다 사악하고 보다 어리석어졌고, 악과 비도덕적인 측면에서 이전보다 더 대담해졌다는 것이다. 그러나 나는 이 문제를 더 이상 논하지 않을 것이다. 이 도시의 모든 것이 다시 원래의 경로로 복구되어 예전 방식대로 돌아가면서 거쳤던 점진적 과정을 구체적으로 파악하기 위해선 결코 짧지 않은 역사가 필요하기 때문이다.

이젠 잉글랜드의 다른 지역들이 이전의 런던만큼 심하게 전염되었다. 노리치(Norwich)와 피터버러(Peterborough), 링컨, 콜체스터 등의 도시가 전염병에 감염되었으며, 런던의 치안 판사들은 이 도시들과의 교류에 관한 규칙을 마련하기 시작했다. 런던 사람들이 뻔뻔스럽게도 그곳 사람들이 런던으로 오는 것을 금지시킬 수 없었던 것은 사실이다. 그 도시 사람들만을 가려내는 것이 불가능했으니까. 그래서 고심한 끝에 시장과 행정 장관 회의는 그런 규칙을 포기하지 않을 수 없었다. 그들이 할 수 있는 일이라곤 사람들에게 전염된 곳에서 온 것이 확실한 사람들을 집으로 끌어들이거나 그런 사람들과 대화하지 말라고 경고하는 것뿐이었다.

그러나 그들의 경고는 허공에 대고 하는 것이나 마찬가지였다. 온갖 충고에도 불구하고 런던 주민들이 스스로 전염병으로부터 자유롭다고 생각하고 있었기 때문이다. 런던 주민들은 공기가 다시 깨끗해졌고, 공기는 마치 천연두를 앓은 사람처럼 다시는 전염되지 않는다는 식으로 믿는 것 같았다. 이것이 전염병은 모두 공중에 있고, 병에 걸린 사람으로부터 건강한 사람에게로 옮는 감염 같은 것은 없다는 인식을 다시 살려냈다.

이 같은 인식이 사람들 사이에 너무나 강했기 때문에, 사람들은 병에 걸린 사람과 건강한 사람을 가리지 않고 무분별하게 서로 어울렸다. 예정설을 신봉하면서 전염을 무서워하지 않고 자신을 세상에 맡겨 버리는 이슬람교도도 런던 시민들보다 더 완강하지 않았을 것이다. 완벽하게 건강한 사람들조차도 건강한 공기에서 빠져나와서 도시로 들어갔으며, 거기서 병에서 아직 회복되지 않은 사람들과 집과 방, 심지어 침대를 같이 쓰기도 했다.

정말이지, 일부 사람들은 무모한 대담성 때문에 목숨을 대가로 내놓았다. 무수히 많은 사람들이 병에 걸렸고, 의사들의 일은 어느 때보다 더 많아졌다. 환자들 중에서 회복되는 사람이 더 많았다는 차이밖에 없었다. 말하자면, 환자들이 대부분 회복되었다는 뜻이다. 그러나 병에 걸리는 사람은 확실히 더 많아졌다. 그 전 같으면 죽는 사람이 5,000명 내지 6,000명은 나왔겠지만 지금은 1,000명 내지 1,100명에 지나지 않았다. 그러자 사람들은 건강이 위협 받고 전염이 걱정되는 상황에서도 그런 것을 완전히 무시했으며, 전문가들의 조언에 좀처럼 귀를 기울이지 않았다.

사람들이 대체로 이런 식으로 다시 옛날로 돌아갔기 때문에, 친구들의 안부를 묻다가 일부 가족들이 흔적조차 남기지 않고 완전히 사라져 버렸다는 사실을 확인하는 것이 그들에게는 참으로 이상하게 다가왔다. 혹시 친구들이 무엇인가를 남겼다 하더라도, 그것을 갖고 있는 사람을 발견하는 것은 불가능했을 것이다. 이유는 그런 것들이 대체로 절도의 대상이 되었기 때문이다. 어떤 것은 이런 식으로 사라지고, 또 어떤 것은 저런 식으로 사라진 것이다.

주인 없는 개인 재산은 왕국 전체의 보편적인 상속자로서 국왕에게 돌아간 것으로 알려졌다. 국왕이 그런 것들을 모두 봉납물(deodand)[52]로서 런던 시장과 행정 장관 회의에 하사했고, 그런 것들이 당시에 아

....
52 사람이 죽는 직접적 원인이 되었던 물품이나 동물을 몰수하여 자선용으로 제공하는 것을 말한다.

주 많았던 빈민들을 위해 쓰였다는 말이 있었는데, 나는 이 말이 부분적으로 진실일 것이라고 짐작한다. 왜냐하면 절망에 빠져 구제 대상이 된 사람들의 숫자가 전염병이 끝난 뒤보다 전염병이 창궐할 때에 훨씬 더 많았음에도 불구하고, 지금 일반 사람들이 내놓던 구호금 물줄기가 모두 막혔기 때문에 가난한 자들의 절망이 그때보다 지금이 훨씬 더 크다는 사실이 관찰되었기 때문이다. 사람들은 중요한 사건이 끝났다고 짐작하면서 구호의 손길을 거둬들인 반면에, 구호의 손길을 필요로 하는 사람들은 여전히 눈물겨운 상태에서 지내고 있었으며, 가난한 자들의 절망은 정말 깊었다.

도시의 건강은 지금 상당히 회복되었지만, 그럼에도 외국 무역은 시작할 기미를 보이지 않았다. 외국인들이 영국 선박을 꽤 오랫동안 자국 항구로 들어오는 것을 허용하지 않을 것이다. 네덜란드에 대해 말하자면, 우리 왕실과 네덜란드 왕실 사이의 오해로 인해 두 나라 사이에 전 해에 전쟁이 일어났기 때문에 그쪽으로의 교역은 완전히 중단되었다. 그러나 스페인과 포르투갈, 이탈리아, 바르바리(Barbary)[53], 그리고 발틱 해의 모든 항구는 상당한 기간 동안 우리를 피했을 것이고 몇 개월 동안 교역을 재개하지 않았을 것이다.

내가 관찰한 바와 같이, 전염병이 너무나 많은 사람들을 희생시켰기 때문에, 성 밖의 교구들 전부는 아니라도 많은 교구들이 내가 언급한 번힐 필즈의 매장지 외에 새로운 매장지를 만들 수밖에 없었으며, 이 매장지들 중 일부는 지금도 이용되고 있다. 그러나 다른 매장지들은 중단되어 다른 용도로 바뀌거나 훗날 건물이 지어졌다. 그래서 매

....
53 이집트 서부에서 대서양에 이르는 지역을 포함하는 아프리카 북부 지역을 일컫는다.

장된 시신들은 다시 파내어져 난폭하게 다뤄졌으며, 일부 시신들은 살점이 뼈에 붙은 채 썩기도 전에 거름이나 쓰레기처럼 다른 곳으로 옮겨졌다. 내가 관찰할 수 있었던 범위 안에서 보면, 매장지는 이런 운명을 겪었다.

1) 마운트 밀(Mount Mill) 근처의 고스웰 스트리트 너머의 땅 한쪽에 매장지를 조성했다. 거기에 올더스게이트와 클라큰웰 교구들에서 온 희생자들 외에 도시 밖에서 온 희생자들까지 많이 묻혔다. 도시의 옛 성벽의 잔해가 남아 있는 이곳은 그 후에 약초 재배원이 되었다가 훗날 건물이 지어졌다.

2) 쇼어디치 교구에 위치한 할러웨이 레인(Holloway Lane) 끝 지점에, 당시에 블랙 디치(Black Ditch)라고 불렸던 곳 너머의 땅에 매장지가 마련되었다. 그 이후로 그곳은 돼지를 기르거나 다른 일상적인 용도로 쓰였으나 매장지로서는 이용되지 않고 있다.

3) 당시 푸른 들판이었던, 비숍스게이트 스트리트의 핸드 앨리(Hand Alley) 위쪽 끝부분이 비숍스게이트 교구의 매장지로 쓰였다. 물론 시에서도 시체 수레가 많이 왔다. 특히 세인트 올헐로우스-온-더-월(St Allhallows-on-the-Wall) 교구에서 많이 왔다. 이 장소를 언급할 때마다 나는 깊은 슬픔을 느끼지 않을 수 없다. 내가 기억하기로, 로버트 클레이튼(Robert Clayton) 경[54]이 그 땅을 소유하게 된 것이 아마 페스트 전염이 끝나고 2, 3년 후의 일이었던 것 같다. 어느 정도 진실인지는 모르지만, 이런 이야기가

....
54　영국의 은행가이자 정치가이며 런던 시장을 지냈다(1629-1707).

있었다. 그 땅에 대한 소유를 주장할 수 있는 사람들이 모두 페스트에 희생된 탓에, 그것이 국왕에게 주어졌고, 로버트 클레이튼 경이 찰스(Charles) 2세 왕으로부터 그 땅을 양도받았다고 한다. 그가 어떤 식으로 얻게 되었든, 그 땅엔 그의 지시로 건물이 지어진 것이 분명했다. 그 위에 가장 먼저 세워진 건물은 지금도 그대로 서 있는 크고 멋진 집이었다. 이 건물은 핸드 앨리(Hand Alley)를 마주하고 있는데, 이 길은 앨리라는 이름을 달고 있지만 스트리트만큼 넓었다. 북쪽으로 이 집과 함께 쭉 늘어선 집들은 가난한 사람들이 묻힌 땅 위에 지어졌으며, 거기 묻힌 시신들은 기초공사를 할 때 다 파내졌다. 시신들 일부는 아직 썩지 않은 상태로 있었으며, 여자들의 해골은 긴 머리로 인해 뚜렷이 구별되었고 살점이 꽤 많이 남아 있었다. 그래서 사람들이 그 공사에 강력히 항의하고 나섰으며, 몇몇 사람들은 그것이 전염의 재발을 부를 수 있다고 우려했다. 그 직후 거기서 나온 뼈와 시신들은 같은 지역에 깊이 판 다른 구덩이로 신속히 옮겨 한꺼번에 묻었다. 그래서 지금은 집이 무덤 위에 지어지지 않은 것으로 알려져 있으며, 거기서 나온 시신들을 옮겨 묻은 깊은 구덩이는 로즈 앨리(Rose Alley)의 위쪽 끝부분에, 그러니까 그곳에서 몇 년 동안 짓고 있던 예배당 문을 등지고 서 있는 또 다른 집까지 연결되는 통로가 되어 있다. 시신들이 묻힌 곳은 사각형으로 표시되어 통로의 나머지와 분리되어 있다. 바로 거기에, 그 해 한 해 동안 시체 수레에 실려 무덤으로 실려나간, 2,000명 가까운 사람들의 유골이 묻혀 있다.

4) 이 외에, 무어필즈(Moorfields)에도 그런 무덤이 있었다. 이 매장지는 전염병에 희생된 사람들만을 위한 것은 아니지만 지금 올드 베슬럼(Old Bethlem)으로 불리는 거리까지 크게 확장되었다. (참고로, 이 저널의 저자는 그의 소망에 따라 바로 이 매장지에 묻혔다. 그의 여자 형제가 몇 년 앞서 거기에 묻혔기 때문이다.)

5) 런던 동쪽에서 북쪽으로, 더 멀리 쇼어디치 처치야드(교회 부속 묘지)까지 이르는 스테프니 교구도 교구 내의 죽은 사람들을 묻기 위해 이 교회 묘지 가까운 곳에 매장지를 만들었다. 이 매장지는 전염병 희생자들을 묻을 목적으로 만들어졌으며, 후에 그 교회 묘지와 합쳐진 것으로 나는 짐작하고 있다. 스테프니 교구는 스피틀필즈에 매장지를 두 곳 더 두었다. 한 매장지에는 이후에 넓은 교구의 주민들을 위해 예배당이 지어졌으며, 다른 한 매장지는 페티코트 레인에 있었다.

그때 스테프니 교구가 이용한 매장지는 5곳이나 더 있었다. 지금 섀드웰의 세인트 폴 교구 교회가 서 있는 곳에 한 곳이 있었고, 지금 와핑의 세인트 존 교구 교회가 서 있는 곳에 한 곳이 있었다. 이 두 곳은 당시에 교구 이름을 달고 있지 않았지만 스테프니 교구에 속했다.

이것들 외에도 매장지를 많이 열거할 수 있지만, 나의 기억에 뚜렷이 남은 이 매장지들을 기록으로 남기는 것이 유익할 것으로 생각된다. 전체적으로 보면, 그처럼 절망적인 시기에 외곽 교구 대부분이 짧은 시간 안에 죽은 그 많은 사람들을 묻기 위해 새로운 매장지가 필요했던 것 같다. 그러나 거기에 묻힌 시신들이 그대로 평온하게 잠들 수 있도록 그 장소가 다른 일반적인 용도로 쓰이지 않게 신경을 쓰지 않은 이유는 무엇인가? 나는 이 질문에 답을 제시할 수 없으며, 그것이 잘못되었다고 고백해야 한다. 누구를 탓해야 할지 모르겠다.

그 당시에 퀘이커 교도들도 자신들만 쓸 매장지를 별도로 두고 있었으며 그곳이 지금도 여전히 이용되고 있다는 점이 언급되어야 한다. 퀘이커 교도들은 또 죽은 교도들을 집에서 싣고 오는 데 특별한 시체 수레를 이용했다. 앞에서 언급한 것처럼, 전염병을 하느님의 심판으로 예견했던 그 유명한 솔로몬 이글은 사람들에게 죄를 처벌하기 위해 전염병이 닥쳤다고 외치면서 벌거벗은 채 거리를 돌아다녔다. 그의 아내는 다음 날 페스트로 죽어 퀘이커 교도들의 시체 수레에 가장 먼저 실려 새로운 매장지로 옮겨졌다.

나는 전염병이 돌았던 해에 관한 설명을 그 시기에 일어났던 보다 주목할 만한 일들로, 특히 시장과 당시에 옥스퍼드에 있던 왕실 사이에 있었던 일들과, 정부가 이런 결정적인 사태와 관련해서 내린 지침 등으로 가득 채울 수도 있었을 것이다. 그러나 정말로 왕실은 아주 조금만 신경을 썼을 뿐이며, 그 조금마저도 너무나 하찮기 때문에 나는 여기서 그것에 대해 언급할 필요성을 느끼지 못한다. 옥스퍼드에서 매월 금식일을 정하고, 가난한 사람들의 구호에 왕실 자선기금을 보내는 일 외에 다른 것은 없었으며, 이에 대해서는 앞에서 이미 언급한 바가 있다.

전염병이 퍼지는 동안에 환자들을 버리고 떠났던 의사들에 대한 비난이 아주 거셌으며, 그들은 지금 다시 도시로 돌아왔지만 아무도 그들을 고용하려 하지 않았다. 그들은 배신자라 불렸으며, 그들의 집 대문에는 '의사 자리 구함'이라는 전단이 자주 내걸렸다. 그런 의사들은 부득이하게 오랫동안 실직 상태로 지내거나 주거지를 다른 곳으로 옮겨 새로운 사람들을 상대로 일을 시작해야 했다.

다른 지역으로 피난한 목사도 마찬가지였다. 사람들은 그런 목사들을 창피해하면서 글로 괴롭히고 교회 문에 "설교단 임대"라는 전단을 붙이거나 심한 경우엔 "설교단 매각"이라는 전단을 붙였다.

전염이 끝났을 때, 예전에 국민의 평화를 깨뜨렸던 갈등과 투쟁, 중상과 비난의 정신까지 전염과 함께 종식되지 않은 것은 큰 불행이었다. 그런 정신이야말로 얼마 전에도 우리 모두를 유혈과 무질서에 빠뜨렸던 뿌리 깊은 증오의 잔재로 여겨지지 않는가. 그러나 최근의 '면책법'(Act of Indemnity)[55]이 갈등 자체를 잠재웠듯이, 정부는 전 국민에게 어떤 경우든 가족과 개인적 평화를 도모할 것을 권고했다.

그러나 그 같은 결과는 결코 나타나지 않았다. 런던에 역병이 돌 때, 사람들이 처했던 처절한 상황을 목격한 사람들은 서로를 위로하면서 미래에는 자비를 더 많이 베풀고 타인을 더 이상 비난하지 않겠다고 맹세했음에도 그 모든 것이 또다시 말뿐이었던 것으로 드러났다. 다시 말해, 당시에 처참한 사람들의 처지를 목격한 사람은 누구나 인간들이 마침내 다른 정신으로 서로 마음을 합칠 수 있을 것 같다는 생각을 품었다는 뜻이다. 그러나 그 같은 소망은 이뤄지지 않았다. 갈등은 그대로 남아 있었다. 국교회와 장로교는 서로 양립할 수 없었다. 전염병이 사라지자마자, 현직 목사들이 피난하며 버리고 간 설교단에 섰던 비

....
55 1660년에 제정된 법으로, 내전 기간에 일어난 범죄 중에서 살인, 약탈, 강간 등 특정 범죄를 제외한 죄를 범한 모든 사람들에게 사면을 내린다는 내용이다.

국교회 목사들이 자리에서 물러났다. 비국교회 목사들은 국교회 사람들이 자신들에게 달려들면서 그들의 형법으로 자신들을 괴롭히고 학대할 것이라고 예상할 수밖에 없었다. 국교회 신자들은 자신들이 병에 걸렸을 때는 비국교회 목사들을 받아들여놓고는 병에서 회복되자마자 다시 괴롭히고 학대하고 나선 것이나 마찬가지다. 이 같은 태도에 대해 국교회 신자인 우리도 너무 가혹하다고 생각했으며, 국교회의 그 같은 조치를 결코 인정할 수 없었다.

그러나 그것은 정부였으며, 우리는 정부를 저지할 말은 한마디도 할 수 없었다. 우리는 단지 그것이 우리가 한 짓이 아니라고만 말할 수 있을 뿐이다. 우리는 그 문제에 대해 대답할 수 없었다.

한편, 비국교회 목사들은 국교회 목사들을 향해 사람들이 위로를 절실히 필요로 하는 때에 위험에 처한 사람들을 포기하고 직분을 버렸다는 식으로 비난했다. 이 같은 비난에 대해서도 우리는 결코 동의할 수 없었다. 이유는 인간이 모두 똑같은 믿음과 용기를 갖고 있는 것은 아니며, 성경도 우리에게 사랑에 따라 최대한 호의적으로 판단하라고 명령하고 있기 때문이다.

전염병은 무시무시한 적이며 어느 누구도 버티지 못하는 그런 무시무시한 공포로 무장하고 있다. 전염병이 퍼지는 상황에서 목숨을 지키기 위해 다른 곳으로 피신한 목사들이 많았던 것도 사실이다. 그러나 아주 많은 목사들이 그 자리에 그대로 남아 있었으며, 그들 중 많은 사람들이 임무를 수행하다가 재앙에 희생된 것도 사실이다.

비국교회 목사들 중 일부가 전염병이 유행하는 현장에 남았고, 그들의 용기는 높이 살만 했던 것도 사실이지만, 그런 비국교회 목사들이 아주 많았던 것은 아니다. 비국교회 목사들 모두가 남았고 시골로 피난한 사람은 한 사람도 없었다고 말할 수는 없다. 마찬가지로 국교회 목사들이 모두 시골로 피난했다고도 말하지 못한다. 또 피난 간 목사들이 전부 부목사를 비롯해 자신을 대신할 사람들을 정해놓지 않고 간 것도 아니었다. 사무실 일을 볼 사람과 병든 사람을 방문할 사람들을 정해놓았던 것이다.

대체로 보면 국교회 목사나 비국교회 목사나 똑같이 사랑을 실천했으며, 우리는 1665년의 페스트 창궐과 같은 시기가 역사에 없었다는 점을, 그리고 그런 상황에서 언제나 인간을 지탱하는 것이 대담한 용기가 아니라는 점을 고려해야 한다. 나는 이런 식으로 말하지 않고, 대신에 절망의 시대에 가난한 사람들을 돕기 위해 목숨을 걸었던 양측의 용기와 종교적 열정을 기록하는 쪽을 택했다. 양측에서 자신의 의무를 다하지 않은 목사들이 있었다는 생각은 나에게 없다.

그러나 우리들의 성품이 탁월하지 않은 탓에, 우리에겐 필요한 것과 정반대 방향으로 생각하는 경향이 두드러졌다. 말하자면, 페스트가 창궐하는 현장에 남았던 사람들은 자기 자신을 지나치게 자랑할 뿐만 아니라 피난 간 사람들에게 겁쟁이라는 낙인을 찍고, 돈만 아는 인간이라고 비난하며, 그들을 싸잡아 무시했던 것이다.

나는 모든 선한 사람들에게 그 시기의 공포를 되돌아보면서 적절히 반추할 것을 권한다. 그렇게 하는 사람은 누구나 보통 사람의 힘으로는 그 공포를 버텨낼 수 없었다는 점을 확인할 것이다. 그것은 전투에서 군대의 맨 앞에 서는 것이나 기병대를 향해 돌격하는 것과 같지 않으며, 그것은 비틀거리는 말을 타고 죽음 자체를 향해 돌진하는 것과 비슷했다.

거기에 머무는 것은 정말로 죽는 것이나 다름없었다. 특히 8월 말과 9월 초에 일어난 일들은 정말 그랬다. 그러자 그때까지 도시에 남아 있던 많은 사람들이 도시 밖으로 빠져나갔다. 그 시기에 실제로 병에 걸린 사람이 너무나 많았기 때문에, 아무도 전염병이 그렇게 갑자기 기세를 누그러뜨리면서 희생자 수가 1주일에 2,000명 선으로 뚝 떨어질 것이라고 예상하지 못했던 것이다.

게다가, 만약 신이 일부 사람들에게 다른 사람들에 비해 더 많은 강점을 부여했다면, 그 같은 혜택을 누리는 사람들이 그런 재능과 지지를 누리지 못한 사람들을 꾸짖고 나서야 하는 것인가? 다른 형제들보다 더 유능한 존재로 태어난 사람은 그 같은 사실에 감사하고 겸손해야 하는 것이 아닌가?

나는 목사들뿐만 아니라 내과 의사들과 외과 의사들, 약제사들, 치안 판사들, 그리고 모든 관리들을, 목숨을 걸고 의무를 수행했던 훌륭한 사람으로, 마지막 순간까지 현장에 남아 최선을 다한 사람으로 높이 평가함으로써 그들의 명예를 기려야 한다. 이런 부류의 사람들 중에서 몇 명은 생명을 무릅썼을 뿐만 아니라 슬프게도 실제로 목숨을 잃었다.

나는 그런 부류의 사람들 전부를, 말하자면 자신의 의무를 수행하는 중에 죽어간 모든 전문가들과 공무원들을 목록으로 만들고 있었지만, 사인(私人)이 그런 작업에서 세부적인 사항을 정확히 파악하는 것은 불가능한 일이었다. 나는 다만 9월 초 이전에 도시와 리버티 안에서만 목사 16명과 행정 장관 2명, 내과 의사 5명, 외과 의사 13명이 사망했다는 것을 기억하고 있다. 그러나 이 사태가 전에 말한 바와 같이 페스트가 창궐한 중대한 위기였기 때문에, 완벽한 명단은 절대로 될 수 없다. 하급 공무원에 대해 말하자면, 스테프니 교구와 화이트채플 교구에서만 순경과 하급 관리들이 46명 죽은 것으로 알고 있다.

그러나 나는 그 명단을 이보다 더 상세하게 제시하지 못한다. 이유는 전염병이 9월에 맹위를 떨치면서 어떠한 통계도 불가능하게 만들어 버렸기 때문이다. 당시에 사람들은 더 이상 숫자를 헤아릴 수 있는 속도로 죽지 않았다. 당시의 주간 사망 보고서는 대략적일 수밖에 없었다. 짐작으로 7,000명 내지 8,000명이라는 식으로, 아니 원하는 대로 불렀을 수도 있다. 그러나 사람들이 무더기로 죽었고, 무더기로, 그러니까 헤아리지 않고 묻혔던 것만은 확실했다.

나보다 그 일에 더 밝은 사람들의 말을 믿는다면, 9월의 첫 세 주 동안에는 매주 2만 명 가까운 사람이 묻혔다. 그러나 이 계산이 확실하다고 단언하는 사람들이 있음에도, 나는 공식적인 계산을 고수하는 쪽을 택한다. 1주일에 7,000명 내지 8,000명이라는 사망자 수도 내가 그 시기의 공포에 대해 말한 내용을 충분히 뒷받침하기 때문이다. 모든 것이 적절한 범위 밖이 아니라 적절한 범위 안에서 알맞게 기록되고 있다고 말하는 것이 이 글을 읽는 독자들에게만 아니라 글을 쓰고 있는 나에게도 훨씬 더 편하게 다가온다.

이런 모든 설명을 근거로, 전염병의 공격으로부터 벗어났을 때, 과거의 행동을 기억하는 우리의 행동이 사랑과 친절을 더 많이 보일 것으로 기대되었다. 말하자면, 전염병이 퍼지던 곳에 그대로 머물렀던 사람들이 피난 간 사람들에게 손가락질을 하며 모두 신의 손으로부터 달아난 겁쟁이라고 생각하면서 자신을 자랑스럽게 여기는 일은 없을 것으로 기대되었다는 뜻이다. 또는 전염병이 창궐하는 자리에 그대로 있었던 사람들이 자신의 용기가 가끔 무지 때문이고 창조주의 손을 경멸한 때문이라는 것을 알 것으로 여겨졌다는 뜻이다.

순경과 경리(警吏), 시장과 사법 장관들을 돕는 직원 같은 공무원들, 그리고 가난한 사람들을 보호하는 일을 맡은 교구 관리들도 어느 누구보다 더 큰 용기로 의무를 전반적으로 잘 수행했다는 점을 기록으로 남겨야 한다. 그들에게 더욱 큰 용기가 필요했던 것은 그들의 일 자체가 더 많은 위험이 따랐고, 전염에 가장 취약한 가난한 사람들을 가까이해야 했기 때문이다. 거기에다가 그들 중 많은 사람들이 죽었다는 사실을 덧붙여야 한다. 큰 위험이 수반되는 일을 하던 그들이 많이 죽은 것은 어쩌면 피할 수 없는 운명이었다.

여기서 나는 우리가 이 끔찍한 상황에서 일상적으로 사용한 약이나 의술에 대해서는 한마디도 하지 않았다. 나처럼 밖으로 나가서 거리를 다닐 때 쓰던 비법 같은 것 말이다. 그 중 많은 것은 책과 돌팔이 의사들의 광고 전단에 쓰여 있었으며, 이에 대해서는 이미 충분히 말한 바 있다. 그러나 내과 의사 협회(College of Physician)가 의사들이 치료 과정에서 얻은 정보를 바탕으로 매일 몇 가지 조제약을 공개하고 있었으며, 그 내용은 인쇄물로 발표되었기 때문에 여기서는 반복을 피할 것이다.

여기서 쓰지 않고 넘어갈 수 없는 일이 한 가지 있다. 그런 돌팔이 중 한 사람에게 닥친 운명이다. 그는 페스트를 막을 수 있는 아주 우수한 방부제를 갖고 있다고 공언한 사람이었다. 그걸 갖고 있는 사람은 페스트에 절대로 걸리지 않는다는 것이었다. 충분히 짐작할 수 있듯이, 이 사람은 방부제를 주머니에 넣지 않고 외출하는 경우가 절대로 없었음에도 페스트에 걸렸으며 그로부터 2, 3일 안에 시체 수레에 실려 나갔다.

나는 약제를 혐오하거나 무시하는 사람은 아니다. 반대로, 나는 나의 특별한 친구 히스 박사가 지시하는 내용에 대한 존경을 종종 언급했다. 그럼에도 나는 역겨운 냄새가 나는 것을 만나게 되거나 매장지 또는 시신에 가까이 갈 때 강렬한 냄새를 풍기는 조제품을 소지하는 것 외에 다른 방법은 거의 또는 전혀 이용하지 않았다는 점을 인정해야 한다.

나는 다른 사람들이 한다는 처방도 하지 않았다. 정신을 강장제와 포도주 같은 것으로 언제나 따뜻하고 기분 좋게 유지한다는 사람도 있었지만 나의 관심을 끌지 못했다. 유식한 어느 내과 의사는 그런 방법을 너무나 자주 이용하다가 그만 전염병이 사라진 뒤로도 평생 고주망태로 살게 되었다.

나는 의사 친구가 전염에 확실히 좋고 유익한 약물들과 제제(製劑)들이 있다고 말한 것을 기억하고 있다. 그 약물들과 제제들을 갖고 내과 의사들은 무한히 다양한 약품들을 만들었다. 종을 연주하는 사람이 6개의 종을 갖고 소리와 순서를 바꿈으로써 수백 가지 음악을 만들어 내는 것과 다를 바가 없었다.

그 제제들은 당연히 아주 좋을 것이다. 나의 의사 친구는 이렇게 말했다. "그래서 나는 현재의 재앙에 엄청나게 많은 수의 약품이 제시되고 있어도 전혀 이상하게 생각하지 않아. 거의 모든 내과 의사가 자신만의 약을 처방하거나 준비하고 있어. 그 사람 본인의 판단이나 경험에 따라 달라진다는 뜻이지. 그렇지만 런던에 있는 모든 내과 의사의 처방을 다 검사해 보면 그것들이 모두 똑같은 물질로 이뤄져 있다는 사실이 확인될 거야. 의사의 특별한 상상에 따라 약품의 성분이 조금씩 다를 뿐이야. 누구나 자신의 체질과 생활 방식, 전염되는 상황 등을 바탕으로 평범한 약물들과 제제들 중에서 골라서 약품을 만들 수 있어. 그런 식으로 어떤 사람은 이것이 최고라고 주장하고, 또 어떤 사람은 저것이 최고라고 주장해. 어떤 사람은 항(抗)페스트 알약이라 불리는 것이 최고의 약이라고 말하고, 다른 사람들은 베네치아 당밀(糖蜜)이 전염에 저항하는 데 최고라고 생각하고 있어. 나는 두 가지 다 효과가 있다고 생각해. 베네치아 당밀은 사전에 전염을 막는 데 효과가 있고, 항페스트 알약은 전염된 뒤에 병을 퇴치하는 데 효과가 있어." 이 의견에 따라 나도 몇 번 베네치아 당밀을 먹고 땀을 빼고 났더니 약물의 힘에 강해진 것처럼 전염에 강해졌다는 느낌이 들었다.

온 도시에 넘쳐났던 돌팔이 의사와 엉터리 약장수에 대해 말하자면, 나는 그런 사람들의 말에는 전혀 귀를 기울이지 않았으며, 정말 신기하게도 전염병이 끝나고 2년 동안에 도시에 그런 사람이 있다는 소리가 거의 들리지 않았다. 어떤 사람은 그들이 모조리 전염병에 쓸려 나갔다고 상상했으며, 그 같은 결과를 그들이 돈에 눈이 어두워 가난한 사람들을 파괴의 함정으로 이끈 데 대한 신의 복수로 보았다.

그러나 나는 그런 식으로 과격하게 생각하지 않는다. 그들 중 많은 사람들이 죽은 것은 확실하지만, 그들 모두가 쓸려 갔다는 생각은 지나치다. 그보다는 그들이 시골로 피난 가서, 거기서 전염병이 닿기 전에 전염을 걱정하던 사람들을 상대로 평소에 하던 짓을 그대로 했을 것이라는 것이 나의 판단이다.

그러나 돌팔이 의사와 엉터리 약장수들이 런던 안이나 주위에 한참 동안 코빼기도 보이지 않았던 것은 분명하다. 정말로 전염병에 걸렸다가 나은 사람들에게 필요한 것으로, 신체를 깨끗이 정화하는 데 필요한 사항들을 적은 광고 전단을 발행한 의사들이 몇 명 있었지만, 전염병 자체가 충분한 정화(淨化)이고 전염병에 걸렸다가 나은 사람은 자신의 육체에서 나쁜 것을 씻어낼 약 같은 것은 필요하지 않다는 것이 당시에 가장 유명했던 내과 의사들의 의견이었다. 유명한 의사들은 고름이 나는 상처, 종양 등을 터뜨린 뒤에 의사의 지시에 따라 열어두면, 그것으로 육체를 깨끗이 세척하는 효과를 얻을 수 있으며 다른 병들과 그 원인도 그런 식으로 효과적으로 씻겨나간다고 믿었다. 내과 의사들이 방문할 때마다 이런 의견을 제시했기 때문에, 돌팔이 의사가 발을 붙일 틈이 거의 없었다.

정말로, 페스트가 사라진 뒤에 다시 불길한 예언이 몇 차례 나왔지만, 일부 사람들이 상상하는 것처럼, 그런 것들이 사람들에게 겁을 주고 혼란을 야기하기 위한 것이었는지에 대해선 나는 자신 있게 말하지 못한다. 그러나 전염병이 언제 다시 돌아올 것이라는 식의 예언이 간혹 들렸다. 내가 앞에서 언급했던, 발가벗은 퀘이커 교도 솔로몬 이글은 매일 불길한 내용을 예언했다. 또 다른 사람들은 런던이 충분히 벌을 받지 않았으며 아직 더 가혹한 벌이 기다리고 있다고 주장했다.

이 사람들이 거기서 멈췄거나 보다 구체적으로 런던이 이듬해에 불에 파괴될 것이라고 말했더라면, 화재가 일어났을 때 시민들은 그런 사람들의 예언에 필요 이상으로 귀를 기울인 데 대한 비난을 듣지 않았을 것이다. 적어도 사람들은 그들에 대해 신기하다고 생각했을 것이고, 그들이 신견지명을 보였기 때문에 화재의 의미를 보다 진지하게 파고들었을 것이다. 그러나 그들이 전염병을 다시 겪게 될 것이라는 식으로 두루뭉술하게만 말했기 때문에, 사람들은 그 이후로 그들에 대해 전혀 아무런 관심을 갖지 않게 되었다.

그럼에도 사람들은 그들의 잦은 외침 때문에 늘 무엇인가를 걱정하는 상태에서 지냈다. 누군가가 갑자기 죽든가, 혹은 반점열이 증가하는 현상이 나타나든가 하면, 사람들은 즉시 겁에 질렸다. 페스트에 걸리는 사람의 숫자가 갑자기 증가하면, 사람들의 두려움은 몇 배로 커졌다. 그해 말쯤에 페스트가 늘 200건 내지 300건 정도 있었으니까. 이런 상황에서 어디서 페스트 환자가 생기기라도 하면 누구나 가슴을 쓸어내리곤 했다.

대화재 전의 런던을 기억하는 사람들은 당시엔 지금 뉴게이트 마켓(Newgate Market)이라 불리는 곳과 같은 것은 전혀 없었다는 것을, 그 대신에 지금 블로우블래더 스트리트(Blowbladder Street)라 불리는 길의 중간에 뉴게이트 마켓 쪽으로 난 길의 끝에서부터 고기를 파는 정육점들이 두 줄로 쭉 늘어서 있었다는 사실을 기억해야 한다. 블로우블래더라는 이름도 거기서 양을 죽여 다듬곤 하던 푸줏간 주인들에서 비롯되었다(당시에 고기를 실제보다 두껍고 기름지게 보이기 위해 고기 속에 파이프로 공기를 불어넣어 부풀게 하는 관행이 있었으며, 이 관행은 시장에 의해 처벌을 받았다).

두 사람이 육류를 사다가 갑자기 쓰러져 죽으면서 고기가 모두 전염되었다는 소문을 낳은 것은 바로 이 푸줏간들에서였다. 그 소문은 사람들을 겁먹게 만들고 2, 3일 동안 시장을 망쳐 놓았지만, 시간이 조금 지나자 시장은 아무 일 없었다는 듯이 평소의 모습을 되찾았다. 그러나 무서운 일이 일어날 때마다 사람이 공포에 쉽게 사로잡히는 현상에 대해서는 아무도 설명하지 못한다.

그러나 다행히도 겨울철이 이어지고 도시가 건강을 되찾아감에 따라, 사람들은 2월말 경에 전염병이 거의 끝났다고 판단했으며 그때부터 다시 쉽게 놀라지 않는 태도를 보였다.

그때도 학식 있는 사람들이 해결해야 할 문제가 한 가지 더 있었다. 처음에 그들을 꽤 당혹스럽게 만든 문제였다. 그것은 전염병이 닥쳤던 집과 물건들을, 전염병이 퍼지는 동안에 비워 두었던 것을 어떤 식으로 깨끗이 청소해 다시 거주 가능한 공간으로 만들 것인가 하는 문제였다. 의사들은 향수와 제제들을 많이 제시했다. 어떤 의사는 이 종류를, 다른 의사는 저 종류를 추천했다. 내 생각엔, 의사들의 처방을 귀담아들은 사람은 불필요한 돈을 많이 썼을 것이다. 그냥 창문을 밤낮으로 열어놓는 방법밖에 몰랐던 가난한 사람들은 방에서 황과 역청, 화약을 태웠으며, 성질 급한 사람은 온갖 위험을 감수하며 집으로 급히 돌아가서 집과 물건에 께름칙한 느낌을 전혀 받지 않고 아무런 조치도 취하지 않았다.

그러나 대체로 보면 신중하고 조심스러운 사람은 자신의 집을 건강하게 바꾸려는 조치를 취하면서 방을 닫아 놓고 향과 벤자민, 황 등의 냄새를 피웠으며, 그런 다음에 화약을 폭발시켜 공기가 나쁜 것을 실어가도록 했다. 또 다른 사람들은 며칠 밤낮 동안 제법 큰 불을 피웠다. 아예 집에 불을 질러 주위 환경을 확실히 정화하겠다고 나서는 사람도 있었다. 그런 예가 랫클리프에도 있었고, 홀번에도 있었고, 웨스트민스터에도 있었다.

불이 확 붙어버린 두세 건 외에, 불이 집을 허물어뜨릴 만큼 거세지기 전에 꺼지는 운 좋은 예도 있었다. 템스 스트리트에 그런 건이 하나 있었다. 하인이 주인의 집을 청소하기 위해 많은 화약을 갖고 와서 잘못 다루는 바람에 지붕 일부를 날려 버렸다. 그러나 도시가 화재에 의해 청소되던 때는 아직 아니었으며, 그때까지는 아직 한참 남았다.

9개월 후에 나는 도시의 모든 것이 잿더미가 된 것을 보았다. 일부 수다쟁이 철학자들의 주장에 따르면, 그때 전염의 씨앗이 완전히 파괴되었지 그 전까지는 파괴되지 않았다고 한다. 이 같은 주장은 너무나 터무니없어 여기서 언급하는 것조차 민망하다. 전염병의 씨앗들이 집 안에 남아 있다가 화재에 파괴되었다면, 불이 나지 않은 곳에서 그 씨앗이 터져 나오지 않고 전과 똑같은 상태로 있는 이유는 무엇인가? 교외와 리버티의 건물들은 물론이고, 스테프니와 화이트채플, 올드게이트, 비숍스게이트, 쇼어디치, 크리플게이트, 세인트 자일스 같은 큰 교구의 건물에도 불길이 번지지 않았다. 전염병이 창궐했던 지역은 불에 타지 않고 그 전과 똑같은 조건에 있었던 것이다.

그러나 이런 것들을 내가 본 그대로 받아들인다면, 자신의 건강에 특별히 신경을 많이 쓴 사람들이 많은 돈을 들여 집을 냄새로 소독했으며 그러는 과정에 그들의 집뿐만 아니라 공기를 건강한 냄새로 채움으로써 다른 사람들을 이롭게 한 것은 사실이었다.

그럼에도 어쨌든 가난한 사람들은 급히 서둘러 도시로 돌아왔지만,

내가 이미 말한 바와 같이, 부자들은 그렇게 하지 않았다. 정말로 사업하는 사람들은 도시에 모습을 드러냈지만 그때는 이미 페스트가 다시는 돌아오지 않을 것이라고 믿어도 좋을 때였으며, 그들 중 많은 사람들은 가족은 봄이 올 때까지 데려오지 않았다.

정말로, 왕실도 크리스마스 직후에 돌아왔지만, 행정을 맡은 사람들 외에 귀족과 신사 계급은 그렇게 빨리 돌아오지 않았다.

나는 여기서 런던을 비롯한 여러 지역에서 페스트가 맹위를 떨쳤음에도 불구하고 그것이 함대에는 결코 올라가지 못했다는 점을 강조해야 한다. 그럼에도 강과 거리에서 함대의 인원을 보충하기 위해서 수병을 모집하는 이상한 일이 벌어졌다. 그러나 그것은 그 해 초, 그러니까 페스트가 아직 본격적으로 시작되지 않은 시점이었다. 평소에 수병을 모집하던 지역까지는 페스트가 전혀 오지 않았던 때였다.

네덜란드와의 전쟁이 당시 사람들에게 전혀 감사할 일이 아니었고 또 억지로 군 생활을 하게 된 수병들은 강제로 끌려갔다고 불평했음에도 불구하고, 그 징집이 일부 수병들에게는 그래도 행복한 폭력이었던 것으로 드러났다. 수병이 되어 바다로 나가지 않았더라면 아마 온 곳으로 퍼진 재앙에 휩쓸려 사라졌을 수도 있었을 테니까. 수병들은 여름 동안에 병역을 끝내고 집으로 돌아왔다가 가족 중 많은 사람이 무덤에 묻혔다는 사실을 발견했다. 그런 슬픔에도 불구하고, 한편으로 생각하면 그들은 자신들의 뜻과 상관없었지만 그래도 전염병이 닿지 않은 곳에 있었던 사실에 대해 감사하는 마음을 품었다.

그 해에 우리는 네덜란드와 치열한 전쟁을 치렀으며, 바다에서 큰 충돌이 벌어져 네덜란드를 쉽게 타파했지만 우리도 엄청난 수의 병력과 선박 몇 척을 잃는 피해를 입었다. 그러나 내가 관찰한 바와 같이, 전염병은 함대까지 올라가지 못했으며, 그들이 강에 선박을 정박시켰을 때, 전염병은 위세를 떨쳤던 지역에서 누그러지는 모습을 보이기 시작했다.

우울하기 짝이 없던 그 한 해에 대한 설명을 역사적으로 특별한 예를 보여주는 것으로 마감할 수 있었으면 하는 마음이 간절하다. 이 끔찍한 재앙에서 우리를 구해준 신에 대해 감사해야 할 것들을 제시하고 싶다는 뜻이다. 틀림없이, 우리가 풀려난 그 무시무시한 적뿐만 아니라 구조 상황도 전 국민에게 신에게 감사하는 마음을 품을 것을 요구했다. 구조 상황은 내가 부분적으로 이미 언급한 바와 같이 정말로 주목할 만했으며, 특히 우리 모두가 전염병이 종지부를 찍게 될 것이라는 희망을 품으며 기뻐하기 시작할 당시에 처해 있었던 그 끔찍한 처지는 정말 놀랄 만했다.

신의 손가락이 아니고는, 전지전능한 권력이 아니고는 어떤 존재도 그렇게 할 수 없었을 것이다. 전염병은 모든 약을 거부했다. 죽음이 온 곳에서 날뛰었다. 그 기세가 몇 주만 더 지속되었더라면, 도시 사람들 모두가, 영혼을 가진 모든 것이 사라지는 운명을 맞았을 것이다. 온 곳에서 인간들이 절망하기 시작했다. 모든 가슴이 공포 때문에 약해졌다. 사람들은 영혼의 고통으로 인해 자포자기 상태에 빠졌으며, 사람들의 얼굴 표정과 행동에 죽음의 공포가 깊이 새겨져 있었다.

사람들이 "인간의 힘으로는 안 돼!"라고 말하기 시작하던 바로 그때, 그러니까 신의 손길을 간절히 기다리던 바로 그 순간에, 정말 놀랍게도 전염병의 맹위가 누그러지기 시작했으며, 심지어 제풀에 꺾이는 모습을 보이기 시작했다. 전염병의 독성이 약해지고 있었던 것이다. 앞에서 말한 바와 같이, 무수히 많은 사람들이 여전히 병에 걸려 있었음에도 불구하고, 죽는 사람의 숫자가 확 줄어들었다. 1666년 들어 첫 몇 주 동안 1주에 사망한 사람의 숫자가 1,843명까지 떨어졌다. 정말 큰 감소였다.

그 주의 주간 사망 보고서가 발표된 목요일 아침에 사람들의 얼굴 표정에 나타난 변화를 글로 표현하는 것은 불가능하다. 모든 사람의 얼굴에 은밀한 놀람과 기쁨의 미소가 감지되었다. 그들은 거리에서 만나는 사람마다 서로 붙잡고 악수를 했다. 그때까지 사람들과 길에서 같은 쪽을 걷는 것조차 싫어했으면서도 말이다. 길이 그리 넓지 않은 곳에서는 사람들이 창문을 열고 옆 집 사람을 불러 안부를 묻고 전염병이 누그러지고 있다는 반가운 소식을 들었는지 물었다. 어떤 사람은 "무슨 소식인데요?"라고 되묻곤 했다. 이에 전염병이 누그러졌고, 주간 사망 보고서의 사망자 수가 거의 2,000명으로 줄어들었다는 대답이 나오자, 사람들은 "하느님, 감사합니다!"라고 외치며 기쁨에 겨워 소리 내어 울기도 했다. 그러면서 그들은 자신은 그런 소식을 아직 듣지 못했는데 마치 무덤에서 살아서 돌아온 것 같은 기분이 든다고 말했다. 나는 그들이 기쁜 마음을 주체하지 못해 저지른 이상한 짓들을 슬픔에 빠져서 저지른 짓들 못지않게 많이 기록할 수 있지만, 그 기록이 오히려 기쁨의 가치를 떨어뜨릴 수 있다.

나는 이런 좋은 소식이 들리기 직전에 상당히 깊이 낙담했다는 점을 고백해야 한다. 그 주 또는 그 전 주에, 죽은 사람들 외에 병에 걸린 사람들의 숫자가 너무나 많았고 따라서 가는 곳마다 비탄의 소리가 너무나 컸기 때문에, 그런 상황에서 전염병으로부터 탈출할 수 있을 것이라고 기대하는 것이 합리적이지 않은 것처럼 보였다. 그리고 나의 이웃들 중에서 전염되지 않은 집이 나의 집 외에는 거의 없었기 때문에, 우리 집이 전염되는 것은 이제 불을 보듯 뻔했다. 정말이지, 그 마지막 3주가 불러온 끔찍한 파괴는 믿을 수 없을 정도였다. 언제나 근거 있는 계산을 내놓는다고 신뢰해 왔던 그 사람의 추산을 믿는다면, 3주 동안에 죽은 사람은 3만 명이고 병에 걸린 사람은 거의 10만 명에 이르렀다. 병에 걸린 사람들의 숫자는 정말 놀라웠다. 경악할 만한 수준이었다. 그때까지 언제나 용기를 잃지 않았던 사람들마저도 이젠 수치에 짓눌려버렸다.

사람들이 절망에 빠져 낙담하고 있을 때, 그러니까 런던이 너무나 비참한 상황에 처해 있던 바로 그때, 신이 은총을 베풀었다. 말하자면, 신이 손을 뻗어 그 무시무시한 적을 무장해제 시켰다는 뜻이다. 침에서 독을 빼버린 것이었다. 그건 정말로 경이로운 일이었다. 의사들조차도 그 효과에 깜짝 놀랐다. 의사들은 가는 곳마다 환자들이 뚜렷한 차도를 보이고 있는 것을 발견했다. 환자들은 기분 좋게 땀을 흘렸거나, 종기가 터졌거나, 염증이 가라앉고 염증 주변의 색깔이 변했거나, 열이 사라졌거나, 맹렬한 두통이 누그러졌거나, 다른 좋은 조짐들을 보였다. 그래서 며칠 만에 모든 환자가 회복하고 있었으며, 목사가 기도하는 가운데 죽을 시간만을 기다리고 있던 가족도 모두 회복되기도 했다.

이 같은 결과는 새로운 약에 의한 것도 아니었고, 새로운 치료법에 의한 것도 아니었으며, 내과 의사나 외과 의사에 의한 것도 아니었다.

그것은 틀림없이 처음에 우리에게 일종의 심판으로 질병을 보냈던 신의 눈에 보이지 않는 은밀한 손에 의한 것이었다. 무신론자들은 이런 식으로 말하는 나를 그냥 자기 원하는 대로 받아들이면 그만이다. 그건 절대로 광신이 아니다. 그 당시에 모든 인간에게 그런 식으로 받아들여졌다. 질병은 무기력해졌고, 질병의 힘은 사라졌다. 그 약화는 어디서 기인하는 것인가. 철학자들은 그것을 설명할 원인을 자연에서 찾도록 하고, 그럼으로써 창조주에게 진 빚을 갚도록 하라. 종교적 성향이 가장 약한 내과 의사들도 그것이 모두 초자연적이고, 특이하며, 그에 대한 설명은 불가능하다는 점을 인정하지 않을 수 없었다.

내가 이것을 두고 우리 모두에게, 특히 페스트의 기세에 눌려 벌벌 떨었던 우리에게 감사를 표하라고 공개적으로 요구하는 소환장이나 다름없다고 말하면, 역사를 기록하지 않고 설교를 하면서 주제넘게 독실한 척 거드름 피운다거나 당시 상황을 관찰한 대로 전하지 않고 가르치려 든다는 식으로 나를 비난하는 사람들이 있을 것이다. 이런 생각이 내가 여기서 앞으로 더 나아가지 않도록 붙잡고 있다. 그렇지 않다면 더 많은 이야기를 할 수 있을 텐데. 그러나 10명의 나환자가 병을 고쳤는데 그 중에서 오직 한 사람만 고맙다는 인사를 하기 위해 돌아왔다면, 나 자신이 그 한 사람이 되고 싶고 스스로 감사하는 마음을 품고 싶다.

나도 부정하지 않는데, 당시에 감사의 마음을 깊이 품었던 사람들이 분명히 아주 많았다. 단지 말문이 막혔을 뿐이었다. 심지어 그 같은 사실에 특별히 오래 감동을 받지 않았던 사람들의 말문까지 막혀 버렸으니 말이다. 그 인상이 당시에 너무나 강했기 때문에 그 누구도, 아니,

최악의 인간조차도 거기에 저항하지 못했다.

거리에서 일면식도 없는 이방인들이 놀람을 표하는 것이 자주 목격되었다. 언젠가 올드게이트를 지나치고 있을 때였다. 꽤 많은 사람들이 길을 오가고 있는데, 미노리스 쪽에서 어떤 남자가 오다가 길을 아래위로 훑어보더니 두 팔을 쫙 벌리며 외쳤다. "주님이시여, 이곳에 어떻게 이런 변화가! 지난주에 여기 왔을 땐, 한 사람도 보이지 않았는데." 그러자 다른 사람이 그의 말에 이렇게 보탰다. "너무나 경이로운 일이지요. 이건 꿈이랍니다." 이번에는 세 번째 사람이 "자비로우신 신이시어. 이건 모두 신의 손길이며, 인간의 도움과 기술은 모두 바닥났어요."라면서 신에게 감사할 것을 제안했다. 이 사람들은 서로 모르는 사이였다. 그러나 이런 식의 인사는 거리에서 매일 들렸으며, 특별할 게 없는 지극히 평범한 사람들도 신에게 자기를 구조해 준 데 대해 감사를 표하며 거리를 오갔다.

이전에 말했듯이, 지금 사람들은 모든 우려를 너무 빨리 벗어던졌다. 정말로 우리는 하얀 모자를 썼거나 목을 가리는 옷을 입었거나 사타구니에 생긴 염증 때문에 다리를 저는 사람 옆을 지나치는 것을 더 이상 두려워하지 않았다. 이 모든 것들은 그 전 주까지만 해도 너무나 무서웠는데 말이다. 그러나 지금 거리는 사람들로 넘쳐났으며, 병에서 회복하고 있는 가난한 인간들도 뜻밖의 구원을 진정으로 느끼고 있는 것처럼 보였다. 그들 중 많은 사람들이 진정으로 감사하는 마음을 품었다는 내가 인정하지 않는다면, 그건 틀림없이 나의 오해일 것이다. 그러나 대다수 사람들에 대해 말하자면, 나는 그들의 상황이, 파라오의 군대들로부터 해방되어 홍해를 건넌 뒤에 뒤를 돌아보다가 이집트인들이 물속에 빠진 것을 보고 있는 유대인들의 상황과 아주 비슷하다는 점을 인정해야 한다. 즉, 그들이 신을 찬양했지만, 그것이 신의 작업이라는 것을 그만 금방 망각해 버렸다는 뜻이다.

　나는 여기서 더 이상 나아가지 못한다. 내가 우리들 사이에 다시 나타나고 있는 온갖 사악함과 감사할 줄 모르는 태도에 대해, 나 자신이 너무나 생생하게 목격한 그런 태도에 대해 깊이 생각하는 불쾌한 작업에 들어가면, 나는 당연히 트집만 잡으려 드는 부당한 사람으로 여겨질 것이다. 그래서 나는 이 재앙의 해에 관한 설명을 나 자신이 쓴, 투박하지만 정직한 시 한 구절로 마무리할 생각이다. 내가 그 해에 평소에 썼던 비망록의 맨 끝에 적은 글이다.

　　런던에 끔찍한 페스트가 닥친 것은
　　1665년이었노라.
　　십만 영혼을 휩쓸아갔지만
　　나는 용케 살아남았도다!
　　　　　　　　　　H. F.

372